SHIPIN GONGYINGLIAN
ANQUAN KONGZHI YU XIETIAO QIYUE

# 食品供应链
# 安全控制与协调契约

唐 润◎著

河海大学出版社
HOHAI UNIVERSITY PRESS

## 内 容 简 介

按照是否容易变质这一特征,可将食品分为非生鲜和生鲜两类,这两类食品的安全控制和协调契约存在较大差别。据此,本书将内容分为非生鲜食品供应链安全控制与协调契约、生鲜食品供应链安全控制与协调契约两大部分,分别展开研究。第一篇围绕供应链上主体存在单边道德风险或双边道德风险的不同情形,给出了相应的质量控制方法与协调契约,并研究了不完全逆向选择下的质量安全信号传递机制,提出了政府应提供的保障政策;第二篇围绕生鲜食品的质量和数量安全问题,探讨了生鲜食品供应链单渠道质量安全控制与协调契约、生鲜食品供应链双渠道质量安全控制与协调契约以及生鲜农产品供应链数量安全控制契约。

**图书在版编目(CIP)数据**

食品供应链安全控制与协调契约 / 唐润著. — 南京:河海大学出版社,2018.12
 ISBN 978-7-5630-5731-3

Ⅰ. ①食… Ⅱ. ①唐… Ⅲ. ①食品—供应链管理—研究 Ⅳ. ①F407.825

中国版本图书馆 CIP 数据核字(2018)第 266716 号

| 书　　名 | 食品供应链安全控制与协调契约 |
|---|---|
| 书　　号 | ISBN 978-7-5630-5731-3 |
| 责任编辑 | 张心怡 |
| 封面设计 | 徐娟娟 |
| 出　　版 | 河海大学出版社 |
| 地　　址 | 南京市西康路1号(邮编:210098) |
| 网　　址 | http://www.hhup.com |
| 电　　话 | (025)83737852(总编室)　(025)83786934(编辑室)　(025)83722833(营销部) |
| 经　　销 | 江苏省新华发行集团有限公司 |
| 排　　版 | 南京布克文化发展有限公司 |
| 印　　刷 | 虎彩印艺股份有限公司 |
| 开　　本 | 700 毫米×1000 毫米　1/16 |
| 印　　张 | 12.25 |
| 千　　字 | 233 千字 |
| 版　　次 | 2018 年 12 月第 1 版　2018 年 12 月第 1 次印刷 |
| 定　　价 | 46.00 元 |

# 前言

随着我国经济的不断发展,人们的生活水平有了显著的提高。然而,近年来我国食品安全问题事件被不断曝光,使得整个社会都在反思我国食品安全管理体系存在的问题。事实证明,食品安全是关系到人类身体健康和生命安全的重大社会问题,如果食品安全得不到有效保障,不仅会造成巨大的经济损失,还会引起社会恐慌,对国家稳定和长远发展都会产生重大影响。食品供应链的提出摒弃了传统的单纯将生产加工环节作为食品安全问题的主要根源,将原料生产到消费的整个环节统一起来,这对食品安全的控制及追溯具有重要意义。如何在目前的政府监管体系下,围绕食品供应链,采取必要措施来控制食品的质量安全与供需平衡,成为了亟待解决的现实问题。同时,互联网应用的普及与电子商务的发展,改变了顾客的消费模式。与之相应的,越来越多的食品供应商企业开辟网上直销渠道,实现双渠道之间的协调发展,这一现象十分值得探讨。基于以上背景,本书针对食品供应链中企业在质量控制、供需数量平衡以及双渠道协调中的各类决策方面的问题进行研究,并分别从企业管理与政府监管的角度提出了策略建议。

本书共分为9章。第1章主要分析当前食品供应链管理环境的变化以及发展现状。第2章的内容是在信息不对称的前提下,基于委托代理理论,研究单边道德风险条件下食品供应链的质量控制问题。第3章运用委托代理理论、机制设计理论构建了一个简单的由原材料供应商和食品加工制造商组成的二级供应链,研究在双边道德风险下食品供应链企业应如何设计激励机制来激励对方保证食品质量,应用机制设计理论设计出了双方各自承担损失、供应商分担名誉损失成本两个契约模型。第4章建立了食品质量信号传递的博弈模型,讨论食品生产者会如何选择其质量信息的传递方式,特别是披露成本对其选择的影响,并提出政策建议使得食品供应商的信息能更为有效地传递给消费者。第5章针对目前食品监管部门与食品生产企业之间的关系,建立了相关博弈模型并对其进行求解,从政府监管机制的角度提出了相应的监管措施和政策建议。第6章从生鲜食品的时变新鲜度切入,研究处于完全竞争市场中的零售商的保鲜投入决策问题以及非完全竞争市场中生鲜食品供应链各节点企业间的质量控制方法。第7章综合运用斯坦伯格博弈、微分博弈和演化博弈模型,分析生鲜食品双渠道供应链的协调问题,并进一步考虑生鲜食品随着时间变化的质量损失因素,构建生鲜食品的市场需求函数并在此基础上建立模型,比较分析不打折、单次折扣以及多次折扣情形下,农业合作社和超市分别在分散决策和集中决策模式时的最优折扣率及其市场出清策略。第8章以单个供应商和单个零售商组成的二级供应链为研究对象,运用期权契约决策理论,对数量供需不平衡下的生鲜农产品供应链协调展开了研究。第9章为总结与展望。

  本书运用机制设计理论、消费者效用理论、生鲜食品库存理论、博弈论、最优化理论、期权契约等理论与方法,对食品供应链安全与协调契约进行了分析,希望所形成的研究结论能为食品供应链的相关研究者和决策者提供参考,对食品供应链管理产生积极的影响。

  本书的研究内容是在作者前期多个科研项目的研究成果[江苏省高校自然科学研究面上项目(13KJB550012)、国家社会科学基金项目(16BGL130)、江苏高校哲学社会科学重点项目(2017ZDIXM062)]的基础上形成的。本人的研究生陆晶晶、彭洋洋、范宇翔、关雪妍、李倩倩参与了这些研究,对本书的出版做出了很多贡献,在此对他们表示真诚的感谢!同时感谢张心怡编辑对本书内容进行的认真校对工作。

唐润

2018年8月1日

# 目 录
Contents

第1章　绪论 ················································································ 1
　1.1　研究背景及意义 ································································· 1
　1.2　研究综述 ············································································ 2
　　　1.2.1　食品供应链与食品质量安全管理研究现状 ·················· 2
　　　1.2.2　生鲜食品变质率与需求函数研究现状 ························ 4
　　　1.2.3　机制设计理论研究现状 ············································· 5
　　　1.2.4　供应链渠道协调机制研究现状 ··································· 7
　　　1.2.5　期权契约研究现状 ···················································· 8
　　　1.2.6　研究评述 ·································································· 9
　1.3　本书的研究内容和研究方法 ············································· 10

第一篇　非生鲜食品供应链安全控制与协调契约

第2章　单边道德风险下的非生鲜食品供应链质量安全控制与协调契约 ······· 15
　2.1　完全信息条件下的质量控制策略 ···································· 15
　　　2.1.1　模型描述与基本假设 ··············································· 15
　　　2.1.2　供应链期望收益函数构建 ········································ 16
　　　2.1.3　供应链期望收益函数的求解分析 ····························· 17
　2.2　不完全信息条件下的道德风险控制策略 ························· 18
　　　2.2.1　单边道德风险概述 ·················································· 18
　　　2.2.2　单边道德风险下的质量控制契约设计 ····················· 18
　2.3　算例分析 ········································································· 20

第3章　双边道德风险下的非生鲜食品供应链质量安全控制与协调契约 ······· 25
　3.1　问题描述与模型假设 ······················································ 25
　　　3.1.1　问题描述 ································································ 25
　　　3.1.2　模型假设 ································································ 26
　3.2　供应链期望总收益模型构建与求解 ································· 27

3.2.1　双方各自承担损失的契约 ································· 27
　　3.2.2　供应商分担名誉损失成本的契约 ······················· 28
3.3　算例分析 ····················································· 30

## 第4章　不完全逆向选择下的食品供应链质量安全信号传递　33
4.1　信号传递理论概述 ············································ 33
　　4.1.1　信息不对称理论 ········································ 33
　　4.1.2　信号博弈理论 ·········································· 34
4.2　信号博弈完美贝叶斯均衡 ···································· 35
4.3　食品供应中的逆向选择信号博弈模型构建 ·················· 35
　　4.3.1　食品市场的质量信号传递 ······························ 35
　　4.3.2　信号博弈模型构建 ······································ 36
　　4.3.3　信号博弈模型求解 ······································ 36
　　4.3.4　完美贝叶斯均衡分析 ··································· 38
4.4　质量信号传递策略 ············································ 40

## 第5章　非生鲜食品供应链质量安全管理策略的政策保障　43
5.1　食品安全监管多部门协同及其激励机制 ····················· 43
　　5.1.1　我国食品安全监管部门现状 ··························· 43
　　5.1.2　食品监管部门间的协同机制 ··························· 46
　　5.1.3　食品监管部门协同的激励机制 ························· 52
5.2　食品供应链政府监管的博弈模型 ····························· 55
　　5.2.1　食品供应链政府监管博弈模型 ························· 56
5.3　基于博弈模型的监管对策分析 ································ 60
　　5.3.1　加大对违规违法企业的惩罚力度 ······················ 60
　　5.3.2　提高监管效率，降低政府监管成本 ··················· 61
　　5.3.3　提高监管尽职收益，增加监管声誉损失 ·············· 61
　　5.3.4　降低生产商的掺假收益，鼓励生产商生产优质产品 ··· 62
5.4　小结 ··························································· 62

# 第二篇　生鲜食品供应链安全控制与协调契约

## 第6章　生鲜食品供应链单渠道质量安全控制与协调契约　67
6.1　生鲜食品质量控制中的零售商最优保鲜投入 ··············· 67
　　6.1.1　问题描述与假设 ········································ 67

  6.1.2 零售商利润最大化模型 …………………………………………… 69
  6.1.3 基于数值分析的最优保鲜策略 ………………………………… 74
  6.1.4 小结 …………………………………………………………………… 79
 6.2 生鲜食品供应链质量控制契约研究 ………………………………………… 80
  6.2.1 问题描述与假设 ……………………………………………………… 81
  6.2.2 生鲜食品供应链基本决策模型 ……………………………………… 82
  6.2.3 "质量控制成本共担+收益共享"契约下的生鲜食品供应链协调
     …………………………………………………………………………… 86
  6.2.4 算例分析 ……………………………………………………………… 88
  6.2.5 小结 …………………………………………………………………… 89

## 第7章 生鲜食品供应链双渠道质量安全控制与协调契约 …………………… 91
 7.1 基于斯坦伯格博弈的生鲜食品双渠道协调 ………………………………… 91
  7.1.1 基本假设 ……………………………………………………………… 92
  7.1.2 双渠道分散决策情形 ………………………………………………… 93
  7.1.3 双渠道集中决策情形 ………………………………………………… 96
  7.1.4 双渠道协调联合契约设计 …………………………………………… 97
 7.2 基于微分博弈的生鲜食品双渠道协调 ……………………………………… 99
  7.2.1 基本假设 ……………………………………………………………… 99
  7.2.2 双渠道分散决策情形 ………………………………………………… 100
  7.2.3 双渠道集中决策情形 ………………………………………………… 103
  7.2.4 双渠道协调联合契约设计 …………………………………………… 105
 7.3 基于演化博弈的生鲜食品双渠道协调 ……………………………………… 108
  7.3.1 基本假设 ……………………………………………………………… 108
  7.3.2 双渠道供应链演化博弈模型构建 …………………………………… 109
  7.3.3 演化稳定性判断与系统演化路径分析 ……………………………… 112
 7.4 算例仿真 ………………………………………………………………………… 114
 7.5 考虑质量损失的生鲜食品双渠道市场出清策略 …………………………… 121
  7.5.1 问题描述与假设 ……………………………………………………… 122
  7.5.2 模型建立 ……………………………………………………………… 123
  7.5.3 算例分析 ……………………………………………………………… 133

## 第8章 生鲜农产品供应链数量安全控制契约 ……………………………………… 141
 8.1 生鲜农产品供应链"期权契约"协调研究 ………………………………… 141
  8.1.1 期权契约问题的提出 ………………………………………………… 141

8.1.2　问题描述与基本假设 …………………………………… 141
　　　8.1.3　无期权契约时生鲜农产品供应链管理决策模型 ………… 143
　　　8.1.4　期权契约决策下生鲜农产品供应链管理模型 …………… 148
　　　8.1.5　算例分析 …………………………………………………… 154
　　　8.1.6　小结 ………………………………………………………… 158
　8.2　考虑保鲜成本的生鲜农产品供应链"期权契约＋收益共享契约"协调研究 ……………………………………………………………………… 158
　　　8.2.1　"期权契约＋收益共享契约"问题的提出 ………………… 158
　　　8.2.2　问题描述与基本假设 …………………………………… 159
　　　8.2.3　无契约时生鲜农产品供应链管理决策模型 ……………… 160
　　　8.2.4　"期权契约＋收益共享契约"下的供应链管理决策模型 … 165
　　　8.2.5　算例分析 …………………………………………………… 168
　　　8.2.6　小结 ………………………………………………………… 174

**第9章　总结与展望** …………………………………………………… 175

**参考文献** ……………………………………………………………… 179

# 第1章 绪论

## 1.1 研究背景及意义

"民以食为天,食以安为先",食品安全始终是关系国计民生的大事。随着收入水平和生活水平的提高,人们对食品安全提出更高要求,对食品的需求由传统的单纯数量要求向数量、质量双重要求转变[1]。然而,食品质量安全事件却不断发生,据世界卫生组织2003年的统计结果显示,全球每年发生的食源性疾病病例达到数亿人次,其中发展中国家遭受食源性疾病侵害的情况更为严重。近年来中国食品安全事故频现,如毒大米、瘦肉精、地沟油、苏丹红一号、三鹿奶粉三聚氰胺超标等。食品安全问题产生的原因,已经不单单只是存在于加工方面,而是存在于从原料到加工再到流通、销售的各个环节中,并且对消费者造成了严重的危害。如在原料方面,很多农户为了追求利益,经常会对农作物过度施肥,对牲畜使用大量激素、抗生素,使食品从一开始就受到严重污染,在加工方面,很多的小型企业在食品加工环节严重违规,卫生条件非常差,使食品在加工环节中受到污染,在流通、销售等方面,也存在着一定的安全隐患,且时刻威胁着人们的身体健康[2]。据《中国食品安全发展报告(2015)》显示,2005年至2014年十年间,全国发生食品安全事件227 386起,食品供应链各主要环节均不同程度地发生了食品安全事件,60.16%的事件发生在食品生产与加工环节。接二连三的食品安全事故再次严厉拷问着中国食品安全监管体制,整个社会都在思考中国食品安全监管效率与机制变革的问题。在市场经济条件下,仅靠市场的力量来解决食品质量安全问题显然是不够的,政府监管是保证食品安全的必要前提,如何提高食品安全的监管效率是各级政府面临的迫切问题。

同时,随着人们生活水平的提高,对生鲜食品的需求增长迅速,生鲜食品目前已经成为我国居民日常生活中的必需品,占据了农产品消费市场中相当大的比例。然而,生鲜食品的生产提前期长、生命周期短,这些特点导致了其与普通农产品相比具有更高的风险。且同发达国家相比,我国的冷链物流发展尚不成熟,专业的第三方冷链物流企业、统一的行业标准和监管机构、完整紧密的供应链体系等基础保障措施缺乏完善[3]。生鲜食品供应链上,零售商不仅承担着由需求预测难、价格随机波动和流通过程中的高耗损带来的风险,同时还承担着人们对食品的安全性要求日益提升的风险;生产商则需要承担由于各种原因造成的供应的不确定性、产品变质可能性和产品质量安全问题等的风险。如何解决生鲜农产品供应链成员之间的供需问题,使各成员之间能够达到数量要求上的供需平衡,并在保证供应链各节点企业利润不受损的情况下提升生鲜食品质量十分值得探讨。近年来,互联网应用的普及与电子商务的发展改变了顾客的消费模式和生鲜食品供应商的销售方式,越来越多的生鲜食品供应商企业开辟网上直销渠道,网上直销渠道与传统分销渠道并存的混合渠道模式成为很多生鲜食品供应商企业营销战略的选择[4]。在电子商务时代的双渠道供应链环境中,一方面,设计契约减少电商渠道与传统渠道之间的矛盾与冲突,实现双渠道之间的协调发展;另一方面提高整个供应链的性能,实现双渠道供应链系统的协调,以上这些问题亟待企业界和学术界深入研究。

针对当前食品安全问题,我国政府高度重视,也接连出台相关政策。2013年3月10日,《国务院机构改革和职能转变方案》通过,该方案顺应了趋势,符合了广大人民群众的切身利益。在食品领域,新建国家食品药品监督管理总局,从而开启了我国食品安全风险防控的新局面。2017年的政府工作报告提出,食品药品安全事关人民健康,必须管得严而又严。要完善监管体制机制,充实基层监管力量,夯实各方责任,坚持源头控制、产管并重、重典治乱,坚决把好人民群众饮食用药安全的每一道关口。十九大报告也提出,实施食品安全战略,让人民吃得放心。由此可见,加强食品质量安全监管,建立行之有效的食品安全监管机制,促进食品生产的健康快速发展,是我国政府大力关注并潜心研究的课题。

各种事实证明,食品安全是关系到人类身体健康和生命安全的重大社会问题,如果食品安全得不到有效保障,不仅会造成巨大的经济损失,还会形成社会恐慌,对国家稳定和长远发展都带来重大影响。因此必须深刻反思食品安全管理体系存在的问题,从而提出更为有效的应对措施。食品供应链的提出,摒弃了传统的单纯将生产加工环节作为导致食品安全问题主要根源的观念,而是从宏观层面出发,将食品从原材料生产到消费的整个环节统一起来,这对食品安全的控制具有重要意义。如何在目前的政府监管体系条件下,围绕食品供应链,采取必要措施来保障食品的质量安全,成为了亟待解决的现实问题。

## 1.2 研究综述

### 1.2.1 食品供应链与食品质量安全管理研究现状

随着食品产业链条的不断延伸,影响食品安全的因素日益复杂。从目前的研究方向看,这些因素大体包括三类:一是表征因素,微生物污染以及化肥、农药、生长激素的使用不当致使有害化学物质在农产品中的残留被指认为食品安全的罪魁祸首。二是过程控制因素,食品供应链各环节的不安全因素是导致食品安全问题的主要原因,如:生产和加工过程中的不安全因素、包装容器的污染及生产者掺假的败德行为;中国食品流通市场的规范化和标准化程度不高、食品安全控制的技术水平和管理水平低下,导致了食品在流通中的二次污染;消费环节也有可能使食品安全得不到保障。三是制度体制因素,中国食品安全体系在法律标准、组织体系、技术保障等方面与欧美等发达国家有一定程度的差距,存在政府监管不到位、监管信息不畅、部分监管人员缺乏责任感、监测与预警机制缺失等一系列问题。

对于食品质量安全问题,技术领域的专家提出了基于光谱分析、色谱分析等的多种检测方法,但是食品质量安全问题不仅涉及技术问题,还涉及管理问题。英美等国的学者提出了在食品供应链当中寻找最佳干扰点的方法来控制食品质量安全的策略,并且提出要把食品供应链质量控制体系扩大到企业员工和消费者。Ziggers[5]在供应链研究的基础上,首次提出了食品供应链的概念,阐述了食品供应链的管理是一种全新的提高食品质量安全、降低物流成本的垂直一体化运作模式。Rolf Meyer[6]认为,食品供应链应包括农业、食品加工、食品零售和食品消费等全部环节,同时还必须从社会、技术系统角度考察食品供应链,并认为食品供应链不可回避地会受到经济、社会、政治条件及发展的影响。2008年,英国修订了生猪沙门氏菌人畜共患疾病国家控制计划,由此也引发了为提高食品安全而开展食品供应链最佳干扰点的研究。Rob Fraser[7]等研究论述了为提高食品安全而沿食品供应链选择最具成本效益干预的概念框架,通过实证研究,认为成功的屠宰场干预比成功的农场干预具有更高的成本效益。Tsolakis[8]认为在食品供应链中,食品的易腐性、食品安全监管环境的复杂性以及所涉及的利益相关者之间的博弈均会给食品供应链的发展带来严峻挑战。T. G. Bosona[9]认为通过对当地的食品供应链特点和开发协调分配系统展开调查,从食品供应链的角度去研究食品安全问题,能够提高物流效率,减少环境影响,还能增加当地食品生产商和消费者的潜在市场。Accorsi R.[10]认为物流和供应链管理在食品行业中起到至关重要的作用,并提出了一种评估食品供应链的多学科集成视图,从而能够更好地对食品供应链质量安全进行有效控制。Sahar Validi[11]认为要想保持食品供应链经济利润的可持续增长性,生产者和消费者的安全生产行为以及购买行为均起到十分重要的作用。

由于食品供应链涉及产业众多,并且国情不同,具体情况也有很大差异。国内的一些学者也从如何构建有效的供应链管理模式等角度开展了食品供应链的研究。针对我国的情况,除了部分学者[12-14]从食品供应链质量安全可追溯技术方面进行的研究外,国内学者的研究主要集中在食品供应链模式的构建、食品供应链协同效率的提高等方面:慕静[15]针对现有食品安全监管模式在食品安全风险控制中存在的弊端,基于供应链视角,在分析食品安全监管模式创新成因的基础上构建了食品安全监管模式的创新体系,指出食品安全监管创新链包含的传递路径是全程监管、联动监管、法律监管、社会监管;并基于监管创新链的基础,提出食品供应链安全风险控制策略。李红[16]通过对2008—2011年的食品质量检测数据进行统计分析,判别了中国食品质量安全的缺陷环节,并从食品供应链环节和食品质量安全原因2个维度交叉分析定位中国食品质量安全关键控制点,提出了推进中国食品供应链质量安全管理的对策与建议。刘永胜[17]认为企业的相关战略缺失、战术松懈、运作薄弱以及员工的状态散漫、责任心不强、技能欠缺、道德心差等都可能导致食品供应链安全风险的发生,过度自信、从众心理、锚定效应、相似性偏差以及预期理论等可从不同方面阐释食品供应链安全风险的形成机理。政府应完善法规制度、落实监管责任;企业应树立正确的经营理念、完善激励与约束机制、健全风险管理机制,控制相关风险。陈洪根[18]则从技术环境角度将食品供应链划分为传统供应链模式和基于物联网的供应链模式两个发展阶段,并重点针对这两种不同技术环境下供应链模式的食品安全问题风险因素进行了详细分析,对食品供应链安全管理提供了基础的理论支持。从供应链协同管理基本理论出发,分析了中国食品安全问题的根源在于食品企业层供应链的困境和食品安全监管困境。封俊丽[19]借鉴美国、日本、欧盟等发达国家及地区的食品供应链管理经验,为中国的食品安全监管提供了思路,认为中国的食品安全管理路径应该以食品生产企业的可追溯系统HACCP系统为核心,建立企业层供应链协同管理机制以及政府层食品安全协同管理机制。

## 1.2.2 生鲜食品变质率与需求函数研究现状

生鲜农产品是指由农业部门生产的没有或经过少许初级加工的,在常温下不能长期保存的初级食品,一般包括蔬菜、水果、肉类、水产品等农畜产品。变质函数是描述物品变质特性的主要参数,是生鲜食品区别于普通农产品问题的本质特征。已有文献中,根据变质函数的结构可大致分为以下几种情况:变质率为常数、变质率是时间的线性函数、变质率服从二参数Weibull分布的函数、变质率服从三参数Weibull分布的函数,以及变质率为时间的其他函数等。对于易腐品变质率问题的较早研究是Ghare和Schrader[20],推导并建立了变质率与时间负指数关系的易腐品基本变质库存的微分方程模型,此后很多学者对其进行了需求率和变质损耗率层面的改进;Lee[21]引入保鲜技术成本,建立了库存需求率和可控变质率影响下的易逝品库存管理模型,并给出了寻找最优保鲜技术成本和补货计划的算法;Qin[22]假设生鲜食品质量和数量的变质损耗率都满足二参数Weibull分布,并建立了需求关于数量、质量和价格的函数,研究了生鲜食品的定价和库存联合决策问题;其他一些学者如Rong[23]、Wang[24]考虑时间和温度因素,在阿伦尼乌斯方程基础上,建立生鲜食品变质率衰减函数;Yu[25]考虑时间因素,引入弧乘数描述生鲜食品数量变化特点;Aung[26]、Katsaros[27]给出一种考虑温度和货架期的新鲜度计算方法;

王道平[28]等研究了变质率为含有三参数Weibull分布的变质品EOQ模型;林略等[29]采用常数变质率构建由"生产商分销商零售商"构成的鲜活农产品三级供应链收益共享契约协调下利益分配模型;Sana[30]在构建多周期易腐品库存定价的EOQ模型时,也采用了常数变质率。非瞬时变质问题通常能够较好地描述易腐品入库后没有立即发生变质的现象,就函数性质来看,非瞬时变质问题的变质率属于分段函数,开始变质前的变质率为零,变质后服从某一函数。Wu[31]定义了非瞬时变质的现象,并建立了需求依赖库存的非瞬时变质的易腐品补货策略模型;Ouyang[32]、Chung[33]、Geetha[34]、Abubakar[35]分别研究了允许延迟支付的非瞬时变质问题;阚杰[36]考虑了需求受库存水平影响的允许缺货的非瞬时变质的库存模型;Yang等[37]、Reza[38]分别研究了非瞬时变质的易腐品库存和定价问题。

在考虑变质率特征函数的基础上,研究生鲜食品供应链问题时的另一研究重点则是生鲜食品需求函数的构建,Reza[38]采用价格和时间依赖的需求函数,在允许缺货和部分积压的情形下,研究了易腐产品的定价和库存联合决策问题;陈剑[39]、但斌[40]等分别假设生鲜食品市场需求为新鲜度和价格指数乘积形式以及消费者效用为新鲜度和价格线性加权形式,并在考虑保鲜努力因素的条件下研究了生鲜食品补货和定价决策;刘昊[41]等人对需求是时间的二次多项式函数的情况进行研究,并将其应用于相应的模型构建;罗兵和王卫明[42]则认为线性时变不能很好的反应实际情况,并提出了指数时变的需求函数。以上这些研究建立的需求函数均为确定型的,因此有另外一些学者在考虑不确定情形满足某种概率分布的市场需求函数。

在已知概率分布的随机需求方面,服从Poisson分布的随机需求较为常见。Kalpakam[43]、Tekin[44]等研究了需求服从Poisson分布易腐品库存问题;杜少甫等[45]假设需求服从Poisson分布,研究了VMI模式下的一个制造商、一个供应商与多个零售商的易腐品补货问题;Lan[46]假设需求服从Poisson分布,研究了供应链环境下,一个供应商与多个零售商构成的二级供应链易腐品库存问题;禹爱民[47]在随机需求和联合促销的条件下,对制造商和零售商之间的价格竞争和双渠道协调问题进行了研究,认为回购契约能给制造商和零售商双方带来好处,但不能实现双渠道供应链的协调;但斌、徐广业[48]运用报童问题的分析框架,在制造商为主方的Stackelberg对策博弈下,研究了传统渠道和电子渠道间随机需求的库存协调问题,建立了两方收益共享契约模型。

### 1.2.3 机制设计理论研究现状

机制设计理论(Mechanism Design Theory)起源于美国明尼苏达大学经济学教授利奥·赫尔维茨(Leonid Hurwicz)的开创性工作,赫尔维茨也因此与新泽西普林斯顿高等研究院教授艾瑞克·马斯金(Eric S. Maskin)以及芝加哥大学经济学教授罗格·迈尔森(Reger B. Myerson)共同获得2007年诺贝尔经济学奖。概括地说,机制设计理论所讨论的问题是:对于任意给定的一个经济或者社会目标,在自由选择、资源交换的分散化决策条件下,能否并且怎样设计一个机制使得经济活动参与者的个人利益和设计者既定的目标一致。

机制设计通常会涉及信息效率和激励相容两个方面的问题。信息效率是关于经济机制实现既定社会目标所要求的信息量多少的问题,即机制运行的成本问题,它要求所设计的机制只需要较少的关于消费者、生产者以及其他经济活动参与者的信息和较低的信息成本。任何一个经济机制的设计和执行都需要信息传递,而信息传递是需要花费成本的,因此对于制度设计者来说,自然是信息空间的维数越小越好。在研究初期,赫尔维茨的研究主要是集中在机制的信息和计算成本方面,而没有考虑激励问题,马斯金[49]提出的团队理论(Theory of Teams)在很大程度上填补了这方面的空白。此外,20世纪70年代显示原理(Revelation Principle)的形成和实施理论(Implementation Theory)的发展也进一步推动了机制设计理论的深化。显示原理大大简化了机制设计理论问题的分析,在Gibbard[50]提出直接显示机制之后,迈尔森[51]等将其拓展到更一般的贝叶斯纳什均衡上,并开创了其在规制理论和拍卖理论等方面的研究。

自詹姆斯·莫里斯(James A. Mirrlees)和威廉·维克瑞(William Vickrey),乔治·阿克尔洛夫(George A. Akerlof)、迈克尔·斯宾塞(A. Michael Spence)和约瑟夫·斯蒂格利茨(Joseph E. Stiglitz)等多位经济学家因为在信息经济学及激励机制设计方面的贡献近年来相继获得诺贝尔经济学奖以来,国内的研究者们开始关注这一研究领域,并将机制设计理论应用到管理科学的研究当中,比较有代表性的成果有:马士华、陈志祥[52]等对供应链企业间的合作关系和委托代理机制问题进行了研究;黄小原、李丽君[53]提出了将委托代理理论方法在产品定价中进行应用;马林[54]运用机制设计理论,对供应链优化整合决策效应进行了分析;胡德俊、吕恒、杨德春[55]探讨了国有资产拍卖中的讨价还价博弈机制问题;马本江、邱菀华[56]针对一次性交易中的讨价还价策略进行了研究;艾兴政、唐小我[57]研究了讨价还价能力与竞争供应链渠道结构绩效之间的关系;侯琳琳、邱菀华[58]在随机需求信息不对称的情况下运用信号传递博弈理论,研究掌握市场需求信息的制造商如何设计契约以实现信息共享的问题,设计了一种分离均衡的利润共享契约机制;陈树桢、熊中楷、梁喜[59]针对电子商务环境下传统零售与网上直销并存的双渠道模式,分析、比较了集中式与分散式决策下供应链最优的促销投入、促销补偿投资与定价策略,研究了促使双渠道达成协调的合同设计;周雄伟、马费成[60]通过分析一个制造商和一个零售商供应链系统中不确定需求信息是否进行共享的博弈均衡,以供应链系统整体效益最大的原则设计了信息共享的激励模型;李善良、朱道立[61]利用委托代理理论,研究了供应商和零售商之间的利益博弈,并通过数值试验,比较了线性甄别契约和线性混同契约,发现对于作为委托人的供应商而言,甄别契约比汇同契约更有效率;陈剑[62]、陈宏[63]、叶飞[64,65]等对供应链当中的协同机制及其绩效问题进行了研究;禹爱民、刘丽文[47]针对制造商同时拥有零售渠道和网上直销渠道的双渠道供应链系统,在随机需求和联合促销的条件下,对制造商和零售商之间的价格竞争和协调问题进行研究,并设计了制造商回购契约。

### 1.2.4 供应链渠道协调机制研究现状

在传统供应链环境下,由于供应链成员决策的外部性,供应链上"双重边际化"现象明显,但此类问题国内外学者在价格竞争、库存竞争、服务竞争等方面已经形成了较经典的协调策略。Cai 和 Chen[66]等研究了在保鲜努力的条件下,设计价格折扣和补偿契约,协调生产商和分销商两级生鲜供应链的最优订货定价决策;Sheu[67]通过设计收益共享契约,解决了市场驱动和价格促销情形下的双渠道协调问题;Seifert[68]研究了三级供应链在价格契约下的供应商和零售商的分链协调问题;侯文华等[69]、马士华等[70]分别用风险值 CVaR 度量准则,证明了回购契约能够实现分散式供应链系统的协调和利润分配;也有学者设计联合契约,如回购和数量折扣契约、收益共享和数量折扣契约[71]、收益共享和回购契约[72,73]、批发价格和价格补贴契约[74]、价格折扣分担和滞销补贴契约[75],但是这些学者没有考虑双渠道供应链以及不同渠道结构的情形。

由于双渠道供应链中的供应商既是零售商的供应者又是零售商的竞争者,既存在"双重边际化"问题又存在渠道间冲突,使得一般的供应链契约,如收益共享契约、批发价格契约、数量折扣契约等难以达成双渠道供应链协调。近年来,相关学者在供应链双渠道协调策略研究方面取得了一些成果。Chiang[76]设计了一种分担库存持有成本与共享直销渠道收益的组合机制,达成双渠道协调;Cai[77]对直销、传统分销及混合渠道下供应商与零售商的收益进行了比较,讨论收入分享的渠道协调手段;Moon[78]建立了古诺-伯特兰德博弈模型,利用微分拟变分不等式和数量折扣契约研究了双渠道下的动态定价和库存问题;Chen 和 Zhang[79]建立了制造商和零售商之间的斯塔伯格博弈模型,设计批发价契约联合两部定价、利润共享契约协调双渠道冲突;Cao[80]考虑不对称成本信息,设计了批发价格契约协调双渠道冲突;Luo[81]设计了实物期权契约,研究了双渠道两个采购货源的协调问题;但斌[40]考虑风险厌恶情况,建立均值方差模型,设计双向收益共享契约协调双渠道冲突;甘小冰等[82]采用损失规避的效用函数和动态博弈,研究同时拥有实体和网络两种销售渠道的生鲜供应链的决策与合作问题;陈菊红等[83]探讨了制造商向零售商提供统一批发价格和实施批发价格歧视时混合渠道中的交叉选择及均衡结果。

## 1.2.5 期权契约研究现状

期权起源于金融工程,并从期货的基础上发展而来。作为金融衍生产品的一种,其主要作用是规避风险以及提高资产的投资效率。具体而言,买方在向卖方支付一定数量的金额后,则会获得在未来的某一特定日期以事先商量好的价格向卖方买进或卖出一定数量的特定标的物的权力,但不需要承担买进或卖出的义务。期权实际上是期权的买方与卖方之间签订的一种远期合约,本质上属于契约的一种。该契约能够使得买方先以较低的代价购买权利、规避风险,而卖方则通过出售权利获得补偿,具有双重协调效果。期权契约作为一种柔性订购契约,是实现供应链协调的重要机制,因此越来越多的学者将其用于供应链协调管理中。

由于目前生鲜农产品供应链各环节的服务尚不健全,各利益主体间可能会产生大量的非正式合约,这些紧急而非正式的合约经常会使生鲜农产品的买卖双方之间发生争执,由此带来生鲜农产品供应链不稳定的风险,个别企业因过分关注短期利益还会做出损害供应链整体利益的行为。为了减少这种风险,则需要建立相应的激励机制,以约束供应链各参与主体的行为,并确保各自的利益。契约作为一个由交易双方达成的具有法律效力的文件,规定了各方具有的权利、应该履行的义务和应该承担的责任等,是一种能够用于控制信用风险的显性激励机制,因此被广泛运用于供应链协调领域。肖诗顺[84]从超市生鲜农产品供应链管理的概念框架出发,剖析了我国目前超市生鲜农产品供应链在信息流、物资流和资金流三个方面存在的问题,提出了引入非嵌入式期权合约再造我国超市生鲜农产品供应链的建议,并分析了期权交易对信息流、物资流和资金流管理的改善作用。杨宇春[85]从我国现有的生鲜农产品交易模式出发,结合嵌入式期权理论,提出了生鲜农产品的嵌入式期权交易模式,并对该模式的运行机理及特征进行了研究。但斌等学者通过日本运用嵌入式期权的案例,与中国市场进行了对比,最后提出了发展嵌入式期权交易模式的对策建议。上述研究仅以定性分析为主。进一步从定量分析的角度考虑,王婧、陈旭[86,87]针对生鲜农产品在流通过程中的巨大损耗,引入期权合同工具,先后从批发商和零售商的角度建立收益模型,研究了单周期两阶段供应链中批发商和零售商的最优订货策略,得出二者的最优订货量和最大期望利润均存在且是唯一的。王冲[88]以一个供应商和一个零售商组成的单周期两阶段生鲜农产品供应链为研究对象,运用Stackelberg模型讨论并得到了零售商的最优期权订购策略以及供应商的最优定价策略,并以供应链集中决策为基准,得出了生鲜农产品供应链协调的条件。但上述研究对于生鲜农产品的特性大多以流通过程中的损耗率来描述,即由于装卸、包装、挤压、运输等自然因素或人为影响所造成的产品数量方面的损耗。而生鲜农产品的新鲜度作为其另一特性,最终将直接体现在市场的需求上。新鲜度越高,市场需求越大。因此,考虑新鲜度的影响,王婧[89]同时引入了生鲜农产品数量损耗率以及新鲜度因子来突出刻画其流通过程中的数量和质量双重损耗,考虑市场需求受新鲜度影响,并通过建模得到了无期权、有期权时的零售商最优订货策略和供应商最优运送策略,得出期权契约下的供应链各参与方的利润及整体利润均由于无期权时的利润的结论。孙国华[90]认为建立期权契约能够根据市场需求灵活确定订货量,提高供应链整体利润,并通过算例仿真进一步分析了各个参数对于期权契约协调效果的影响。曹武军[91]则进一步建立了期权契约和农业保险共同作用下的供应链利润模型,并证明了该模式能够有效地实现自然风险下农产品供应链的协调与利润优化。上述研究大多将新鲜度作为生鲜农产品的一个特性,考虑其对市场需求的影响,通过建立期权契约,使得生鲜农产品供应链上下游参与者之间能够满足供需均衡。然而,却很少有文章考虑该如何建立激励机制促进保鲜措施的实施,从而满足对生鲜农产品在新鲜度上的要求。因此,可以在期权契约的基础上,进一步引入生鲜农产品质量保证激励机制,使得供应链上下游参与者之间既能满足数量上的供需均衡,又能满足产品的质量要求。

### 1.2.6 研究评述

由以上文献综述可以看出,目前针对食品供应链以及生鲜食品供应链安全控制与协调问题学者们已开始从多个方面进行研究,但由于食品供应链发展尚不完善,对于该问题的研究仍存在一些不足之处,主要有以下三个方面。

(1) 系统地从机制设计理论的视角对食品供应链质量安全管理进行的研究非常少。目前国内外学术界大多由经济学家尤其是研究信息经济学领域的专家进行机制设计理论研究,他们虽然围绕信息效率和激励问题开展了一些研究,但更关注的是纯粹的信息经济学理论研究和艰深复杂的数学模型构建,对现实问题的应用研究关注程度相对较低。虽然也有部分管理学专家将机制设计理论应用于供应链管理领域并对供应链当中的委托代理和信息共享问题进行了研究,但是研究的是一般的供应链管理问题,而食品具有搜寻品、经验品以及信任品的特征,并且政府在食品供应链质量安全管理当中起到的监管作用要大大强于普通供应链,因此食品供应链的质量安全管理机制和策略应具有鲜明的自身特色。

(2) 少有研究从生鲜商品自身因素,如质量特征和水平等的角度对生鲜食品市场需求进行研究。部分学者将其运用于生鲜农产品供应链契约协调研究中,并结合利润共享机制激励供应链上参与者的努力水平,然而努力水平作为一个决策变量,其可度量性较低。很多学者将新鲜度作为生鲜农产品的一种特性,考虑了新鲜度对需求的影响,但绝大部分文章均假定新鲜度为外生变量,没有将新鲜度作为决策变量进行研究,由于新鲜度的高低刚好能够直接反映出保鲜努力水平的高低,可以将新鲜度作为决策变量展开研究。又由于新鲜度的提高会增加保鲜成本,若没有相应的激励机制,供应链上游参与者很难主动提高保鲜努力水平。同时,针对生鲜食品供应链的研究多集中在某一个环节，以某单一的决策主体作为研究对象，未能充分发挥博弈理论和优化理论等供应链经典分析方法在生鲜食品供应链质量控制中的作用，以得到更有效、更合理、更能体现生鲜食品供应链特点的决策模型和改进契约。

（3）在生鲜食品供应链管理双渠道供应链协调问题的研究方面，主要集中在对生鲜食品腐败变质率的刻画、市场需求函数的构建、不同协调契约的设计。在对腐败变质率的刻画层面主要有变质率为常数、变质率是时间的线性函数、变质率服从二参数 Weibull 分布的函数、变质率服从三参数 Weibull 分布的函数，以及变质率为时间的其他函数等几种情况；在市场需求函数的构建上主要有确定性需求和随机性需求；而在契约协调研究上，对收益共享契约、批发价契约、数量折扣契约以及成本共担契约使用的比较多。构建符合生鲜食品变质率特点的变质率，并将其体现在双渠道市场需求函数上，进而设计双渠道协调契约具有十分重要的研究意义。

## 1.3　本书的研究内容和研究方法

基于以上的研究背景及研究现状，本文以食品供应链为研究对象，针对非生鲜食品供应链中的供需平衡、质量控制以及双渠道协调问题进行研究，主要内容及所用方法如下。

（1）分析食品质量安全问题中道德风险和逆向选择问题产生的根源，探索和设计适合我国国情的食品供应链质量安全控制机制和管理策略。首先在对食品质量安全原因分析的基础上，对单边道德风险条件下原材料供应商与食品生产加工商各自达到最大收益时的外部损失分摊比例、惩罚额度以及奖励额度进行了求解，并进一步对双边道德风险条件下双方各自承担损失、供应商分担名誉损失成本两个契约模型进行了比较，为双方如何在不完全信息条件下控制对方的道德风险、优化各自利益及供应链整体利益提出了建议；其次对食品"柠檬市场"中因不完全信息导致的逆向选择问题展开了研究，从食品生产者和消费者之间信息不对称的角度，考虑双方在不同的市场环境下的判断和采取的策略，求解出了系统达到分离均衡、混同均衡和准分离均衡时的条件，得出了这三种情况下食品生产者质量信号的传递策略；最后对我国食品安全监管部门现状进行了分析，针对目前食品监管部门与食品生产企业之间的关系建立了相关博弈模型并对其进行求解，从政府监管机制的角度提出了相应的监管措施和政策建议。

（2）研究生鲜食品供应链中的质量控制问题。首先采用动态分析方法，以生鲜食品随时间变化的新鲜度作为销售过程中其质量的外在表征，并通过推导消费者效用函数，分别建立零售商在销售环节保鲜和运输环节保鲜时的利润模型，从而分析不同情形下零售商的最优保鲜决策。之后采用静态的分析方法,建立供应商和零售商的分散式决策模型和集中式决策模型,针对分散式决策时生鲜食品供应链节点企业各自保鲜动力不足的问题,设计"质量控制成本共担+收益共享"契约,从而在尽可能保证零售商和供应商利润最大化的基础上,促进供应链利润协调,并使得质量控制投入水平提高,达到生鲜食品供应链质量控制的目的。

(3) 综合运用斯坦伯格博弈、微分博弈和演化博弈模型,分析生鲜食品双渠道供应链的协调问题。首先考虑时间和温度对保鲜成本的影响,在 Arrhenius 方程基础上构建生鲜食品质量劣化的微分方程,构建生鲜食品传统渠道和电商渠道的需求函数,分析在集中控制状态和分散控制状态下的最优决策,设计收益共享契约和成本共担契约进行双渠道协调;其次在静态离散决策的基础上,考虑决策时的动态性和连续性,通过 HJB 方程和泛函极值构建微分博弈价值函数,研究生鲜食品双渠道供应链采用集中式决策以及分散式决策时的最优决策以及收益共享契约和成本共担契约的协调效果;最后基于演化博弈的生鲜食品双渠道供应链协调研究,结合前文博弈分析方法,通过微分博弈的价值函数构建演化博弈双种群演化的支付函数,通过 Jacobi 矩阵进行演化稳定性判断与系统演化路径分析,探讨生鲜食品双渠道供应链中供应商和零售商的契约决策最终演化方向。

(4) 以"农超对接"和电商渠道并存的生鲜农产品双渠道销售模式为研究背景,比较分析不打折、单次折扣以及多次折扣情形下,农业合作社和超市分别在分散决策和集中决策模式时的最优折扣率及其市场出清策略。在构建生鲜农产品的市场需求函数时既考虑渠道自身价格、渠道间交叉价格弹性等因素影响,又加入生鲜农产品随着时间变化的质量损失因素,并在此基础上建立模型分析传统渠道市场份额、渠道价格敏感度、渠道交叉价格弹性系数对合作社、超市的最优折扣率以及供应链利润的影响,并通过算例仿真给出相应的管理建议。

(5) 基于期权契约进行生鲜农产品供应链数量协调研究。首先引入生鲜农产品新鲜度这一特性,对传统市场需求函数进行改进,分析无期权契约下生鲜农产品供应链管理的分散决策模型和集中决策模型。其中,分散决策具体分为零售商最优订货决策和供应商最优定价决策,集中决策为零售商与供应商的共同订货决策;接着分析了期权契约决策下生鲜农产品供应链管理模型,并以集中决策为基准,运用供应链协调理论,对供应商期权订购价格、期权执行价格以及零售商最优期权订购量以及最优现货订货量进行了确定;最后引入收益共享契约,进一步对传统的期权数量契约进行改进,以集中决策为基准,在满足最优订货量以及保证最优新鲜度的前提下,对期权契约参数以及收益共享契约参数进行确定,以保证生鲜农产品数量与质量的双重要求。

# 第一篇

# 非生鲜食品供应链安全控制与协调契约

# 第2章 单边道德风险下的非生鲜食品供应链质量安全控制与协调契约

本章在信息不对称的前提下,基于委托代理理论,研究单边道德风险条件下非生鲜食品供应链的质量控制问题。需要注意的是,本篇涉及的所有食品相关概念均特指非生鲜食品。首先引入激励、惩罚以及双方分摊损失三个参数,构建原材料供应商与食品生产加工商的期望收益函数,然后运用最优化原理,确定原材料供应商和食品生产加工商的期望收益以及供应链的联合期望收益,讨论达到最大收益时的外部损失分摊比例、惩罚额度以及奖励额度。最后通过算例分析得出最优解,并为食品生产加工商如何在不完全信息条件下控制原材料供应商的道德风险提出建议。

## 2.1 完全信息条件下的质量控制策略

### 2.1.1 模型描述与基本假设

#### 2.1.1.1 模型描述

本节研究的是二级供应链结构,即假设在非生鲜食品供应链体系中包括两个环节,即原材料供应商到食品生产加工商、食品生产加工商到消费者。原材料供应商向食品生产加工商提供某种原材料,由食品生产加工商进行加工后直接销往市场,为了保证原材料质量,原材料供应商采取一定的质量预防措施:设 $P_1(0 \leqslant P_1 \leqslant 1)$,$C_1(P_1, \theta_1)$ 是原材料供应商为保证质量水平 $P_1$ 所花费的质量预防成本;$\theta_1$ 为影响供应商产品质量的外生随机变量,设 $\theta_1 \sim N(\mu_1, \sigma_1^2)$,且假定 $C_1'(P_1) > 0$,$C_1''(P_1) > 0$,当 $P_1 > 0$ 时,$C_1(0) = C_1'(0) = 0$,$C_1'(1) = \infty$,即原材料供应商的质量预防成本函数 $C_1(P_1, \theta_1)$ 为边际成本递增的凸函数。

当食品生产加工商收到原材料后,采取一定的质量检验水平 $P_2(0 \leqslant P_2 \leqslant 1)$,设 $C_2(P_2, \theta_2)$ 是食品生产加工商为保证检验努力程度 $P_2$ 所花费的检验成本;$\theta_2$ 为影响食品生产加工商产品质量检测力度的外生随机变量,设 $\theta_2 \sim N(\mu_2, \sigma_2^2)$,且 $C_2'(P_2) > 0$,$C_2''(P_2) > 0$,当 $P_2 > 0$ 时,$C_2(0) = C_2'(0) = 0$,$C_2'(1) = \infty$,即食品生产加工商的质量检验成本函数 $C_2(P_2, \theta_2)$ 为边际成本递增的凸函数。根据检验结果决定是否接受这批原材料,当食品生产加工商检测出质量问题时,将对原材料供应商进行惩罚,每单位含有质量问题的原材料的惩罚数额为 $V$;若未检测出质量问题将接受这批原材料,并对原材料供应商进行每单位原材料数额为 $H$ 的奖励,假使日后由于消费者食用出现问题时,将按照 $R_1:R_2$ 的比例分摊外部损失 $L$。

本节所用到的各种符号的定义如下:

$P_1$:供应商的质量预防水平;

$P_2$:食品加工商的质量水平;

$Q$:市场需求;

$P$:原材料经加工后的销售单价;

$V$:当食品生产加工商检测出原材料质量问题时,对原材料供应商进行每单位含有质量问题的原材料数额为 $V$ 的惩罚;

$c$:每单位原材料售价;

$H$:当食品生产加工商未检测出质量问题时,给予原材料供应商每单位原材料奖励 $H$ 的奖励;

$U$:整个供应链的联合期望收益;

$U_s(P_1)$:原材料供应商的期望收益;

$U_m(P_2)$:食品生产加工商的期望收益。

#### 2.1.1.2 基本假设

(1) 当原材料供应商提供的原材料是合格的,食品生产加工商的检验结果也一定是合格的。

(2) 当原材料供应商提供的原材料是不合格的,并且食品生产加工商检测出原材料有质量问题,那么食品生产加工商将对原材料供应商进行惩罚,每单位数额为 $V$。

(3) 当原材料供应商提供的原材料是不合格的,而食品生产加工商并没有检测出质量问题,但日后消费者食用出现问题,将按照 $R_1:R_2$ 的比例分摊损失,每单位食品造成的外部损失为 $L$,且大于销售单价 $P$。

(4) 生产加工过程对食品质量无影响(食品生产加工商加工原材料对质量无变化,包括检验质量和物理质量)。

(5) 原材料供应商与食品生产加工商的目的均为追求利润最大化。

### 2.1.2 供应链期望收益函数构建

对于原材料供应商来说,其收入一方面来自食品生产加工商的转移支付 $MQ$,另一方面来自于当原材料供应商提供的原材料符合质量要求后食品生产加工商给予原材料供应商的奖金 $(1-P_2)P_1HQ$。支出具体包括质量预防成本 $C_1(P_1,\theta_1)$、外部损失分摊额度$(1-P_1)(1-P_2)\left(1-\dfrac{R_1}{R_1+R_2}\right)LQ$、当食品生产加工商检测出原材料质量不合格时的惩罚金$(1-P_1)P_2VQ$。故原材料供应商的期望收益函数为

$$U_s(P_1)=MQ-C_1(P_1,\theta_1)-(1-P_2)(1-P_1)\left(1-\dfrac{R_1}{R_1+R_2}\right)LQ-\\(1-P_1)P_2VQ+(1-P_2)P_1HQ \qquad (2.1)$$

原材料供应商的理性约束：

原材料供应商每供应一批原材料所获得的转移支付和提供合格原材料时所获得的奖金必须大于质量预防成本、外部损失分摊额度以及提供不合格原材料时所付出的惩罚金，否则原材料供应商没有动力提供这批产品，故需满足以下条件式：

$$MQ+(1-P_2)P_1HQ>C_1(P_1,\theta_1)+(1-P_2)(1-P_1)\left(1-\dfrac{R_1}{R_1+R_2}\right)\\LQ+(1-P_1)P_2VQ \qquad (2.2)$$

对于食品生产加工商来说，其收入一方面来源于销售检测合格食品所获得的收益$(1-P_2+P_1P_2)PQ$，另一方面来自于当检测出原材料供应商提供的产品不合格时所获得的惩罚金$P_2(1-P_1)VQ$。支出部分包括对原材料供应商的转移支付$MQ$、质量检测成本$C_2(P_2,\theta_2)$、外部损失分摊额度$(1-P_1)(1-P_2)\dfrac{R_1}{R_1+R_2}LQ$，以及当原材料供应商提供的产品经检验合格时所支付的奖金$(1-P_2)P_1HQ$。故食品生产加工商的期望收益函数为

$$U_m(P_2)=(1-P_2+P_1P_2)PQ+P_2(1-P_1)VQ-C_2(P_2,\theta_2)-\\MQ-(1-P_2)(1-P_1)\dfrac{R_1}{R_1+R_2}LQ-(1-P_2)P_1HQ \qquad (2.3)$$

食品生产加工商的理性约束：

食品生产加工商每生产加工完一批产品销售以后，销售检测合格的食品收入和检测不合格原材料时所获得的惩罚金必须大于转移支付、检测成本、外部损失分摊额以及检测合格原材料时所给予的奖金，否则食品生产加工商没有动力生产加工这批产品，故需满足以下条件式：

$$(1-P_2+P_1P_2)PQ+P_2(1-P_1)VQ>MQ+C_2(P_2,\theta_2)+\\(1-P_2)(1-P_1)\dfrac{R_1}{R_1+R_2}LQ+(1-P_2)P_1HQ \qquad (2.4)$$

### 2.1.3 供应链期望收益函数的求解分析

在信息完全且充分的条件下，对于原材料供应商来说，其对应的食品生产加工

商的 $P_2$ 是可以观测到的;对于食品生产加工商而言,其对应的原材料供应商的 $P_1$ 也是可以观测到的。因此,不存在原材料供应商隐藏其原材料质量预防水平的问题,也不存在食品生产加工商隐藏产品质量检测水平的问题,即原材料供应商和食品生产加工商之间不存在道德风险问题,激励相容约束不起作用。又根据 Stanley Baima 的研究假设,我们可以得出:$C_1(P_1,\theta_1)=K_1P_1^2\theta_1^2/2$,$C_2(P_2,\theta_2)=K_2P_2^2\theta_2^2/2$,其中 $K_1>0$,$K_2>0$。

结合式(2.1)和式(2.3)可以得到整个供应链的联合期望收益函数:

$$U=U_s(P_1)+U_m(P_2)=$$
$$(1-P_2+P_1P_2)PQ-C_1(P_1,\theta_1)-C_2(P_2,\theta_2)-(1-P_1)(1-P_2)LQ=$$
$$(1-P_2+P_1P_2)PQ-\frac{K_1P_1^2\theta_1^2}{2}-\frac{K_2P_2^2\theta_2^2}{2}-(1-P_1)(1-P_2)LQ \quad (2.5)$$

由式(2.5)分别对 $P_1$、$P_2$ 求一阶偏导数,并令偏导为 0,可得

$$P_1^*=\frac{[(1-P_2)L+P_2P]Q}{K_1\theta_1^2} \quad (2.6)$$

$$P_2^*=\frac{(1-P_1)(L-P)Q}{K_2\theta_2^2} \quad (2.7)$$

由此可得,在完全信息条件下,原材料供应商采取式(2.6)中的质量预防水平 $P_1^*$,食品生产加工商采取式(2.7)中的质量检验水平 $P_2^*$,此时原材料供应商的期望收益、食品生产加工商的期望收益、整个供应链的联合期望收益均达到最大。即在此二级供应链中存在使供应链整体收益最大化的最优解。

## 2.2 不完全信息条件下的道德风险控制策略

### 2.2.1 单边道德风险概述

单边道德风险指在交易后由于双方信息不对称而引起的代理人单边的败德行为,在食品生产加工商向原材料供应商购买原材料之前,由于生产商不可能时刻去观测原材料供应商的活动,所以原材料供应商可能会为了追求自身最大化收益而采取机会主义行为,这种损害食品生产加工商利益的隐藏行动风险,称之为道德风险,在食品供应链中屡见不鲜。所以信息不对称是道德风险产生的前提条件,而追求自身利益最大化才是其根本原因。

### 2.2.2 单边道德风险下的质量控制契约设计

根据信息经济学中的委托代理理论,由于供应链上各参与主体之间的信息不

## 第2章 单边道德风险下的非生鲜食品供应链质量安全控制与协调契约

对称,代理人极有可能会通过隐藏自身的行动进而使委托人产生道德风险问题,而委托人可以设计相关的合同,建立相应的激励惩罚机制,从而使得代理人在追求自身效用最大化的同时,选择对委托人最有利的行动。

在单边信息不对称的情况下,本文假设供应链中的原材料供应商存在单边道德风险,即食品生产加工商对于原材料供应商的质量预防水平 $P_1$ 未知。由于原材料供应商存在单边道德风险,其拥有原材料质量的私人信息,在这种情况下,原材料供应商作为代理人,食品生产加工商作为委托人并设计激励契约。根据委托代理理论,原材料供应商的质量控制问题表示为

$$\max U_m \tag{2.8}$$

$$\text{s. t.} \begin{cases} P_1^\# \in \arg\max U_s & (IC) \quad (2.9) \\ U_s \geqslant U_{s0} & (IR) \quad (2.10) \end{cases}$$

式(2.8)为使得食品生产加工商期望收益最大化的目标函数;式(2.9)为原材料供应商的激励相容约束条件,即原材料供应商选择能使其期望收益最大化的最优质量预防水平;式(2.10)为原材料供应商的参与约束条件,目的是为了确保原材料供应商获得不少于其保留收益的收益水平 $U_{s0}$,否则原材料供应商不会选择与食品生产加工商签订契约,式中的 $P_1^\#$ 为原材料供应商存在道德风险时的质量预防水平。

由激励相容约束条件[式(2.9)]对 $P_1^\#$ 的一阶最优化为

$$U_s'(P_2^\#) = (1-P_2)\left(1-\frac{R_1}{R_1+R_2}\right)LQ + P_2VQ + (1-P_2)HQ - C_1'(P_1^\#, \theta_1)$$

令一阶导数等于0,整理可得

$$P_1^\# = \frac{\left[(1-P_2)\left(1-\frac{R_1}{R_1+R_2}\right)L + P_2V + (1-P_2)H\right]Q}{K_1\theta_1^2} \tag{2.11}$$

则有

$$\Delta P_1 = P_1^* - P_1^\# = \frac{\left[\frac{R_1L}{R_1+R_2} - H + \left(P+H-V-\frac{R_1L}{R_1+R_2}\right)P_2\right]Q}{K_1\theta_1^2} \tag{2.12}$$

$\Delta P_1$ 为当原材料供应商的质量预防水平 $P_1$ 隐藏时的道德风险值,约束条件: $0 \leqslant P_1^* \leqslant 1, 0 \leqslant P_1^\# \leqslant 1, 0 \leqslant \Delta P_1 \leqslant 1$

$$[(1-P_2)L + P_2P]Q \leqslant K_1\theta_1^2 \tag{2.13}$$

$$\left[(1-P_2)\left(1-\frac{R_1}{R_1+R_2}\right)L + P_2V + (1-P_2)H\right]Q \leqslant K_1\theta_1^2 \tag{2.14}$$

$$\left[\frac{R_1L}{R_1+R_2}-H+\left(P+H-V-\frac{R_1L}{R_1+R_2}\right)P_2\right]Q \leqslant K_1\theta_1^2 \qquad (2.15)$$

$$0 \leqslant \left(\frac{R_1L}{R_1+R_2}-H\right)Q \leqslant K_1\theta_1^2 \qquad (2.16)$$

$$(P-V)Q \leqslant K_1\theta_1^2 \qquad (2.17)$$

$$P+H-V-\frac{R_1L}{R_1+R_2}<0 \qquad (2.18)$$

## 2.3 算例分析

根据约束条件式(2.2)、式(2.4)、式(2.13)、式(2.14)、式(2.15)、式(2.16)、式(2.17)进行下列参数假设:某蜜蜂养殖场 $Z$ 向蜂蜜加工商 $Y$ 提供原蜜,由蜂蜜加工商 $Y$ 购买原蜜加工后销售给顾客。设蜜蜂养殖场 $Z$ 以 $M=5\,000$ 元/吨的原蜜卖给蜂蜜加工商 $Y$,蜂蜜加工商 $Y$ 加工后以价格 $P=8\,000$ 元/吨将蜂蜜销售给顾客,蜜蜂养殖场提供 10 单位的原蜜给蜂蜜加工商,即 $Q=10$ 吨,$K_1=18\,000$,$K_2=120\,000$,每单位食品造成的外部损失 $L=10\,000$ 元。不考虑外部随机因素的影响,即 $\theta_1$ 和 $\theta_2$ 为 1。

(1) 通过分摊比例来控制原材料供应商的道德风险。

假设 $V=4\,000$,$H=1\,000$,取 $R_1/(R_1+R_2)=0.1,0.2,0.3,0.4,0.5,0.6,0.7,0.8,0.9$。

当 $\dfrac{R_1}{R_1+R_2}=0.1$

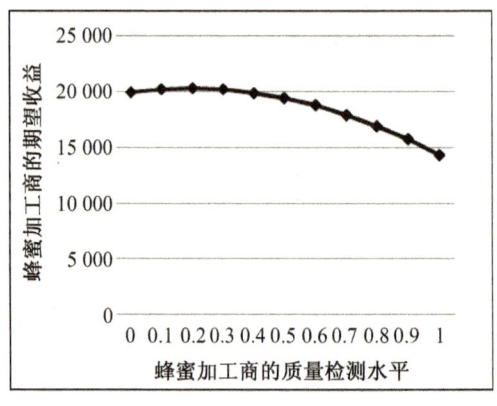

图 2.1 基于分摊比例的蜂蜜加工商的期望收益图

由于受到约束条件式(2.4)的限制,最优 $P_2=0.1$,此时道德风险值为 0.033 3,蜂

# 第 2 章 单边道德风险下的非生鲜食品供应链质量安全控制与协调契约

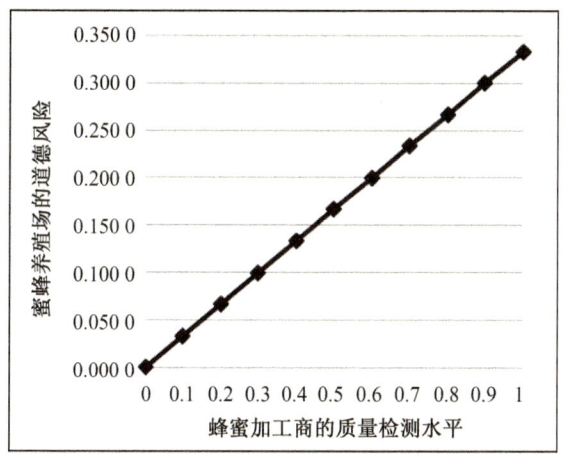

**图 2.2 蜜蜂养殖场的道德风险值**

蜜加工商的最大期望收益为 20 043.33。

以下步骤与上述一样：

当 $\dfrac{R_1}{R_1+R_2}=0.2$ 时，$P_2$ 最优为 0，此时蜜蜂养殖场的道德风险值为 0.083 3，蜂蜜加工商的最大期望收益为 17 500.00（见表 2.1）。

**表 2.1 蜜蜂养殖场的道德风险值和蜂蜜加工商的期望收益表 $\left(\dfrac{R_1}{R_1+R_2}=0.2\right)$**

| $P_2$ | 0 | 0.1 | 0.2 | 0.3 | 0.4 | 0.5 | 0.6 | 0.7 | 0.8 |
|---|---|---|---|---|---|---|---|---|---|
| $\Delta P_1$ | 0.088 | 0.108 | 0.133 | 0.158 | 0.183 | 0.208 | 0.233 | 0.258 | 0.283 |
| $T_1$ | 17 500.00 | 17 118.30 | 16 306.60 | 15 065.00 | 13 393.33 | 11 291.67 | 8 760.00 | 5 798.30 | 2 406.70 |

当 $\dfrac{R_1}{R_1+R_2}=0.3$ 时（见表 2.2）：

**表 2.2 蜜蜂养殖场的道德风险值和蜂蜜加工商的期望收益表 $\left(\dfrac{R_1}{R_1+R_2}=0.3\right)$**

| $P_2$ | 0 | 0.1 | 0.2 | 0.3 | 0.4 | 0.5 | 0.6 |
|---|---|---|---|---|---|---|---|
| $\Delta P_1$ | 0.166 7 | 0.183 3 | 0.200 0 | 0.216 7 | 0.233 3 | 0.250 0 | 0.266 7 |
| $T_1$ | 13 333.33 | 12 843.33 | 12 040.00 | 10 923.33 | 9 493.33 | 7 750.00 | 5 693.33 |

当 $\dfrac{R_1}{R_1+R_2}=0.3,0.4,0.5\cdots0.9$ 时，步骤同上。

结论：当 $V=5\,000$，$H=1\,000$，$\dfrac{R_1}{R_1+R_2}=0.1$，蜂蜜加工商的期望收益随着质量检测水平的增加而减小，当 $P_2$ 为 0.1 时，蜜蜂养殖场的道德风险值为 0.033 3，蜂蜜加工商的最大期望收益为 20 043.33。

（2）通过惩罚额度来控制蜜蜂养殖场的道德风险值。

假设 $\frac{R_1}{R_1+R_2}=0.1$, $H=1\,000$, 取 $V=1\,000,2\,000,3\,000,4\,000,5\,000,\cdots,8\,000$

当 $P_2=0$ 时，无论 $V$ 怎样变化，蜂蜜加工商的期望收益均为 20 000，道德风险值为 0。

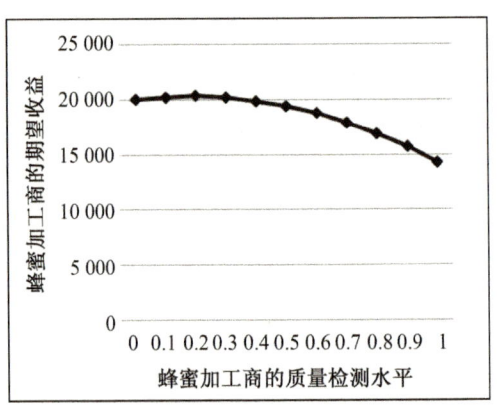

**图 2.3　基于惩罚额度的蜂蜜加工商的期望收益图**

当 $V=1\,000,2\,000,3\,000$ 时，蜂蜜加工商的期望收益随着质量检测水平的增加而减小，当 $P_2=0$，最大值为 20 000，道德风险值为 0。

当 $V=4\,000,5\,000$ 时，期望收益变化趋势同上，当 $P_2=0.1$，最大值为 20 043.33，道德风险值为 0.033 3。

当 $V=6\,000,P_2=0.2$，期望收益先增大后减小，最大值为 20 706.67，道德风险值为 0.033 3。

当 $V=7\,000,P_2=0.4$，期望收益先增大后减小，最大值为 21 493.33，道德风险值为 0.033 3。

当 $V=8\,000,P_2=0.2$，期望收益先增大后减小，最大值为 21 640，道德风险值为 0。

结论：当 $\frac{R_1}{R_1+R_2}=0.1$, $H=1\,000, V=8\,000$，随着质量检测水平的增加，蜂蜜加工商的期望收益先增大后减小，当 $P_1=0.2$ 时，期望收益最大值为 21 640，道德风险值为 0。

（3）通过奖励额度来控制蜜蜂养殖场的道德风险值。

假设：$R_1/(R_1+R_2)=0.1, V=8\,000, H=800,900,1\,000$。

当 $H=800$，质量检测水平仅且只能取 0，当 $P_2=0$，最大值为 21 633.33，道德风险值为 0.016 7。

## 第 2 章 单边道德风险下的非生鲜食品供应链质量安全控制与协调契约

当 $H=900$,蜂蜜加工商的期望收益随着质量检测水平的增加而增大,当 $P_2=0.1$,最大值为 21 638.25,道德风险值为 0.007 5。

当 $H=1\,000$,蜂蜜加工商的期望收益随着质量检测水平的增大而增大,当 $P_2=0.2$,最大值为 21 640.00,道德风险值为 0。

结论:本文四个最优参数分别为 $\frac{R_1}{R_1+R_2}=0.1$(即 $R_1:R_2=1:9$),$V=8\,000$,$H=1\,000$,$P_2=0.2$。此时蜜蜂养殖场的最优质量预防水平为 0.9,道德风险值为 0,期望收益为 400,蜂蜜加工商的最优质量检测水平为 0.2,期望收益为 21 640,联合期望收益为 22 040。

# 第3章 双边道德风险下的非生鲜食品供应链质量安全控制与协调契约

本章运用委托代理理论、机制设计理论构建了一个简单的由原材料供应商和食品加工制造商组成的二级供应链。主要研究在双边道德风险下食品供应链节点企业应如何设计激励机制来激励对方保证食品质量,应用机制设计理论设计出了双方各自承担损失、供应商分担名誉损失成本两个契约模型,由模型分析得出:在双边道德风险下,双方各自承担损失的契约不是最优契约,无法使供应链达到利润最大化;供应商分摊名誉损失成本的契约是最优契约,能使供应链达到利润最大化,也可以有效地抑制供应商的双边道德风险,确保产品质量。

## 3.1 问题描述与模型假设

### 3.1.1 问题描述

本文考虑由风险中性的原材料供应商和风险中性的食品加工制造商组成的二级供应链。供应商提供原材料给制造商,制造商把原材料再加工成产品销售给客户。分别用 $P_1$、$P_2$、$\theta$ 表示原材料供应商的质量水平、食品加工制造商的质量水平、食品加工制造商的检测水平($P_1$、$P_2$、$\theta$ 均大于等于 0,小于等于 1)。分别用 $C(P_1)$、$C(P_2)$、$M(\theta)$ 表示原材料供应商的质量成本、食品加工制造商的质量成本、食品加工制造商的质量检测成本。假设 $C(P_1)$、$C(P_2)$、$M(\theta)$ 均是严格递增的凸函数。如果原材料供应商提供的原材料是合格的,食品加工制造商就会接受产品,并给原材料供应商支付原材料单位价格($c$)。如果原材料供应商的原材料是不合格的,会出现两种情况:(1) 食品加工制造商检测出来产品不合格拒收产品,此时原材料供应商会产生废弃成本 $R$;(2) 食品加工制造商未检测出产品不合格,继续对原材料进行再加工成次品以单位价格 $r$ 卖给客户。原材料供应商提供的不合格的原材料和被食品加工制造商再加工成次品的产品都会导致产品出现质量缺陷。一旦产品出现质量缺陷,企业就会发生外部损失成本。分别用 $r、l$ 表示有缺陷产品的置换成本和企业的声誉损失成本。外部损失成本为缺陷产品的置换成本和企业的声誉损失成本之和,即 $r+l$。

本节所用到的各种符号的定义如下：

$P_1$：原材料供应商的质量水平；

$P_2$：食品加工制造商的质量水平；

$\theta$：食品加工制造商的检测水平；

$C(P_1)$：原材料供应商的质量成本；

$C(P_2)$：食品加工制造商的质量成本；

$M(\theta)$：食品加工制造商的质检成本；

$c$：原材料的单位售价；

$R$：供应商因原材料不合格而承担的废弃成本；

$r$：产品置换成本、产品单位售价；

$l$：食品加工制造商声誉损失成本；

$U$：供应链的总体期望收益；

$U_m$：食品加工制造商的期望收益；

$U_s$：原材料供应商的期望收益。

### 3.1.2 模型假设

为了便于研究，得出具体的结论，本文做出如下假设：

(1) 供应链上的行为主体即原材料供应商、食品加工制造商均是风险中性的。

(2) 质量合格的原材料一定能通过食品加工制造商的检测，食品加工制造商检测认为不合格的原材料一定是质量不合格的。

(3) 没有被食品加工制造商检测出的不合格的原材料，经过制造商的再加工，仍然是不合格的。

(4) 本文假设存在双边道德风险时，食品加工制造商是委托人，原材料供应商是代理人，原材料供应商可能发生道德风险。根据委托代理理论，食品加工制造商的问题是：

$$\text{Max}_{P_1,P_2,\theta} U_m \tag{3.1}$$

$$\text{s.t.} \quad (IR) U_s \geqslant U_{s0} \tag{3.2}$$

$$(IC) \frac{\delta U_s}{\delta P_1} = 0 \tag{3.3}$$

$$(IC) \frac{\delta U_m}{\delta P_2} = 0 \tag{3.4}$$

式(3.1)是食品加工制造商通过设计最优契约以使其获取最大的期望收益。

式(3.2)是原材料供应商的参与约束条件，原材料供应商获得不少于其保留效用$U_{s0}$，否则原材料供应商不会同意签订契约。

式(3.3)是原材料供应商的激励相容约束条件,原材料供应商通过选择最优质量水平获得最大期望收益。

式(3.4)是食品加工制造商的激励相容约束条件,食品加工制造商通过选择最优质量水平获得最大期望收益。

## 3.2 供应链期望总收益模型构建与求解

通过以上描述可以建立如下供应链期望总收益模型:

$$U=r[1-\theta(1-P_1)]-C(P_1)-C(P_2)-M(\theta)-\theta(1-P_1)R-[(1-\theta)(1-P_1)+P_1(1-P_2)](r+l)$$

供应链的收益优化问题是

$$\text{Max}_{P_1,P_2,\theta}U(P_1,P_2,\theta) \tag{3.5}$$

令供应链的期望总收益 $U$ 对 $P_1$、$P_2$、$\theta$ 求偏导,得到以下三式:

$$\begin{cases} U_{P_1}(P_1,P_2,\theta)=(r+R)\theta-(\theta-P_2)(r+l)-C'(P_1) \\ U_{P_2}(P_1,P_2,\theta)=P_1(r+l)-C'(P_2) \\ U_\theta(P_1,P_2,\theta)=(1-P_1)(l-R)-M'(\theta) \end{cases}$$

令以上三式均等于 0,原材料供应商最优质量水平为 $P_1^*$,食品加工制造商最优质量水平为 $P_2^*$,食品加工制造商最优检测水平为 $\theta^*$,三者满足以下的一阶条件:

$$U_{P_1}(P_1^*,P_2^*,\theta^*)=\theta^*(r+R)-(\theta^*-P_2^*)(r+l)-C'(P_1^*)=0 \tag{3.6}$$

$$U_{P_2}(P_1^*,P_2^*,\theta^*)=P_1^*(r+l)-C'(P_2^*)=0 \tag{3.7}$$

$$U_\theta(P_1^*,P_2^*,\theta^*)=(1-P_1^*)(l-R)-M'(\theta^*)=0 \tag{3.8}$$

式(3.6)、式(3.7)、式(3.8)表明此时供应链期望总收益达到最大化,能够符合这三个条件的契约被认为是最优契约。

### 3.2.1 双方各自承担损失的契约

双方各自承担损失契约,表示原材料供应商只承担由于原材料不合格而导致的废弃成本 $R$,食品加工制造商则只承担销售给客户的有质量缺陷的产品导致的置换成本 $r$ 和声誉损失成本 $l$,由此可建立供应商和制造商利润函数分别如下:

$$U_m=(r-c)[1-\theta(1-P_1)]-[(1-\theta)(1-P_1)+P_1(1-P_2)](r+l)-C(P_2)-M(\theta) \tag{3.9}$$

$$U_s = c[1-\theta(1-P_1)] - \theta(1-P_1)R - C(P_1) \quad (3.10)$$

为了分析该契约存在双边道德风险时的情况,把式(3.9)、式(3.10)代入存在双边道德风险的委托代理模型中[式(3.1)、式(3.4)],得到以下四式:

$$\text{Max}_{c,P_1,P_2,\theta} U_m = (r-c)[1-\theta(1-P_1)] - [(1-\theta)(1-P_1)+P_1(1-P_2)]$$
$$(r+l) - C(P_2) - M(\theta) \quad (3.11)$$

$$\text{s.t. } U_s = c[1-\theta^{**}(1-P_1^{**})] - \theta^{**}(1-P_1^{**})R - C(P_1^{**}) \geqslant U_{s0} \quad (3.12)$$

$$\frac{\delta U_s}{\delta P_1} = \theta^{**}(c+R) - C'(P_1^{**}) = 0 \quad (3.13)$$

$$\frac{\delta U_m}{\delta P_2} = P_1^{**}(l+r) - C'(P_2^{**}) = 0 \quad (3.14)$$

根据原材料供应商和食品加工制造商的两个参与约束式联立求解,得到存在双边道德风险时该契约下双方的最优质量水平 $P_1^{**}$、$P_2^{**}$ 和食品加工制造商最优检测水平 $\theta^{**}$ 之间的关系,如下:

$$\theta^{**}(c+R) = C'(P_1^{**}) \quad (3.15)$$

$$(r+l)P_1^{**} = C'(P_2^{**}) \quad (3.16)$$

再由最优契约的三个条件:式(3.2)、式(3.3)、式(3.4)三式联立求解可得 $P_1^*$、$P_2^*$、$\theta^*$ 之间的关系如下:

$$(r+l)P_1^* = C'(P_2^*) \quad (3.17)$$

$$(r+l)P_2^* - \theta^*(l-R) = C'(P_1^*) \quad (3.18)$$

想要双方各自承担损失契约达到最优契约的标准,则必须满足以下条件:$P_1^* = P_1^{**}$,$P_2^* = P_2^{**}$,$\theta^* = \theta^{**}$。分析可得

$$(r+l)P_2^{**} = \theta^{**}(l+c) \quad (3.19)$$

此结果表明,该契约中的 $P_2^{**}$ 与 $\theta^{**}$ 满足以上的关系时,该契约才是最优契约。由于 $r>c$,所以 $P_2^{**}<\theta^{**}$,且 $\theta^{**}$ 是由食品加工制造商检测成本参数决定的,所以很难使 $P_2^{**}$ 与 $\theta^{**}$ 满足以上关系。虽然在理论上该契约能使供应链的整体利益达到最大化,但却是小概率事件,几乎不能发生。因此认定该契约不是最优契约,无法使供应链的整体利润最大化。

## 3.2.2 供应商分担名誉损失成本的契约

客户购买产品后发现有质量缺陷会要求食品加工制造商退货,食品加工制造商因此承担了退货成本 $r$ 和名誉损失成本 $l$。但是产品的质量缺陷并不是由食品

## 第3章 双边道德风险下的非生鲜食品供应链质量安全控制与协调契约

加工制造商单独引起的，也可能是原材料供应商提供的原材料本身就不合格，只是食品加工制造商没有检测出来而已。因此，食品加工制造商完全可以要求原材料供应商承担部分声誉损失成本 $l$，规定 $\alpha$ 为原材料供应商应承担的声誉损失成本的比例。

建立的原材料供应商、食品加工制造商的利润函数如下：

$$U_m = (r-c)[1-\theta(1-P_1)] + \alpha l \theta(1-P_1) - \\ (r+l)[(1-\theta)(1-P_1) + P_1(1-P_2)] - C(P_2) - M(\theta) \tag{3.20}$$

$$U_s = c[1-\theta(1-P_1)] - (R+\alpha l)\theta(1-P_1) - C(P_1) \tag{3.21}$$

为了分析该契约存在双边道德风险时的情况，把式(3.20)、式(3.21)代入存在双边道德风险的委托代理模型中[式(3.1)—式(3.4)]，得到以下四式：

$$\text{Max}_{c,\alpha,P_1,P_2,\theta} U_m = (r-c)[1-\theta(1-P_1)] + \alpha l\theta(1-P_1) - \\ (r+l)[(1-\theta)(1-P_1) + P_1(1-P_2)] - \\ C(P_2) - M(\theta) \tag{3.22}$$

$$\text{s.t.} \quad U_s = c[1-\theta(1-P_1)] - (R+\alpha l)\theta(1-P_1) - C(P_1) \geqslant U_{s0} \tag{3.23}$$

$$\frac{\delta U_s}{\delta P_1} = \theta(c+R+\alpha l) - C'(P_1) = 0 \tag{3.24}$$

$$\frac{\delta U_m}{\delta P_2} = P_1(r+l) - C'(P_2) = 0 \tag{3.25}$$

该契约中，令 $P_1$、$P_2$、$\theta$ 分别表示原材料供应商最优质量水平、食品加工制造商最优质量水平和食品加工制造商的最优检测水平，对式(3.22)构造拉格朗日函数，得到：

$$L = (r-c)[1-\theta(1-P_1)] + \alpha l\theta(1-P_1) - (r+l)[(1-\theta)(1-P_1) + \\ P_1(1-P_2)] - C(P_2) - M(\theta) + \mu\{c[1-\theta(1-P_1)] - \\ (R+\alpha l)\theta(1-P_1) - C(P_1) - U_{s0}\} + \lambda\{\theta(c+R+\alpha l) - C'(P_1)\} + \\ \eta[P_1(r+l) - C'(P_2)] \tag{3.26}$$

$\mu$ 为式(3.23)的拉格朗日乘子，$\lambda$ 为式(3.24)的拉格朗日乘子，$\eta$ 为式(3.25)的拉格朗日乘子。由式(3.23)和式(3.24)可解出 $\{c,\alpha\}$。令拉格朗日函数对原材料价格 $c$、声誉损失成本分摊系数 $\alpha$ 求一阶导，结果如下：

$$L_c = -[1-\theta(1-P_1)] + \mu[1-\theta(1-P_1)] + \lambda\theta = 0 \tag{3.27}$$

$$L_\alpha = l\theta(1-P_1) - \mu l\theta(1-P_1) + \lambda\theta l = 0 \tag{3.28}$$

当式(3.27)和式(3.28)同时满足时，得到：$\mu=1,\lambda=0$。

将 $\mu=1, \lambda=0$ 代入式(3.26),再分别对 $P_1$、$P_2$ 和 $\theta$ 求一阶导,结果为

$$L_{P_1} = P_2(r+l) - \theta(l-R-C_1) - C'(P_1) = 0 \quad (3.29)$$

$$L_{P_2} = P_1(r+l) - C'(P_2) = 0 \quad (3.30)$$

$$L_\theta = (1-P_1)(l-R-C_1) - M'(\theta) = 0 \quad (3.31)$$

把式(3.29)、式(3.30)和式(3.31)三式与最优契约的三个条件——式(3.2)、式(3.3)、式(3.4)三式比较后发现完全一致,因此该契约被认定是最优契约。

## 3.3 算例分析

假设 A 公司生产原蜜,B 公司从 A 公司收购原蜜回来再加工成蜂蜜卖给消费者。当 A 公司提供的原蜜质量合格时,B 公司将以每斤 5 元的价格收购,否则 A 公司将承担每斤 5 元的废弃成本。B 公司生产的蜂蜜以每斤 10 元的价格卖到市场上。如果蜂蜜出现质量缺陷,那么 B 公司将承担外部损失成本 10 元/斤,声誉损失成本 3 元/斤。假设 A 公司的质量成本为 $C(q) = k_1 q^2/2 - k_2 q$,B 公司的质量成本为 $C(P) = k_1 P^2/2 - k_2 P$,检测成本为 $C(\theta) = k_3 \theta^2/2$,$k_1=250, k_2=40, k_3=6$。假设 A 公司保留效用为 $U_{s0}=10$,根据式(3.6)、式(3.7)、式(3.8)三式可得供应链在没有道德风险时的最优解:$P_1^*=0.63, P_2^*=0.64, \theta^*=0.49, U^*=105.33$。经计算得数据,如表 3.1 所示:

表 3.1 供应链采取不同契约时取值情况

|  | $P_1$ | $P_2$ | $U_m$ | $U_s$ | $U$ |
| --- | --- | --- | --- | --- | --- |
| 不存在道德风险时 | 0.63 | 0.64 | 70.43 | 34.90 | 105.33 |
| 双方各自承担损失的契约 | 0.23 | 0.34 | 30.29 | 38.06 | 68.35 |
| 供应商分担名誉损失成本的契约 | 0.64 | 0.63 | 70.67 | 34.66 | 105.33 |

当供应链采用双方各自承担损失的契约,原材料供应商采取的质量水平为 $P_1=0.23$,食品加工制造商采取的质量水平为 $P_2=0.34$。此时 $U_s=38.06, U_m=30.29$。对比可发现,原材料供应商、食品加工制造商的利润都下降了。

此时,可通过提高原蜜的单位售价,激励原材料供应商采取更高的质量水平。于是食品加工制造商也提高质量水平,通过这种方式使自己获得最大利润,结果如表 3.2 所示:

表 3.2 提高原蜜的单位售价对供应链利润的影响

| $c$ | $P_1$ | $P_2$ | $U_m$ | $U_s$ | $U$ |
| --- | --- | --- | --- | --- | --- |
| 60 | 0.23 | 0.34 | 30.29 | 38.06 | 68.35 |

# 第3章 双边道德风险下的非生鲜食品供应链质量安全控制与协调契约

续表

| $c$ | $P_1$ | $P_2$ | $U_m$ | $U_s$ | $U$ |
|---|---|---|---|---|---|
| 65 | 0.29 | 0.38 | 32.31 | 38.47 | 70.78 |
| 70 | 0.31 | 0.39 | 33.11 | 38.41 | 71.52 |
| 75 | 0.32 | 0.40 | 33.53 | 38.34 | 71.87 |
| 80 | 0.33 | 0.41 | 33.96 | 38.25 | 72.21 |

通过分析得出,提高原材料单位售价能够大幅度地提高供应链整体收益,略微提高食品加工制造商的收益,而原材料供应商的利润是先升高后下降。

当供应链成员采用供应商分担名誉损失成本的契约,我们知道该契约下发生双边道德风险时供应链能达到利润最大化,即 $c=77.8875, \alpha=95.25, P^*=0.64, q^*=0.63, \theta^*=0.49, U^*=105.33$。最优状态下原材料供应商承担的名誉损失成本的系数大于1,即原材料供应商分担了食品加工制造商的一部分外部损失,这样的契约有利于原材料供应商保证提供的原材料的质量,可以有效控制原材料供应商造成的质量风险。供应商的质量水平与供应链期望收益的关系如图 3.1、图 3.2、图 3.3 所示:

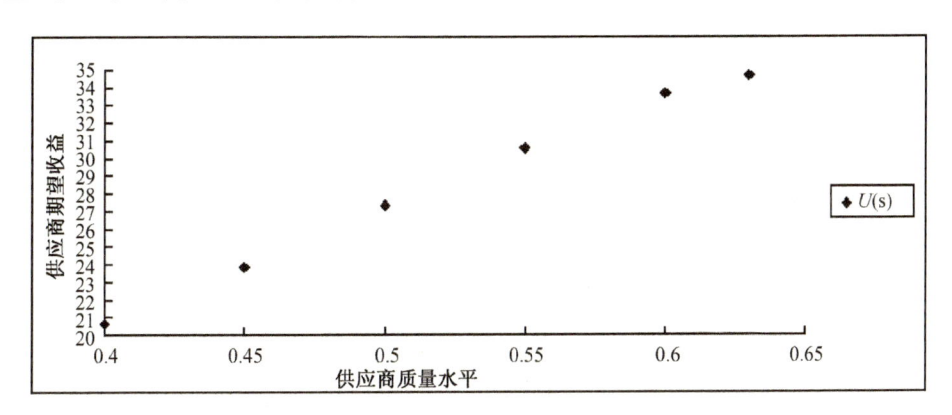

图 3.1 供应商期望收益与供应商质量水平的关系图

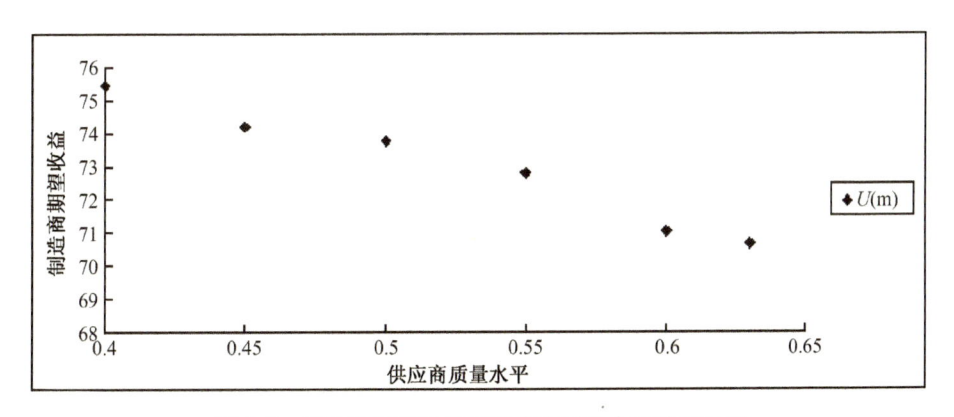

图 3.2 制造商期望收益与供应商质量水平的关系图

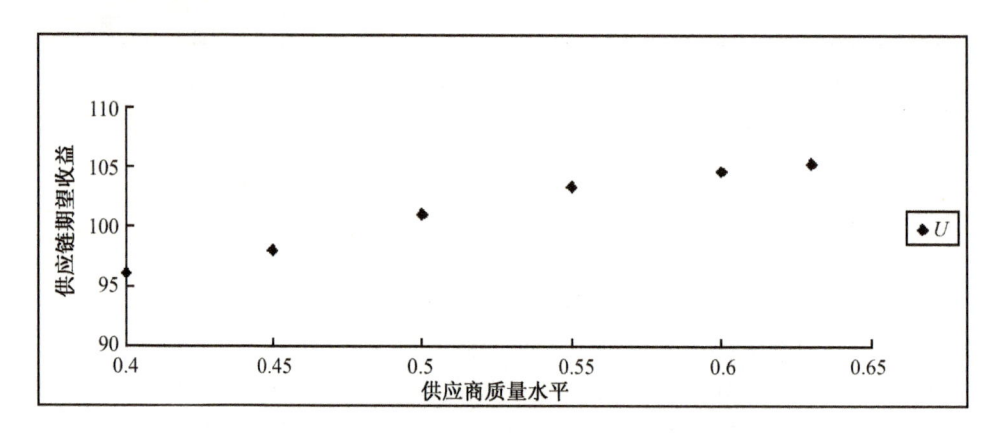

图 3.3 供应链期望收益与供应商质量水平的关系

根据图 3.1、图 3.2、图 3.3 分析结果可知:该契约下,如果原材料供应商降低质量水平,不仅会导致供应链整体效益下降,也会导致自身的利润下降。因此,原材料供应商不会降低质量水平,这就避免了原材料供应商发生单边道德风险的情况。

# 第4章 不完全逆向选择下的食品供应链质量安全信号传递

通过可靠的途径，如认证标识、研究报告等可对食品的质量进行披露，但信息披露等对供应商来说是有成本的，因此可以通过这种约束探寻解决原材料供应商单边道德风险的方法。本章将在此基础上，建立食品质量信号传递的博弈模型，讨论食品生产者会如何选择其质量信息传递方式，特别是披露成本对其选择的影响，并提出政策建议以使食品供应商的信息能更为有效地传递给消费者。同时，需要建立一套完善的信任体系帮助消费者认知所买商品是绿色健康食品还是非绿色不健康低质量的食品，只有在物有所值的基础上，才能形成公平的交易。本章通过设计构建信号博弈模型，探寻约束条件，保障食品供应市场达到分离均衡的理想状态，这是保障绿色食品在市场上建立优势的关键，对绿色食品进行资格认证对于相关部门开展市场监管也具有十分现实的意义。

由于食品供应市场的信息不对称性和德道约束力不强的情况，消费者很难了解到供应商生产的食品是否是绿色与安全的，使得消费者在食品选择供应市场出现逆向选择问题。为了使得消费者在信息不对称的条件下能够买到质量有保证的食品，同时能够更好地约束食品供应商，使得食品供应市场实现分离均衡，本文通过分析食品供应商和消费者在拥有不完全信息时，供需双方在不同的市场环境下的判断和采取的策略，推导出了分离均衡、混同均衡和准分离均衡存在的条件，最后，通过分析与总结给出市场监管对维护绿色食品市场正常秩序运转的政策意见和建议。

## 4.1 信号传递理论概述

### 4.1.1 信息不对称理论

#### 4.1.1.1 信息不对称理论的来源与发展

美国经济学家乔治·阿克尔洛夫、约瑟夫·斯蒂格利茨和迈克尔·斯彭斯最早于70年代开始研究信息不对称理论。2001年的诺贝尔经济学奖授予了这三位经济学家，以表彰他们在使用不对称信息进行市场分析方面做出的伟大成就。这三位诺贝尔经济学奖获得者在信息具有价值的基础上，把信息不对称理论广泛应用于各个领域，最终取得实践的验证，揭示了当代信息经济的核心。阿克尔洛夫在发表的论文《次品市场》中首先研究了信息不对称在商品市场的应用；在传统经济学的基本假设前提里，"经济人"掌握完全信息，信息不对称理论可以减少或避免此类行为的发生以及减少信息搜寻的成本，提升社会资源配置的效率。

#### 4.1.1.2 信息不对称下的逆向选择

逆向选择是指在买卖双方信息非对称的情况下，差的商品总是将好的商品驱逐出市场；或者说拥有信息优势的一方，在交易中总是趋向于做出尽可能地有利于自己而不利于别人的选择，从而导致市场资源配置扭曲的现象。逆向选择的理论最早是由 George A. Akerlof 在《"柠檬"市场：质量的不确定性和市场机制》一文中提出的。之后，不同领域的学者对不同的问题进行了逆向选择问题的研究，如 Naci Mocan 实际验证了在儿童护理中由于信息不对称而导致的逆向选择问题；Jan Devos 等研究了在信息系统研究中的"柠檬"市场问题。在非对称信息下，市场交易的一方如果能够利用多于另一方的信息使自己受益而令对方受损时，信息劣势的一方便难以顺利地做出买卖决策，价格便随之扭曲，并失去了平衡供求、促成交易的作用。在很多情况下，市场机制并不能解决非对称信息问题，只能通过其他的一些机制来解决，特别是运用博弈论的相关知识来解决机制设计问题。

### 4.1.2 信号博弈理论

信号博弈也被称作动态贝叶斯博弈，可以通过转换直接表达成完全但不完美信息动态博弈。设有一个博弈方 0，先按一定概率从信号发出方的信号空间中为信号发出方随机选择一个类型，并将该类型告诉发出方；然后是发出方在自己的行为空间中选择一个行为；最后是接收方根据发出方的行为选择自己的行为。如果我们用 $S$ 表示信号发出方，用 $R$ 表示信号接收方，用 $T=\{t_1,\cdots,t_i\}$ 表示 $S$ 的类型空间，用 $M=\{m_1,\cdots,m_j\}$ 表示 $S$ 的行为空间，用 $A=\{a_1,\cdots,a_k\}$ 表示 $R$ 的行为空间，用 $u_S$ 和 $u_R$ 分别表示 $S$ 和 $R$ 的得益，设博弈方 0 位 $S$ 选择类型的概率分布为 $\{p(t_1),\cdots,p(t_I)\}$。则一个信号博弈可表示为如下形式：

(1) 博弈方 0 以 $p(t_i)$ 为 $S$ 的选择类型 $t_i$，并让 $S$ 知道；

(2) $S$ 选择行为 $m_j$；

(3) $R$ 看到 $m_j$ 后选择 $a_k$；

(4) $S$ 和 $R$ 的得益 $u_S$ 和 $u_R$ 都取决于 $t_i$、$m_j$ 和 $a_k$。

注意：①博弈方 0 选择各类型的概率都大于 0，并且总和等于 1；②$R$ 虽然不知道 $S$ 的类型就是 $t_i$，但却知道 $p(t_i)$；③$S$ 所选择的 $m_j$ 是 $t_i$ 的函数，也是得益和 $a_k$ 的函数；④$T$、$M$ 和 $A$ 既可以是离散空间也可以是连续空间。

## 4.2 信号博弈完美贝叶斯均衡

把信号博弈用完美贝叶斯均衡进行分析,包含纯策略和混合策略完美贝叶斯均衡、合并均衡和分开均衡等。完美贝叶斯均衡的条件如下:

(1) 信号接收方 $R$ 在观察到信号发出方 $S$ 的信号 $m_j$ 后,即判断 $S$ 是类型 $t_i$ 的概率分布 $p(t_i \mid m_j)$。$p(t_i \mid m_j) \geqslant 0, \sum_{t_i} p(t_i \mid m_j) = 1$。

(2) 给定 $R$ 的判断 $p(t_i \mid m_j)$ 和 $S$ 的信号 $m_j$,$R$ 的行为 $a^*(m_j)$ 必须使 $R$ 的期望得益最大,即 $a^*(m_j)$ 是最大化问题 $\max_{a_k} \sum_{t_i} p(t_i \mid m_j) u_R(t_i, m_j, a_k)$ 的解。

(3) 给定 $R$ 的策略 $a^*(m_j)$ 时,$S$ 的选择 $a^*(m_j)$ 必须使 $S$ 的得益最大,即 $a^*(m_j)$ 是最大化问题 $\max_{m_j} u_s[(t_i, m_j, a^*(m_j)]$ 的解。

(4) 对每个 $m_j \in M$,如果存在 $t_i \in T$ 使得 $m*(t_i) = m_j$,则 $R$ 在对应于 $m_j$ 的信息集处的判断必须符合 $S$ 的策略和贝叶斯法则。即使不存在 $t_i \in T$ 使 $m*(t_i) = m_j$,$R$ 在 $m_j$ 对应的信息集处的判断也仍要符合 $S$ 的策略和贝叶斯法则。

## 4.3 食品供应中的逆向选择信号博弈模型构建

### 4.3.1 食品市场的质量信号传递

食品作为人们生活之中的必需品,具有搜寻品、经验品以及信任品三重特性。其中食品的搜寻品特性在消费者购买的过程中可以被直接观察到,经验品特性往往要经过食用之后才能发现,而其信任品特性即使在消费者食用过后也不一定知道。正因为食品具有这些特性,使得食品安全问题变得尤为复杂。

食品安全问题的产生,其原因主要是因为食品供应链中的信息不对称,为了解决这一问题,政府也推出了一系列的认证制度,如绿色食品、有机食品、HACCP 认证等。消费者对食品的搜寻品信息也多来自于食品的认证信息、包装和广告等。但某些食品生产企业投机取巧钻政府监管的漏洞,滥用食品安全标识,向消费者传递虚假的质量信息以谋取暴利。对于食品安全标识的使用,我国政府对不同的标识有不同的规定,但每类食品获得安全标识都需要经过申请、鉴定、审批、使用等步骤,安全标识具有一定的有效期,过期之后重新申报,如绿色食品标识的使用期限为三年。但在食品市场上却往往充斥着如下现象:企业有一类食品通过了认证,则该企业所有食品均贴上质量认证标识;过期的标识继续使用;更有甚者没有通过认证就私自贴上安全标识。这些情况的存在,使得食品生产商对产品的安全声明并不一定能够如实地反映食品的真正质量,而消费者在购买食品时又只能通过食品生产企业的声明、食品价格及自己的经验判断并进行选择。本节主要讨论在信息不对称的情况下,食品生产商和消费者之间的信号传递过程。

### 4.3.2 信号博弈模型构建

假设在竞争性的市场中,有生产同类食品的多个企业,消费者对企业没有偏好。食品生产商作为信号发送者,消费者为信号接收者,其中食品生产商的质量水平 $\theta$ 有两种类型:$H$——绿色高质量;$L$——非绿色低质量。消费者不能观察到 $\theta$,但知道 $\theta$ 的分布。

食品供应链上生产商选择性地发出信号 $M$,其中 $M_1$ 表示声明自身是绿色高质量,$M_2$ 表示声明自身是非绿色低质量,发出质量信号的成本为 $T=T(M,\theta)$,其中 $T_L>T_H$。

食品售价为 $P(M_j)$,生产成本为 $c(\theta_i)$,由于政府对假冒伪劣者会给予一定的惩罚,因此,食品生产商发送虚假质量水平信号时会产生一定的风险成本:$c(f)=\delta L(\theta_i,M_j)$,其中,$\delta$ 表示抽查概率,$L$ 代表处罚函数,当 $i=j,i=1,j=2$ 时,$c(f)=0$。假设企业显示质量信号可以增加市场需求百分比 $x$,则企业的收益为

$$\pi_H=[P(M_j)-c(\theta_1)](1+x)-T_H \quad \pi_L=[P(M_1)-c(\theta_2)](1+x)-T_L-c(f)$$

在信号博弈中,消费者的行动选择分别为:$A_1$,买;$A_2$,不买。食品给消费者带来的效用有多种,包括基本价值功能和超越价值功能两部分效用,称为食品的二元效用。因而,消费者效用可以表示为 $U=\omega_1 u(c)+\omega_2 v(P,\theta_i)$,分别表示从食品的基本价值功能和超越价值功能所获得的效用,且满足以下关系:

$\frac{\partial u}{\partial c}>0,\frac{\partial v}{\partial P}<0,\frac{\partial v}{\partial \theta_i}>0$,$\omega_1$ 和 $\omega_2$ 表示两种属性在消费者心中的权重,其值为正且 $\omega_1+\omega_2=1$。则 $U_H=\omega_1 u_H+\omega_2 v_H$,$U_L=\omega_1 u_L+\omega_2 v_L$,其中 $U_H>U_L$。

不完全信息的市场上,信号博弈的过程如下:

(1) 市场上有两种类型的食品生产企业 $H$ 和 $L$,自然以先验概率 $p(\theta_1)=\eta$,$p(\theta_2)=1-\eta$ 抽取食品企业类型 $\theta_i(i=1,2)$,$p(\omega_1)+p(\omega_2)=1$;

(2) 食品生产商了解自己的类型后,选择策略 $M$;

(3) 消费者看到 $M$ 后,形成对企业类型 $\theta$ 的推断,从而选择行动 $A_k(k=1,2)$;

(4) 企业收益为 $\pi_s$,消费者收益为 $U_R$。

### 4.3.3 信号博弈模型求解

对于消费者来说,看到食品生产商发出的信号后,形成后验概率 $\alpha_1=\widetilde{p}(\theta_1|M_1)$,$1-\alpha_1=\widetilde{p}(\theta_2|M_1)$,$\alpha_2=\widetilde{p}(\theta_1|M_2)$,$1-\alpha_2=\widetilde{p}(\theta_2|M_2)$。

#### 4.3.3.1 先求满足消费者效用最大化的策略，再推导食品生产商的收益最大的战略选择

分类讨论如下：

(1) 当消费者观察到信号 $M_1$ 时，求解消费者期望效用最大化问题：

$$\max \sum \tilde{p}(\theta_i \mid M_1) u(M_1, a_k, \theta_i)$$

则消费者的最优行动为

$$a(M_1) = \begin{cases} a_1, \alpha_1 > \dfrac{U_L}{U_L + U_H} \\ a_2, \alpha_1 < \dfrac{U_L}{U_L + U_H} \end{cases}$$

(2) 当消费者观察到信号 $M_2$ 时，求解最大化问题：

$$\max \sum \tilde{p}(\theta_i \mid M_2) u(M_2, a_k, \theta_i)$$

则消费者的最优行动为

$$a(M_2) = \begin{cases} a_1, \alpha_2 > \dfrac{U_L}{U_L + U_H} \\ a_2, \alpha_2 < \dfrac{U_L}{U_L + U_H} \end{cases}$$

#### 4.3.3.2 企业预测到消费者的判断，从而选择最优的 $M$，使自己的收益最大化

消费者的 4 种纯策略如下。

(1) 如果 $a(M_1) = a_1, a(M_2) = a_1$，求解企业效益最大化问题：$\max \pi_s(M_j, a_k, \theta_i)$。

对于 $H$ 企业，$\pi_H > P(M_2) - c(\theta_1)$ 时，企业选择显示 $M_1$ 质量信号，反之显示 $M_2$。

则企业 $H$ 的最优战略 $M(H) = \begin{cases} M_1, \pi_H > P(M_2) - c(\theta_1) & ① \\ M_2, \pi_H < P(M_2) - c(\theta_1) & ② \end{cases}$

对于 $L$ 企业，$\pi_L > P(M_2) - c(\theta_2)$ 时，企业选择显示 $M_1$ 质量信号，反之显示 $M_2$。

则企业 $L$ 的最优战略 $M(L) = \begin{cases} M_1, \pi_L > P(M_2) - c(\theta_2) & ③ \\ M_2, \pi_L < P(M_2) - c(\theta_2) & ④ \end{cases}$

(2) 如果 $a(M_1) = a_1, a(M_2) = a_2$，求解最大化问题：$\max u(M_j, a_k, \theta_i)$。

对于 $H$ 企业，$\pi_H > 0$ 时，企业选择显示 $M_1$ 质量信号，反之显示 $M_2$。

则企业 $H$ 的最优战略 $M(H) = \begin{cases} M_1, \pi_H > 0 \\ M_2, \pi_H < 0 \end{cases}$

对于 $L$ 企业，$\pi_L > 0$ 时，企业选择显示 $M_1$ 质量信号，反之显示 $M_2$。

则企业 $L$ 的最优战略 $M(L)=\begin{cases}M_1, \pi_L>0\\M_2, \pi_L<0\end{cases}$

(3) 如果 $a(M_1)=a_2, a(M_2)=a_1$,求解最大化问题:$\max u(M_j, a_k, \theta_i)$。

对于 $H$ 企业,$-T<P(M_2)-c(\theta_1)$,因此 $M(H)=M_2$。

对于 $L$ 企业,$-T-c(f)<P(M_2)-c(\theta_2)$,因此,$M(L)=M_2$ 这种是市场不想出现的情况。

(4) 如果 $a(M_1)=a_2, a(M_2)=a_2$,求解最大化问题:$\max u(M_j, a_k, \theta_i)$。

对于 $H$ 企业,$-T<0$,因此 $M(H)=M_2$。

对于 $L$ 企业,$-T-c(f)<0$,因此,$M(L)=M_2$ 这种属于信号无用。

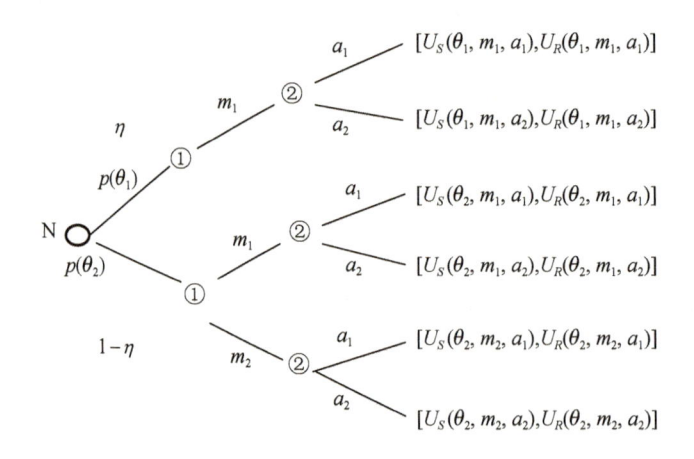

**图 4.1　信号传递博弈树**

### 4.3.4　完美贝叶斯均衡分析

分别讨论该信号博弈是否存在分离均衡、混同均衡、准分离均衡以及均衡实现的条件。

**表 4.1　食品供应中信号博弈均衡结果条件和概率列表**

| 博弈结果 | 形成条件 | $R$ 高质信号,$S$ 购买概率 | $R$ 高质信号,$S$ 不购买概率 | $R$ 低质信号,$S$ 购买概率 |
|---|---|---|---|---|
| 分离均衡 $SE$ | ①④ | 1 | 0 | 0 |
| 混同均衡 $PE$ | ①③ | $p(\theta_1)$ | $p(\theta_2)$ | |
| 准分离均衡 $SSE$ | $\pi_L=P(M_2)-c(\theta_2)$　① | $\dfrac{\eta}{\eta+\beta(1-\eta)}$ | $\dfrac{\beta(1-\eta)}{\eta+\beta(1-\eta)}$ | 1 |

#### 4.3.4.1　分离均衡

本文当中的分离均衡是指不同类型的食品生产商做出不同的声明,且其声明如实地反映出了食品生产商的类型。对于 $H$ 类型企业,只要满足条件①,食品生产商就会如实地声明自己的类型。对于 $L$ 类型企业,只要满足条件④,食品生产商就会如实地声明自己的类型。相应的,消费者形成判断如下:

$$\widetilde{p}(\theta_i|M_j)=\begin{cases}1,i=j\\0,i\neq j\end{cases}$$

消费者以后验概率 1 判断食品生产商声明的类型和真实类型是否相一致,给定食品生产商策略和消费者的判断,消费者以概率 1 接受 $P(M_1)$ 购买高质量食品,以概率 1 接受 $P(M_2)$ 购买低质量的产品。此时分离均衡表示为

$$\begin{cases}M(\theta=H)=M_1,M(\theta=L)=M_2\\a(M_1)=a_1,a(M_2)=a_1\end{cases}$$

完美贝叶斯分离均衡的实现要求政府加大对假冒商品的排查和处罚,但这样会造成政府监督成本太高,因而在现实中是无法实现的。

#### 4.3.4.2 混同均衡

混同均衡是指两种类型的食品生产商均声明自己的类型是 $\theta_1$,只要声明类型 $\theta_1$ 时的收益大于声明类型 $\theta_2$ 的收益,即只要满足不等式①③,所有的食品生产商均声明为 $\theta_1$。

消费者形成的判断为 $\widetilde{p}(\theta_1|M_1)=p(\theta_1),\widetilde{p}(\theta_2|M_1)=p(\theta_2)$,

此时 $M(\theta=H)=M_1,M(\theta=L)=M_1$。

$\widetilde{p}(\theta_2|M_1)=p(\theta_2)$ 表示当消费者看到食品生产商选择策略 $M_1$ 时,其真实类型为 $\theta_2$ 的条件概率,它等于自然抽取食品生产商为低质量企业的概率 $p(\theta_2)$。给定食品生产的策略和消费者的判断,消费者以 $p(\theta_1)$ 的概率接受按照 $P(M_1)$ 的价格购买食品,以 $p(\theta_2)$ 的概率不购买或者当价格降到 $P(M_2)$ 时购买。

混同均衡是最不利的一种市场形态,在这种情况下,由于政府监管的不力,很多风险偏好甚至风险中性型的食品生产企业会铤而走险,用低质量食品侵占市场;又由于消费者的信息不完全,不能有效地识别出食品的质量水平,因而不愿意付较高的价格购买食品,最终会引起高质量的食品逐渐被低质量的商品赶出市场,产生"逆向选择"。

#### 4.3.4.3 准分离均衡

准分离均衡是指 $\theta_1$ 类型的食品生产商声明自己的类型是 $\theta_1$,$\theta_2$ 类型的企业以概率 $\beta$ 声明自己的类型是 $\theta_1$,以概率 $1-\beta$ 声明自己的类型是 $\theta_2$。则 $p(M_2|\theta_1)=1$,$p(M_1|\theta_2)=\beta,p(M_2|\theta_2)=1-\beta$。

若要实现准分离均衡,需要满足条件①和 $\pi_L=P(M_2)-c(\theta_2)$ 类。

消费者的判断如下:后验概率

$$\alpha_1=\widetilde{p}(\theta_1|M_2)=\frac{p(M_1|\theta_1)p(\theta_1)}{p(M_1|\theta_1)p(\theta_1)+p(M_1|\theta_2)p(\theta_2)}=\frac{\eta}{\eta+\beta(1-\eta)}$$

$$1-\alpha_1=\widetilde{p}(\theta_2|M_1)=\frac{p(M_1|\theta_2)p(\theta_2)}{p(M_1|\theta_2)p(\theta_2)+p(M_1|\theta_1)p(\theta_1)}=\frac{\beta(1-\eta)}{\eta+\beta(1-\eta)}$$

$$\widetilde{p}(\theta_2|M_2)=\frac{p(M_2|\theta_2)p(\theta_2)}{p(M_2|\theta_2)p(\theta_2)+p(M_2|\theta_1)p(\theta_1)}=\frac{(1-\beta)\times p(\theta_2)}{(1-\beta)\times p(\theta_2)+0\times p(\theta_1)}=1$$

给定食品生产商的策略及消费者的判断,当食品生产商选择策略 $M_1$ 时,消费者以 $\frac{\eta}{\eta+\beta(1-\eta)}$ 的概率选择接受按照 $P(M_1)$ 的价格进行购买,以 $\frac{\beta(1-\eta)}{\eta+\beta(1-\eta)}$ 的概率选择不购买或者当价格降为 $P(M_2)$ 后购买;当食品生产商选择策略 $M_2$ 时,消费者以1的概率选择接受按照 $P(M_2)$ 的价格购买。

消费者与食品生产商的策略选择和后验概率 $\widetilde{p}(\theta|M)$ 构成了准分离贝叶斯均衡。准分离均衡是目前我国食品市场的一般状态,食品质量良莠不齐,市场效率不高。另外我们可以看出,信号传递博弈的分离均衡是社会的最佳状态。

消费者的后验概率可以表示为

$$\alpha_1=\widetilde{p}(\theta_1|M_1)=$$

$$\frac{p(M_1|\theta_1)p(\theta_1)}{p(M_1|\theta_1)p(\theta_1)+p(M_1|\theta_2)p(\theta_2)}=\frac{\eta p(M_1|\theta_1)}{\eta p(M_1|\theta_1)+p(M_1|\theta_2)(1-\eta)}$$

$$\alpha_2=\widetilde{p}(\theta_1|M_2)=\frac{p(M_2|\theta_1)p(\theta_1)}{p(M_2|\theta_1)p(\theta_1)+p(M_2|\theta_2)p(\theta_2)}=$$

$$\frac{\eta p(M_2|\theta_1)}{\eta p(M_2|\theta_1)+p(M_2|\theta_2)(1-\eta)}$$

将 $\alpha_1$、$\alpha_2$ 代入 $\alpha_1>\frac{U_L}{U_L+U_H}$,$\alpha_2<\frac{U_L}{U_L+U_H}$ 并结合①④,得到下列不等式:

$$\frac{p(M_1|\theta_2)U_L}{p(M_1|\theta_1)U_L+p(M_1|\theta_2)U_L}<\eta<\frac{p(M_2|\theta_2)U_L}{p(M_2|\theta_1)U_H+p(M_2|\theta_2)U_H}$$

$$\frac{T_H-[P(M_1)-P(M_2)]}{P(M_1)-c(\theta_1)}<x<\frac{T_L+c(f)-[P(M_1)-P(M_2)]}{P(M_1)-c(\theta_2)}$$

此时分离均衡表示为

$$\begin{cases}M(\theta=H)=M_1,M(\theta=L)=M_2\\a(M_1)=a_1,a(M_2)=a_1\\\widetilde{p}(\theta_1|M_1)=1,\widetilde{p}(\theta_2|M_2)=1\end{cases}$$

## 4.4 质量信号传递策略

(1)当市场处于混同均衡状态时,消费者根据后验概率所形成的理性购买判断使得一些高质量食品生产企业要以概率 $p(\theta_2)$ 进行降价销售,因此企业的单位食品期望收入为 $P(M_1)P(\theta_1)+P(M_2)P(\theta_2)$,而高质量食品生产商单位产品要承担 $P(\theta_2)[P(M_1)-P(M_2)]$ 的经济损失。与此同时,由于消费者将部分低质量的食品生产商判断为高质量,再加上政府的监管不可能面面俱到,因而有时会使此类食品生产商获得额外的高收益。当市场处于准分离均衡的状态下时,高质量食品企业的单位产品将要承担 $\frac{\beta(1-\eta)}{\eta+\beta(1-\eta)}[P(M_1)-P(M_2)]$ 的经济损失。

(2) 当食品市场处在分离均衡状态下时,市场交易效率最高,福利实现了最大化。若要实现分离均衡,首先,市场上食品生产商类型为高质量的先验概率 $\eta$ 要满足一定的区间条件,即 $\frac{p(M_1|\theta_2)U_L}{p(M_1|\theta_1)U_H+p(M_1|\theta_2)U_L}<\eta<\frac{p(M_2|\theta_2)U_L}{p(M_2|\theta_1)U_H+p(M_2|\theta_2)U_L}$。然而,$\eta$ 在趋近 0 或 1 的情况下并不能实现分离均衡:当其趋近于 0 时,消费者知道几乎所有的食品生产企业类型均是低质量的,企业即使显示高质量信号也不容易为消费者所信;而当 $\eta$ 趋近于 1 时,食品企业知道消费者对市场上企业类型为高质量的判断接近 1,因而并没有因素去激励食品生产企业花费额外的成本显示质量信号。其次,食品企业由于显示质量信号所增加的销量 $x$ 也要满足一定的区间条件,即 $\frac{T_H-[P(M_1)-P(M_2)]}{P(M_1)-c(\theta_1)}<x<\frac{T_L+c(f)-[P(M_1)-P(M_2)]}{P(M_1)-c(\theta_2)}$。高质量食品企业显示信号所获得的收益大于不显示信号的收益,而低质量食品企业显示信号所获得的食品收益要小于不显示信号的收益,$H$ 企业有激励显示,$L$ 企业不敢模仿。如果 $x$ 值很小,显示信号获得的额外利润不多,那么各个企业都没有显示信号的激励,因而此时消费者只能根据先验概率来选择购买策略;如果 $x$ 值过大,显示信号会带来相当可观的利润,甚至远远超过显示信号的成本及可能存在的风险成本,此时一些低质量食品生产企业会产生投机行为,市场趋于混同,消费者无法对先验概率进行修正,显示的信号并不能传递安全信息,且由于混同还有可能产生"劣币驱逐良币"的逆向选择现象。

信号显示也与企业的规模有关,大规模企业显示一次信号产生的单位成本要比小规模企业的小的多,这就是为什么大的食品生产商热衷于广告而小的企业并非如此。

由分离均衡条件 $P(M_1)-P(M_2)+[P(M_1)-C(\theta_2)]<c(f)+T_L$ 可以看出,一方面,如果低质量食品企业显示信号需要的成本过高,就不会有显示虚假信号的动力,例如可以通过提高认证所需要的质量技术水平等来增加显示信号的成本。

# 第5章 非生鲜食品供应链质量安全管理策略的政策保障

## 5.1 食品安全监管多部门协同及其激励机制

食品安全监管政策作用的有效发挥依赖于强有力的执法和行政管理体系的建立和运行,这主要体现在食品安全监管体制及其作用的发挥。目前我国由食品安全监管体制导致的监管资源配置效率低下,已成为制约食品安全监管绩效提高的重要因素。

### 5.1.1 我国食品安全监管部门现状

#### 5.1.1.1 食品安全监管体制的历史演变

在计划经济时代,我国的经济结构主要以国营经济为主,以集体经济为辅,个体经济非常少,这一特点也同样体现在食品领域。因此当时对于食品行业的主要要求是解决数量供给的问题,即解决人民群众的温饱问题,对于食品安全性的要求并不高,食品安全监管机构主要是卫生防疫部门、经贸部门和轻工业行业管理部门,此时我国的食品安全处于计划经济时代的"行业管理"阶段。改革开放以后,为了打击日益泛滥的假冒伪劣食品,遏制地方保护主义,国家对食品安全监管体制进行了调整,将原来由经贸系统管理的食品质量工作划转到技术监督部门,更名为质量技术监督局,同时撤消了食品行业管理部门轻工部。

1995年10月,《中华人民共和国食品卫生法》正式颁布并实施,其中第一章总则第三条规定"国务院卫生行政部门主管全国食品卫生监督管理工作"。2003年,对食品安全监管机构做了进一步调整。为了加强"食品安全和安全生产监管体制建设",在国家药品监督管理局基础上组建国家食品和药品监督管理局,成为食品安全领域的统一监管机构。在原有职责的基础上,增加了新的规定,具体阐述为"继续行使国家药品监督管理局职能,负责对食品、保健品、化妆品安全管理的综合监督和组织协调,依法组织开展对重大事故的查处"。

根据2004年9月印发的《国务院关于进一步加强食品安全工作的决定》(国发〔2004〕23号),以及中央编办《关于进一步明确食品安全监管部门职责分工有关问题的通知》(中央编办发〔2004〕35号)两个文件,按照一个监管环节由一个部门监管的原则,采取"分段监管为主,品种监管为辅"的方式,进一步对食品安全监管部门的责任、职能做了重大调整,强化了地方政府对食品安全监管的责任,促使地方政府能根据当地具体情况,充分利用行政资源,提高食品安全监管效率,确定食品安全行政监管职能主要由5个部门承担:农业部门负责初级农产品生产环节的监管;质检部门负责食品生产加工环节的监管,将由卫生部门承担的食品生产加工环节的卫生监管职责划归质检部门;工商部门负责食品流通环节的监管;卫生部门负责餐饮业和食堂等消费环节的监管;食品药品监管部门负责对食品的综合监管、组织协调和依法查处重大事故,并直接向国务院报告食品安全监管工作。这两个文件的出台,标志着我国的"分段监管为主,品种监管为辅"监管模式真正形成,这也为以后的食品安全监督管理体制的完善奠定了良好的基础。

2006年4月,我国专门出台了一项针对农产品质量安全的《中华人民共和国农产品质量安全法》。该法第一章总则第三条规定"县级以上人民政府农业行政主管部门负责农产品质量安全的监督管理工作;县级以上人民政府有关部门按照职责分工,负责农产品质量安全的有关工作。"这部法律的出台,说明了我国党和政府对农产品质量安全的高度重视,初级农产品的质量安全是整个食品安全监管体制的起点。

2008年9月,国务院机构改革对食品安全监管的部门职能做了新的规定:卫生部牵头建立食品安全综合协调机制,负责食品安全综合监督。农业部负责农产品生产环节的监管。国家质量监督检验检疫总局负责食品生产加工环节和进出口食品安全的监管。国家工商行政管理总局负责食品流通环节的监管。国家食品药品监督管理局负责餐饮业、食堂等消费环节食品安全监管。卫生部承担食品安全综合协调、组织查处食品安全重大事故的责任。

2009年2月28日,《中华人民共和国食品安全法》在第十一届全国人民代表大会常务委员会第七次会议上通过,并于2009年6月1日实施。该法第一章总则第四条规定"国务院设立食品安全委员会,其工作职责由国务院决定"。国务院增设的食品安全委员会作为高层次的议事协调机构,进行事后的协调和事前的监测,以协调、指导食品安全监管工作。《中华人民共和国食品安全法》还对"卫生行政部门"重新定位,确立了卫生部门在我国整个监管体制中的作用和地位,即卫生部门在与农业、质监、工商、食品药品监督管理部门分段监管的体制中承担着食品安全综合协调的职责,位于五部门之首。可见,我国的食品安全监管体制正由原来的多头监管转变为单一监管,由多部门的重复监管向各单一部门的过程监管转变,这说明我国政府对食品安全问题高度重视,也标志着我国的食品安全监管机制迈向了一个新的台阶(图5.1)。

从政府对食品安全监管体制的多次调整可以看出政府部门对食品安全问题的高度重视,希望通过调整政府监管机构职能以实现食品安全的有效控制。同时,我

# 第5章 非生鲜食品供应链质量安全管理策略的政策保障

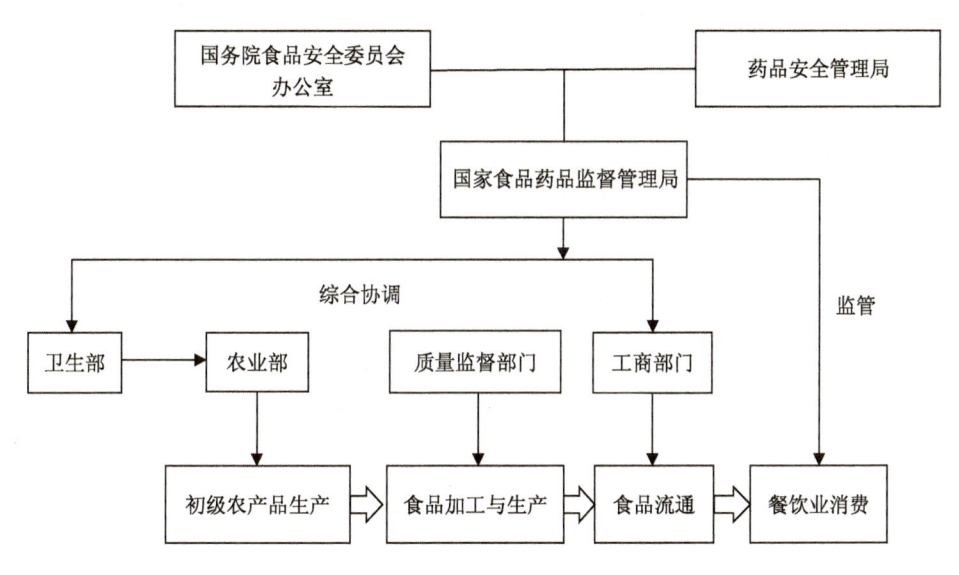

**图 5.1 我国现行的食品安全监管框架**

们也可以看出政府对食品安全的监管由多部门分散监管向集中监管的发展趋势。

## 5.1.1.2 食品安全监管存在的问题

目前,我国的食品安全监管职责由中央、33个省级(省、直辖市、各自治区)、333个地区(市、自治州)、2861个县(县级市、自治县)等各级政府共同承担,形成了按照食品供应链条以"分段监管为主,品种监管为辅"的职责分配框架。据统计,分布在卫生、农业、质检、工商、药监、环保等部门从事食品安全监管的人员,已经超过百万人。卫生部有国家、省、市、县四级监管和技术保障体系,拥有一支10万人的卫生行政执法队伍和20万人的卫生技术支撑队伍。尽管拥有数量如此庞大的食品安全监管队伍,但是我国食品安全监管的效果并不如人意。

在我国的食品安全监管体系中,长期以来采取的是"分段监管为主,品种监管为辅"的模式,政府起主导作用,制定合适的法规及标准,监督企业按照《中华人民共和国食品安全法》进行食品生产,并在必要时采取强有力的制裁措施。我国现行的食品安全管理属于多部门联合监管,监管主体包括卫生部、农业部、质检总局、食品药品监督管理局、工商行政管理总局、国家环保局、商务部、交通部等多个部门,形成了"多部门管理,不同部门负责不同环节"的监管格局。首先,中国的这种多部门管理模式很容易造成"人人都在管,人人都管不好"的食品安全监管局面。虽然原则上各部门应按照流通环节实施分段管理,但面对日益复杂的食品供应体系,有些环节不是截然分开的,各部门之间的权限相互交叉造成了各监管主体之间工作不协调。在一些方面,部门职能出现管理重叠的现象;在另一些方面,可能会出现管理缺位的现象,从而使不法分子有机可乘。此外,食品安全监管体制的垂直管理,很容易造成中央和地方机构的信息不对称,地方监管机构可能迫于保护地方利益的压力,成为不法企业和不法分子的"保护伞"。

目前,中国食品安全综合监督和协调职能已由食品药品监督管理局划分给了卫生部,食品药品监督管理局归卫生部管理。但卫生部是一个与农业、工商、质检等平行的行政部门,其在协调这些同级部门时面临不小的困难,无法真正有效地实现食品安全监管部门之间的协调和统一。

## 5.1.2　食品监管部门间的协同机制

协同(Synergetic)就是指异质的要素(或者子系统)形成合力,共同作用,以实现特定的目标。协同(或不协同)是自然界和人类社会中普遍存在的一种现象。协同机制(Synergy Mechanism)就是指元素或主体通过互动(冲突和合作),共同努力,以实现既定目标或协定目标的过程、作用方式和程序。

#### 5.1.2.1　食品安全监管协同困境的机理分析

政府部门作为食品安全法律及食品安全标准的制定者、监督执行者,对食品市场起着监督、引导的作用,但是由于我国食品安全监管部门构成的监管链受到"科层制政府"(Hierarchical Government)因素的影响,使得监管链呈现破碎化的特征,人们常用"十几个部门管不好一桌饭""七八个部门管不好一头猪"等比喻由我国食品安全监管链的破碎化特征带来的监管困境。造成食品安全治理"碎片化"问题的原因是多方面的。

(1) 部门的自身利益和自主权追求。

首先,食品监管职能分散在工商、质监、农委等部门,且具备"历史形成的按资源要素分工的部门管理模式,强化部门利益,弱化统一监管",再加上部门职能划分不清楚,同级政府的部门之间因机构权限交叉、机构重叠、权责脱节、立法体制不健全、部门内部制约力缺少等原因,形成了各种形式的部门保护主义。各部门在立法、规划、政策制定、执法等工作中仅从自身的利益出发,忽视整体利益,违背了分部门管理体制所期望的良好分工协作的本意,既不能充分发挥各部门的作用,又导致了行政效率的低下,无法形成整体效能。

正如资产专用性所发挥的作用,对其他部门"专有性"职权的依赖程度,构成了部门间合作时决定交易费用水平的一个重要因素。对政府部门而言,获得自主权或确保其势力范围是非常重要的,"获得自主权,指的是组织拥有一个独特的竞争领域,一个明确的顾客群体或者会员群体,以及一个毫无争议的关于职能、服务、目标、议程或者动机的权限,寻求稳定的环境并且消除对其身份认同的威胁"。部门间合作的参与方会发现,如果想要针对特定的社会问题(比如食品安全治理)或者政治性要求(比如各种形式的综合整治),那么它们只能和特定的政府部门合作,由此构成了对特定部门以法定职权为基础的"专有性"资源的依赖。但是这种依赖往往意味着部门自主性降低、政策空间萎缩,以及被对方"敲竹杠"的可能性增大。从长期来看,甚至对部门的生存和关键性政策领域都会构成威胁,正如这次"大部制"改革对一些部门的合并一样。

由于此类风险的强度对某个具体部门而言,是与它对其他部门专有性职权资源的依赖性成正比的,所以对于特定政府部门而言,它必须要想方设法增加自己在相互的专有性资源依赖关系中的地位。这种在合作关系中积极拓展自主性的行为,往往通过"有利都争着管"的机会主义行为表现出来。要构建政府间自发合作的激励机制,关键点之一就是能够在行政体制上合理配置部门间的职权,使得各个部门"有利争着管"的内在冲动不至于瓦解合作的可能性。

部门间开展合作、交换彼此资源的可能性,还与部门间政策领域的相似性密切联系。当两个部门之间的政策领域非常接近,比如履行相似的职能、争夺相似的资源、面对相似的服务对象时,部门之间的竞争关系将会遏制有效合作的产生。这个时候,争夺政策空间、维持本部门的生存将会在很大程度上压制合作。因为如果某个具体的政府部门,其核心政策空间被其他部门侵入,核心职权与其他部门重合从而丧失自主性的话,它所面临的命运很有可能是部门间的职能整合,比如合并相关机构,或者调整职权,将原先由好几个部门分别实行的职权统一交由某个特定的部门去行使,就像我国前不久开始推行的"大部制"改革一样。但是,如果部门间的政策领域差异太大,彼此之间很难找到政策空间的重叠之处,那么部门间合作也难以建立起来。因此,只有各部门之间在政策领域上存在一定的重合,但是又存在一定差异的情况下,这种互补性的资源相互依赖才会促进部门间合作关系的产生和维系。

(2)协同收益的不确定性。

部门间的协同在很大程度上具有某种模糊性以及收益的不确定性,即在合作中付出较多资源和信息的部门获得的常常是未来得到某种帮助的可能性。这种可能性带有非常多的不确定性因素,这种不确定性的减少或消除取决于双方基于重复交易而建立的信任关系的确立。如果双方的资源相互依赖并具有严重的不对称性,将会影响到双方长期合作关系的确立。如果双方的资源交换关系不具有长期性,那么因此而大大增加的收益不确定性将影响到双方进行合作的可能性。

首先,由于食品监管部门之间的协同缺乏明确的制度作保证,建立在资源交换基础上的部门间合作必须更多地依赖于协商性机制,而非市场机制或者强制机制来进行。在协商性交换中,不同政府部门间在资源和信息的付出与回报在时间与空间上都被分隔开,双方的付出与回报不是在同一时间和情境中完成的。这样,双方逐渐形成了一个分享——回报的循环式链条。这种循环链条的延续性,如果缺乏有效的机制保障,一旦合作的某一方由于人为或体制性的因素,中断了分享或回报的行为,合作就会中断。这种合作一旦中断,会影响到双方未来进行合作的可能性。

其次,在市场机制下,合同的履行可以得到具有刚性的法律以及强有力的司法体系的保障。市场中的个人或企业违约,将会受到司法体系的惩处,正是司法体系的存在保障了市场合同能够得以履行。而在食品监管部门之间的协同是以协商性交换为特征的政治合同,在很多时候仅仅是一种承诺,它并没有受到外部强制实施机制的制约。立法和司法系统可以限制行政部门不做什么,却不能要求它主动实施权利性的行为。某个部门在资源交换中做出权利性承诺后,如果它事后采取机会主义行为,与它达成资源交换协议的部门就缺乏足够的强制执行机制来实施惩罚,从而规避对方的道德风险,保证合同的履行。履约强制执行机制的缺乏在很大程度上影响到了部门间合作的动力。

(3) 监管成效的外部性。

在食品安全监管中,由于治理成效具有外部性,部门间合作的交易费用还来自于"搭便车"的机会主义行为。在食品安全监管中,各职能部门都有他们自身的收益函数,而对食品安全进行治理意味着要承担大量的成本,从而会与部门其他的主管事项竞争原本就稀缺的资源。当某个监管部门提供了高水平的努力,并且确实对食品安全监管起到了积极作用时,由此而带来的收益却很难被这一部门所全部占用。在执法困难现实存在的情况下,理性的职能部门无疑会选择自身最优的执法水平,特别是如果食品安全监管和部门的核心职能形成了资源上的竞争,部门"无利往外推"的积极性显然会更加充分。可见,外部性和信息获取困难的现实,会使得政府部门具有足够动力和可能性去采取诸如"搭便车"之类的策略性行为。由于食品安全监管中外部效应的存在,会使得某个监管部门或者某个地方政府,都会理性地选择低于社会福利最大化水平的努力程度,从而导致合作难以顺利开展。

同时,食品从农田到餐桌的整个生产经营链条非常复杂,食品生产加工、流通、消费等环节往往无法严格分开,这就导致了对某个具体监管部门进行问责时的困难。食品安全监管本身具有团队生产的特性,然而在现有体制下,一方面食品链条的自然属性与食品安全人为分段监管之间的矛盾,使得食品安全监管部门之间职责分工难以明晰;另一方面,"三定"(定职能、定机构和定编制)方案对于食品安全监管权又进行了多次的重新配置,相关的法律法规也迟迟没有得到相应修改,新旧制度的摩擦为各部门理解职责分工时采取"各取所需"的机会主义态度提供了制度上的空间。这样,即便建立起昂贵的食品安全追溯技术系统,监管职权配置的模糊性也会导致法律上和公众的问责困难重重。

**5.1.2.2 食品安全监管跨部门协同机制建构**

根据组织行为学理论,分权型组织始终存在着协调的困难。因此,"分工与合作"始终是食品安全监管的两个基本主题,食品安全监管当中跨部门协同机制的构建可以从以下几个方面入手。

(1) 明确跨部门协同关系及其协同责任。

食品安全监管部门的职责不清是破坏监管中部门协同机制的主要因素。在我国,对食品安全监管主要采取"分段分环节为主,辅助以品种监管"的模式,监管由多部门共同配合完成。但是在实践中由于分段监管这个基础模式没有改变,因此,多头负责、各自为政、冲突不断、监管失职的问题并没有完全清除。要明确食品安全监管部门在工作执行过程中可能与哪些外部机构(或相关机构)打交道,打交道的目的是为了实现哪些具体目标(或共同目标),本部门和外部机构对目标实现肩负的具体责任(各自贡献)。必须要对我国食品安全监管体系进行完善,明确监管部门的职责,并且根据无缝隙理论,以"为公众服务,努力保障食品安全"为责任,对食品安全进行全程无缝隙监管,从而使职责交叉、推诿扯皮问题不再发生,使监管部门在明确分工的同时相互配合,形成良好的合作关系,从而进一步实现高质量高效率的食品安全监管。

另外,要明确界定食品安全监管部门各自的责任以及相互之间的合作关系、工作汇报制度和绩效评价方法等。良好的协同规范有助于积极调动各监管部门的物质资源、人力资源、信息资源,具体可以从以下三方面入手:①通过实施例会、联络员会议、临时会议等制度,对于涉及多部门的食品安全事项,各部门之间可以通过联合发文制度实现管理目的。对于需要相关部门共同处理或者对外发布的食品安全问题,相关部门可以进行共同会商讨论做出决定。②借鉴国外经验,实施签署协议或备忘录制度,签署协议或备忘录的方式能够有效地解决部门间及地域间的职权交叉与冲突,实现相互间的协调与共赢。③以现行各监管部门考评制度为基础,通过实施综合绩效考察制度,将某一地域的或全国的食品安全整体工作作为综合绩效考察的对象,来推进和实现各部门的合作与协调。

(2) 构建跨部门协同的领导协调机制。

当前中国的现实情况是,似乎各个食品安全职能部门都在职能范围内监管食品安全,但完整的结构安排却没有展现出理想的效果,所缺乏的是解决问题的总战略和系统方案。考虑到跨领域政策议题不属于独立的政策领域,也没有现成组织机构承担相应职责,因而需要设立非常设的机构进行决策和管理。虽然2008年我国启动了以"大部制"为特征的国务院机构改革,对食品安全监管体制做了一系列的调整,如将国家食品药品监督管理局从国务院直属机构调整为卫生部管理的国家食品药品监管局,建立了以卫生部为主导的跨部门、跨组织协作关系。但事实上,由于卫生部和农业部、国家质检总局等部级单位同属一个行政级别,新的《中华人民共和国食品安全法》虽然以法律的形式明确了卫生部的综合协调主体地位,但是对卫生部究竟应该如何协调其他几个同样是部级单位的食品安全监管部门,以及卫生部如何取得足够的协调资源和协调权威等方面的问题并没有明确的规定。

虽然2009年颁布实施的《中华人民共和国食品安全法》规定要在国务院设立

一个超部门的协调机制——食品安全委员会,对食品安全监管进行总体的协调和指导。但是遗憾的是,《中华人民共和国食品安全法》以及《中华人民共和国食品安全法实施条例》并没有对国务院食品安全委员会的工作职能和权限作出明确规定,这个委员会是否具有像美国和日本的食品安全委员会那样的权威性,是否拥有足够的协调资源用以解决几个"超级"食品安全监管部门之间的冲突与分化,以及如何处理食品安全委员会与卫生部两个协调机构之间的关系等问题,都必须要有更进一步的具体制度安排以及资源配置来解决。在中央层面,食品安全委员会的工作着重点可放在:研究制定跨部门协调措施、指导督管部门间合作、开展联合监督检查等方面;食品安全监管各部门在合作过程中应当遵循什么原则和具体规定,各部门在合作中应该承担多大比例的责任,如果在合作过程中发生行政争议时通过什么途径来解决等这些现实问题必须由协调机构进一步研究后予以明确;另外,跨部门食品安全监管政策的制定需要知识渊博的人才,他们对各个部门的政策和项目及其相互联系有系统的了解,并且能进行比较分析,因此相关协调会议的召开还要求食品安全专家的参与,而不是仅仅看与会者的行政级别。在地方层面,目前我国已经有17个省卫生行政部门设立了食品安全综合协调处,北京、福建则分别将协调处设在工商局和经贸委,这从一个侧面反映出了地方政府对食品安全问题的不同看法。除了法律依据的考虑以外,一些地方政府更倾向于把食品安全问题当作一个流通领域的问题进行考虑,更倾向于由食品供应链前段的监管部门牵头进行协调工作。为了避免部门利益倾向影响协调机制的公正性,应当进一步明确协调机构的职权和责任。北京市政府发文明确规定,市食品安全监督协调办公室的主要职责是综合监督、组织协调和依法组织开展对重大事故的查处;依法组织制订、公布食品安全地方标准;承担食品生产企业标准备案工作。与北京的情形相类似,一些地方协调机构也通常是根据行政规章设立和运转的,其权力和职责既不明确也不稳定,因此,应当通过地方性法规的形式以立法确立专职的食品安全监管机构的法律地位,突出地方监管协调机构组织建设的专业性和权威性。

(3) 加快跨部门协同的信息共享机制建设。

食品安全问题的复杂性及其供应链的流动性、传递性、扩散性等特征使得食品安全监管部门之间的资源相互依赖程度日益增强,因此加强监管各部门信息资源的整合并构建公共信息发布平台是协同监管的一个关键问题。为了避免食品安全监管过程中出现多头管理的问题,国务院明确提出食品安全要按照"一个监管环节由一个部门监管"的原则,但是事实上食品供应链的自然属性决定了食品生产流通过程中的一个环节可能会涉及多个政府监管部门,因此必须要将分散在不同部门、不同环节的监管信息资源进行整合,使得监管链上的各方能够进行信息共享,才能发挥监管链的协同效应和增值效应。各监管部门必须打破本位主义思想和固有偏见,改变过去的部门内部自我封闭、信息闭塞、相互隔绝等状况,及时相互通报质量

## 第 5 章　非生鲜食品供应链质量安全管理策略的政策保障

安全监管信息,作为监管链上主导部门的卫生部应当向国家质检总局等其他监管部门通报食品安全风险监测数据和分析结果,如果食品安全监管信息涉及两个或者两个以上部门的,由相关部门协调后联合发布信息。具体来说,可以从以下几个方面入手。

首先,要确保信息的及时性。食品安全信息的获取对时效性有很高的要求,但事实上,对于信息的传递与分享,同样要在第一时间内完成,保证信息的时效性。因此,要在监管部门之间建立完善的信息共享系统,通过计算机、网络等平台,实现食品安全信息在各个监管部门之间顺畅、快速地传递,保证部门间信息的有效传递和共享,避免出现延误现象,实现监管部门间的有效合作,提高监管效率。

其次,要保证信息沟通方式的规范性和多样性。①规范的信息沟通和分享机制能够保证信息在监管部门间传递的质量。现阶段我国食品安全监管部门之间的信息沟通方式一般都是非正式的沟通,以正式文件进行信息传递少之又少,这就表现出了在规范性方面的欠缺。因而,要对信息沟通程序进行明确的规定,提高其科学性和规范性。②提高信息沟通方式的多样性。在规范的信息传递程序的前提下,要努力以多样化的方式进行信息交流,包括积极地进行主动沟通、部门间相互通报,在部门中安排工作人员专门负责相关工作,以电话、会议、网络等多种方式实现,从而各个监管部门对于食品安全中跨界的问题都能够协调、配合地进行解决。

最后,要将信息沟通情况作为监管部门绩效考核内容。无论是中央还是地方的食品安全监管部门,都应该对信息的沟通与传递负起责任。将其作为绩效考核指标,能够激励监管部门充分了解信息沟通与共享的重要性,并且通过考核,及时发现并改正问题,为打造监管部门间的协调关系奠定基础。

(4) 通过法律解释,增强"分段"的可操作性。

分段监管模式的立足点是"段"的划分,只有清晰地界定了生产、流通、餐饮服务这三个环节,才能达到各部门间协调合作,有效避免监管真空与职能交叉现象的出现,实现对食品安全链条的全程监管。由于食品从种植、养殖而获得初级农产品,经生产加工、流通销售环节最后进入消费环节是一个极其复杂和漫长的过程,其间包括很多环节,难以用具体的模式来加以框定。且随着经济和社会的发展,新的食品技术和方法、新的食品产业不断涌现,用现有的食品生产经营框架中的"段"难以对其进行定义和分类,这就使得监管部门无法根据自己的职责分工将其归入监管视野,使其游离于监管体系之外。在生活实践中,某些生产活动往往是横跨多个环节的,如酒店销售酒水问题、歌厅等服务场所提供食品问题、"前店后厂"问题等。《中华人民共和国食品安全法》对此只是提出原则性的规定:取得食品生产许可的食品生产者在其生产场所销售其生产的食品,不需要取得食品流通的许可;取得餐饮服务许可的餐饮服务者在其餐饮服务场所出售其制作加工的食品,不需要取得食品生产和流通的许可;农民个人销售其自产的食用农产品,不需要取得食品流通许可,但具体界定仍比较困难。对此,可以在确保安全和便民原则的基础上,按照"以终端定环节"的原则来确定其归属,即"纵向一体化活动按照最终活动判断行业类别"原则,如:酒店提供的酒水属于餐饮服务本身的内容,不属于"在其餐饮服务场所出售非其制作加工的食品"的范畴,不需要取得食品流通的许可;"前店后厂"的情形(如面包店的现做现卖),属于流通环节的零售业范围,确定为流通环节,这样有助于消除监管部门之间的管辖矛盾。

(5) 加强监管部门的行政执行力。

目前,我国承担监督执法的部门一方面由于身兼数职,行政资源配备相对不足,相关的人员资源未能及时到位,难以对食品安全进行有效的监管,对此,监管协调部门应尽快配备具有相关专业知识的人员及相应的资源;另一方面,新增的监管职能也使相关监管部门一时难以适应,如以前由卫生部门负责的餐饮服务的监管职能现在改由食品药品监管部门承担。鉴于此,卫生部等七部委发布的《关于贯彻实施〈食品安全法〉有关问题的通知》指出,2009 年 6 月 1 日以后,对于地方机构改革和职能调整未完成的,餐饮服务和保健食品生产企业的许可工作,由地方政府确定的部门继续按现行工作机制承担相关工作并做好平稳过渡。据此,有的地方政府在 6 月 1 日后仍将餐饮服务交由卫生部门监管。如《浙江省人民政府办公厅关于切实做好食品安全法宣传实施工作的通知》中要求"在机构改革职能调整到位以前,各部门要继续按照原有的职责分工,做好各环节食品安全监管工作"。但此种过渡性体制没有明确的终止期限,这种过渡性安排导致企业和社会公众对究竟何者是餐饮服务监管的法定主体存在疑惑,部分执法机构和执法人员甚至认为自身执法的合法性、正当性不足,从而怠于执法。对此,一方面,地方政府部门应当将实施理由及期限以公告的形式告知公众,消除公众对餐饮服务监管主体的疑惑;另一方面,食品药品监管部门可依据《中华人民共和国行政许可法》和《中华人民共和国行政处罚法》对相关权力实施行政委托,将餐饮服务许可、监管暂时委托给卫生监督部门,以明确其执法的合法性与正当性。

## 5.1.3 食品监管部门协同的激励机制

在食品安全监管当中,部门之间的协同可以分为横向协同和纵向协同两类,横向协同指的是同级部门间的协同,纵向协同指的是上下级部门间的协同。为了有效地促进部门间就跨部门、跨环节的事项进行横向协作与合作,需要构建起一个新的责任与激励机制。

5.1.3.1 食品安全监管横向部门协同激励

博弈论是研究行为主体在不同的信息条件下如何进行互动决策的理论,它综合应用数学、逻辑学等科学方法,全面而完整地分析研究决策过程,为人们就具有博弈性质的问题作出合理决策提供了科学上的方法论。因此,本研究将利用博弈论的工具来分析食品安全监管中相同级别的部门之间的横向协同博弈问题。

假定食品监管部门甲和乙属于同一级别的政府部门,在食品监管环节当中业务存在一定程度的交叉和衔接,因此必须要相互协同方能真正做好食品安全监管工作。现在假设部门甲、乙在协同中得到的激励只有三种:正激励 $P$(提升、奖励等,$P>0$)、负激励 $M$(惩罚等,$M<0$)、卸责收益 $L$($L>0$),部门甲和乙的可选策略为两种:协同和不协同,那么可以构建甲、乙两部门协同行为的博弈支付矩阵。

表 5.1　横向监管部门博弈得益

|  | 监管部门甲不协同 | 监管部门甲协同 |
| --- | --- | --- |
| 监管部门乙不协同 | $(L+M),(L+M)$ | $(P-L),(L+M)$ |
| 监管部门乙协同 | $(L+M),(P-L)$ | $(P-L),(P-L)$ |

根据博弈支付矩阵的得益情况,如果要使甲乙双方都选择协同的策略,则双方的得益必须满足$(P-L)>(L+M)$的情况,即当:

$L<(P+M)/2$ 时,博弈的纳什均衡为(协同,协同)。

也就是说,只有当卸责收益小于正激励和负激励两者的中值时,监管部门才会都选择协同策略。但我国的现实情况是:以部门为单位的绩效管理鼓励组织和个人去实现他们自己的绩效目标,作为单个食品安全监管部门只要按照既定程序完成自身相应的工作任务,就可以获得上级奖励或者避免惩罚,监管部门将乐于发布那些体现自身工作成效的信息,而对自身不利的信息进行封锁或者掩盖,但政府部门之间的合作行为可能非但不能获得相应的奖励或表彰,反而可能会暴露自己工作当中存在的缺陷,这就使得组织之间出现相互割裂的趋势。也就是说,以职能分工为基础的部门绩效管理构建了机构和人员的行为和职能之间的直接关系,一定程度上使行政机构的公共服务生产率与质量得到改善,但是这一方法只是提高单个行政机构的效率,对涉及跨区域、跨部门事项没有效果。因为满足各职能绩效指标的机构管理是孤立的,综合管理的结果与公众的需求会出现很大差距。

由此可见,在针对食品监管部门的横向激励问题时,要把部门协同纳入组织绩效考核指标体系,加大监管部门协同的正激励力度,同时也要将不协同负激励的惩罚力度进一步加大,降低监管部门的卸责收益。食品安全监管协同的目标是促进组织之间的合作、网络和协作,但是根据我国现状,除非跨部门的目标与组织的专门目标得到同样的重视,否则跨部门协同将很难落实,因此要构建一套新的责任与激励机制,既能促使各个部门切实担负起各自监管领域与环节的监管职责,又能有效地促进各个部门就跨部门、跨环节的监管事项进行横向协同,从而真正做到环环相扣、无缝衔接,形成完整的食品安全监管链。新的责任与激励机制是以跨部门协同目标为价值导向的,是鼓励政府监管部门之间的合作与协同行为的,并把跨部门合作治理行为纳入现有的组织绩效考核指标体系中。考虑到食品链条的自然属性和食品安全监管的"团队生产"特性,在指标的权重设置上应对跨部门目标以及部门协同行为予以一定的倾斜。

#### 5.1.3.2 食品安全监管纵向部门协同激励

在食品安全供给网络中,由跨部门、跨机构监管合作构成的政府食品安全监管网络是重要的组成部分。政府食品安全监管的效果取决于农业、工商、质检、卫生等政府部门的共同努力,彼此采取协调一致的行为,任何一个部门放松监管或者部门间合作关系破裂都会最终影响政府食品安全监管的整体效果。不仅如此,食品安全监管组织中上级部门和下级部门之间的协同也是影响食品安全监管效果的重要因素。

假设参与博弈的为两个部门:上级部门 $U$ 和下级部门 $D$,博弈双方都是完全理性并具有完全信息;行动的顺序为上级部门先行动,下级部门后行动;上级部门对下级部门有激励和威慑措施,即正激励和负激励。

假设在博弈开始阶段,上级部门 $U$ 的选择策略有两个:"执行威慑"(上级部门对下级部门发出威慑指令,并传递令人可信的执行威慑的信号)和"不执行威慑"(上级部门虽然对下级部门发出威慑指令,但并不采取实际的威慑措施或者根本就没有发出威慑指令)。相应的,下级部门 $D$ 的策略选择也有两种:协同(采取措施积极配合上级部门的行动)和不协同(不配合上级部门的行动)。

当上级部门采取威慑措施可能使下级部门协同,从而实现上级部门的意愿时,假设下级部门采取"协同"策略后给上级部门带来的收益为 $a(a>0)$,如果下级部门不协同,则上级部门的收益为 0;下级部门如果采取"协同"策略,必须要花费一定的协同成本 $c(c>0)$;上级部门对下级部门的正激励假设为 $w(w>0)$,负激励假设为 $-p(p>0)$。

在上述假设条件下,上下级监管部门博弈的战略式表述如下表矩阵所示:

表 5.2　纵向监管部门博弈得益

|  | 下级部门不协同 | 下级部门协同 |
| --- | --- | --- |
| 上级部门执行威慑 | $0, c-p$ | $a, w-c$ |
| 上级部门不执行威慑 | $a, -c$ | $0, c$ |

很明显,此博弈的纳什均衡结果不是唯一的,有两个均衡解。"不执行威慑,不协同"是一个纳什均衡解,此时上级部门的收益为 0,下级部门的收益为 $c$。但是在现实情况中,上级部门不可能总是不执行威慑,尤其是在出现大的食品安全事件的情况下,"不执行威慑,不协同"这一均衡是不稳定的,因此本研究将重点分析在上级部门选择"执行威慑"的情况下下级部门的策略选择。对于下级部门来说,选择"协同"还是"不协同"将取决于 $w-c$ 和 $c-p$ 的大小:

(1) 当 $w-c>c-p$,即 $w+p>2c$ 时,"协同"收益大于"不协同"的收益,下级部门将选择"协同"策略。此时,容易求得博弈的纳什均衡为"执行威慑,协同"。$w+p>2c$ 即 $w-(-p)>2c$,意味着上级部门对下级部门的正激励和负激励之差大于下级部门协同成本的 2 倍。

(2) 当 $w-c<c-p$,即 $w+p<2c$ 时,"协同"收益小于"不协同"的收益,下级部门将选择"不协同"策略。

(3) 当 $w-c=c-p$,即 $w+p=2c$ 时,"协同"收益等于"不协同"的收益,此时博弈的纳什均衡有两个:"执行威慑,协同"和"执行威慑,不协同"。

由以上分析可以看出,上级部门对下级部门的正负激励数值大小和下级部门的协同成本都会影响到下级部门是否选择协同策略。从纵向体制上看,食品安全监管涉及中央政府和地方政府之间的权力与利益关系问题。相对而言,中央政府更看重社会稳定、政治权威等长远利益和政治利益,而地方政府更看重地方经济增长、地方财税收入等经济利益和地区利益,而食品安全监管的强度则必然会对中央政府和地方政府的利益产生不同的影响。从《中华人民共和国食品安全法》的规定可以看出,地方各级卫生、质检、工商等部门的食品安全监督管理职责,由地方政府依照有关规定确定,在制度约束力度不够的情况下,食品安全属地监管责任制的制度安排,反而可能成为地方保护主义提供一定的土壤,地方政府根据自己的权限制定自己的规章和标准,再加上地方的食品安全监管部门都是地方财政自给,因而很可能更多地关注于地区利益而不是中央的标准。在实际的监管职能履行的过程中,经常会出现某些政府职能责任下推下卸的问题,在涉及国家与地方政府利害关系的事务上,缺乏明确具体的法律法规,随意性较大。

为了避免以上情况的出现,必须要合理配置中央与地方政府的权限,完善政府监管部门的行政执法责任和责任追究制度,通过法律法规形式明确各部门的食品安全监管责任,降低下级部门的协同成本,加大上级部门对下级部门的正、负激励的力度并将其制度化,实现责任追究的规范化和具体化。在构建以行政执法责任为核心的食品安全监管责任体系当中,首先要区分是行政主体还是行政公职人员的责任,是个人责任还是集体责任,尽量避免"相关""有关"等非特定人格的用语;其次要明确归责原则,即到底适用过错责任还是严格责任原则;再次,明确承担行政责任的具体方式,把正、负激励落实到通报表扬、绩效奖或者书面检查、通报批评、责令辞职、引咎辞职、行政记过以及法律法规规定的其他方式上;最后,规范行政责任的处理程序,制定具有可操作性的程序规则。

## 5.2 食品供应链政府监管的博弈模型

近年来,食品质量安全事件不断发生,显露出政府监管不力带来的很多问题。本节针对食品生产企业和监管部门之间的监管问题,运用博弈论理论,通过建立食品生产商和质监局之间的博弈模型以及对模型的求解分析,深入分析食品供应链质量问题频出的原因及政府监管力不足的原因。研究表明,政府应当从监管机构的监管成本、尽职收益,生产商掺假的额外收益,以及对其掺假的惩罚力度这四方面考虑,来完善食品供应链质量安全的政府监管机制,从而更好地保障食品的质量安全。

## 5.2.1 食品供应链政府监管博弈模型

### 5.2.1.1 基本假设

食品供应链上的每一环节都影响着最终食品的安全,为了分析生产原料的质量安全,本文选取供应链中的生产商为主要博弈对象。为了对问题进行方便处理,我们将众多的食品生产商抽象成一个博弈方,将政府监管部门抽象成另外一个博弈方。此时博弈的双方记为生产商与质监局。生产商向零售商提供一定质量水平的原材料。但有时,生产商为了追求自身利益的最大化会对其所要出售的原材料进行掺假,则生产商有(掺假,不掺假)两种策略。另一博弈方即质监局有对生产商提供的原材料进行检查以确定其质量水平的职责,但是质监局对原材料进行检查需要付出一定的成本费用,有时质监局为了降低自身的费用成本而选择不对原材料进行检查,因此质监局有(检查,不检查)两种选择策略。

模型的假设条件如下:

(1) 博弈方①为生产商,生产商有"掺假"和"不掺假"两种选择,"掺假"表示生产的是劣质品,"不掺假"表示生产商生产的是优质品;博弈方②为质监局,有"检查"和"不检查"两种选择,"检查"表示监管有力,"不检查"表示监管不力。

(2) 如果生产商掺假,监管机构实施监管就一定能查出生产商的掺假行为;并且生产商掺假所受的惩罚归质监局所有。

(3) 如果生产商不掺假,无论质监局是否实施监管,质监局都会获得尽职收益。

(4) 质监局的监管概率为 $\alpha$,不监管的概率为 $1-\alpha$;生产商的掺假概率为 $\beta$,不掺假的概率为 $1-\beta$。

(5) 本节所用到的各种符号的定义如下:

$C$:表示质监局检查时所付出的成本费用,即监管成本;

$P$:表示质监局查出不合格食品所获得的尽职收益;

$L$:表示质监局没有查出不合格食品所造成的声誉损失;

$R$:表示生产商进行掺假而没有被发现时所获得的额外收益;

$F$:表示生产商进行掺假被发现时受到处罚的净损失;

$C_1$:表示生产商对食品进行保鲜而产生的成本;

$C_2$:表示生产商对过期的食品进行处理而产生的成本。

通常情况下，$F>C>0, R>C_1>0, R>C_2>0, P>0, L>0$。

#### 5.2.1.2 模型构建

表5.3所示为得益矩阵表示生产商与质监局的博弈结果。

表5.3 生产商与质监局之间的博弈矩阵

|  |  | 质监局 | |
|---|---|---|---|
|  |  | 检查($\alpha$) | 不检查($1-\alpha$) |
| 生产商 | 掺假($\beta$) | $(-F-C_1-C_2, P+F-C)$ | $(R-C_1-C_2, -L)$ |
|  | 不掺假($1-\beta$) | $(-C_1-C_2, P-C)$ | $(-C_1-C_2, P)$ |

对上述博弈矩阵进行分析：

给定生产商不掺假的条件下，质监局的最优策略是不监管，因为不监管比监管获得的收益要多，即策略组合为(不掺假,不检查)；

给定质监局不监管的条件下，生产商的最优策略是掺假，因为掺假获得的收益比不掺假要多，即策略组合是(掺假,不检查)；

如果生产商选择掺假，质监局的最优策略又是监管，策略组合为(掺假,检查)；

如果质监局选择监管，生产商的最优策略又是不掺假，策略组合为(不掺假,检查)。因此该博弈模型只存在混合策略纳什均衡，不存在纯策略纳什均衡。

在给定监管机构监管概率为$\alpha$的条件下，生产商掺假($\beta=1$)的期望收益$\mu_1(1,\alpha)$和不掺假($\beta=0$)的期望收益$\mu_1(0,\alpha)$分别为

$$\mu_1(1,\alpha)=(-F-C_1-C_2)\times\alpha+(R-C_1-C_2)\times(1-\alpha) \tag{4.1}$$

$$\mu_1(0,\alpha)=(-C_1-C_2)\times\alpha+(-C_1-C_2)\times(1-\alpha) \tag{4.2}$$

令$\mu_1(1,\alpha)=\mu_1(0,\alpha)$，解得$\alpha^*=R/(F+R)$ (4.3)

这表明，若质监局进行检查的概率大于$\alpha^*$时，生产商的最优选择是"不掺假"；若质监局进行检查的概率小于$\alpha^*$时，生产商的最优选择是"掺假"；若质监局进行检查的概率等于$\alpha^*$时，生产商随机地选择"掺假"或"不掺假"。

同理，在给定生产商掺假的概率为$\beta$时，质监局监管($\alpha=1$)的期望收益$\mu_2(\beta,1)$和不监管($\alpha=0$)的期望收益$\mu_2(\beta,0)$分别为

$$\mu_2(\beta,1)=(P+F-C)\times\beta+(P-C)\times(1-\beta) \tag{4.4}$$

$$\mu_2(\beta,0)=(-L)\times\beta+P\times(1-\beta) \tag{4.5}$$

令$\mu_2(\beta,1)=\mu_2(\beta,0)$，解得$\beta^*=C/(P+L+F)$ (4.6)

这表明，若生产商进行掺假的概率大于$\beta^*$时，质监局的最优选择是"检查"；若生产商的掺假概率小于$\beta^*$时，"不检查"是质监局的最优选择；若生产商进行掺假

的概率等于 $\beta^*$ 时,质监局选择"检查"或者"不检查"都可以。

因此,该博弈的混合策略纳什均衡解为 $\alpha^*=R/(F+R),\beta^*=C/(P+L+F)$。其含义是:(1) 监管机构以概率 $\alpha^*$ 对生产商进行监管;生产商以概率 $\beta^*$ 进行掺假。(2) 监管机构随机抽取 $\alpha^*$ 比例的生产商进行监管;在所有的生产商中,有 $\beta^*$ 比例的生产商会进行掺假。

#### 5.2.1.3 求解分析

为了形象地描述混合策略纳什均衡解,以监管概率 $\alpha$ 为横坐标,以掺假概率 $\beta$ 为纵坐标,以粗实线表示生产商的策略函数,粗点划线表示监管机构的策略函数,绘制混合策略纳什均衡图,如图 5.2 所示。

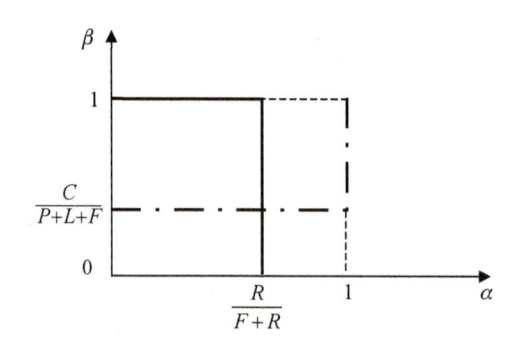

**图 5.2 混合策略纳什均衡图解**

以下对混合策略纳什均衡解进行深入的分析。

(1) 监管机构监管的概率 $\alpha^*=R/(F+R)$,是由生产商的掺假收益 $R$ 和对生产商掺假的惩罚 $F$ 决定的。下面对 $\alpha^*$ 与 $R$ 和 $F$ 的关系进行研究。

求 $\alpha^*$ 对 $R$ 的一阶导数,得:

$$\frac{\partial \alpha^*}{\partial R}=\frac{F}{(F+R)^2}>0 \tag{4.7}$$

上式表明,质监局的监管概率 $\alpha^*$ 是 $R$ 的单调增函数,即 $\alpha^*$ 随 $R$ 增大而增大。

求 $\alpha^*$ 对 $F$ 的一阶导数,得:

$$\frac{\partial \alpha^*}{\partial F}=-\frac{R}{(F+R)^2}<0 \tag{4.8}$$

上式表明,质监局的监管概率 $\alpha^*$ 是 $F$ 的单调减函数,即 $\alpha^*$ 随 $F$ 的增大而减小。

(2) 生产商掺假的概率 $\beta^*=C/(P+L+F)$ 是由质监局的监管成本 $C$、质监局的尽职收益 $P$、监管机构的声誉损失 $L$ 以及对生产商的惩罚 $F$ 决定的。我们可以直观地看出 $\beta^*$ 与 $C$ 呈正相关关系;与 $P$ 呈负相关关系;与 $L$ 呈负相关关系;与 $F$

呈负相关关系。

下面以质监局对生产商的惩罚力度 $F$ 为例,深入研究生产商的掺假概率与惩罚力度 $F$ 之间的关系。求 $\beta^*$ 对惩罚力度 $F$ 的一阶偏导数,可得

$$\frac{\partial \beta^*}{\partial F} = -\frac{C}{(P+L+F)^2} < 0 \quad (4.9)$$

上式表明,$\beta^*$ 是 $F$ 的单调减函数,$\beta^*$ 随 $F$ 的增大而越小。有力地证明了上述的结论。再求 $\beta^*$ 对惩罚力度 $F$ 的二阶偏导数,得

$$\frac{\partial^2 \beta^*}{\partial F^2} = \frac{2C}{(P+L+F)^3} > 0 \quad (4.10)$$

上式表明,生产商掺假的概率 $\beta^*$ 是惩罚力度 $F$ 的凹函数。为形象具体地说明加大惩罚力度对生产商掺假的期望收益和质监局监管概率的影响,笔者以质监局监管的概率 $\alpha$ 为横坐标,以生产商掺假的期望收益 $\mu_1$ 为纵坐标,绘制二者关系图(图5.3),进行深入研究。

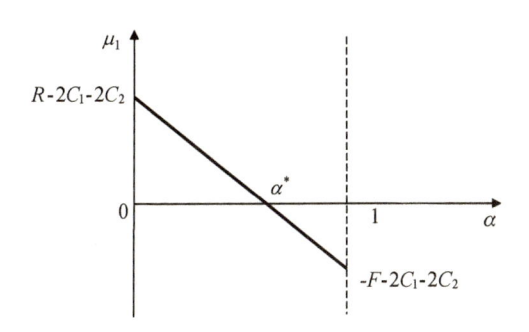

**图 5.3 监管概率与掺假期望收益关系**

由质监局与生产商博弈收益矩阵可得,生产商的期望收益函数为 $\mu_1(\alpha) = (-F - 2C_1 - 2C_2) \times \alpha + (R - 2C_1 - 2C_2) \times (1 - \alpha)$:当 $\alpha = 0$ 时,$\mu_1(\alpha) = R - 2C_1 - 2C_2$;当 $\alpha = 1$ 时,$\mu_1(\alpha) = -F - 2C_1 - 2C_2$。连接点 $(0, R - 2C_1 - 2C_2)$ 和 $(1, -F - 2C_1 - 2C_2)$ 得到的直线即为生产商的期望收益函数,直线上任意一点的纵坐标表示在给定质监局在该点的监管概率条件下,对应的生产商的期望收益。直线 $\mu_1(\alpha)$ 与横轴的交点 $\alpha^*$ 就是监管机构监管的最优概率。

当 $\alpha < \alpha^*$ 时,$\mu_1(\alpha) > 0$,即当质监局的监管概率小于 $\alpha^*$ 时,生产商掺假的期望收益为正数,故生产商的最优策略是"掺假"。

当 $\alpha > \alpha^*$ 时,$\mu_1(\alpha) < 0$,即当质监局的监管概率大于 $\alpha^*$ 时,生产商掺假的期望收益为负数,故生产商的最优策略是"不掺假"。

因此,当监管机构的监管概率小于 $\alpha^*$ 时,生产商就会掺假,质监局的监管力度就会不断加大,即监管概率会不断增大,直到趋近于 $\alpha^*$;同时,生产商掺假的期望

收益也相应地不断减小,直至趋近于0,达到混合策略纳什均衡点。同理,当质监局的监管概率大于 $\alpha^*$ 时,生产商的最优策略是"不掺假",质监局监管概率会不断减小直至趋于 $\alpha^*$;生产商的期望收益也逐渐趋于0。所以 $\alpha^*$ 为监管机构监管的最优概率。

同理,$\beta^*$ 是 $L$ 和 $P$ 的单调减函数,$\beta^*$ 随 $L$ 和 $P$ 的增大而减小。生产商掺假的概率 $\beta^*$ 是 $L$ 和 $P$ 的凹函数,表明质监局的尽职收益和声誉损失边际效应递减,尽职收益和声誉损失达到一定程度后,再加大尽职收益和声誉损失,对于规制生产商掺假的效果将会很微弱,以致与预期效果相差甚远。

综上分析,我们可以得出以下几点结论:

(1) $\alpha^*$ 与 $R$ 呈正相关关系,$R$ 越大,$\alpha^*$ 越大;与 $F$ 呈负相关关系,$F$ 越小,$\alpha^*$ 越大。即质监局的监管概率 $\alpha^*$ 是生产商的掺假收益 $R$ 的单调增函数,掺假收益 $R$ 越大,质监局监管概率 $\alpha^*$ 越大;质监局的监管概率 $\alpha^*$ 是生产商掺假行为的惩罚力度 $F$ 的单调减函数,惩罚力度 $F$ 越大,质监局监管概率 $\alpha^*$ 越小。

(2) $\beta^*$ 与 $C$ 呈正相关关系,$C$ 越小,$\beta^*$ 越小。即质监局的监管成本 $C$ 越低,质监局监管的效率就越高,相应的生产商的掺假概率 $\beta^*$ 越小。

$\beta^*$ 与 $P$ 呈负相关关系,$P$ 越大,$\beta^*$ 越小;与 $L$ 呈负相关关系,$L$ 越大,$\beta^*$ 越小;与 $F$ 呈负相关关系,$F$ 越大,$\beta^*$ 越小。即质监局的尽职收益 $P$(所受的激励)越高,监管力度就越大,生产商的掺假概率 $\beta^*$ 就会越小;质监局的声誉损失 $L$ 越大,质监局的监管力度就越大,生产商的掺假概率 $\beta^*$ 就会越小;质监局对生产商掺假的惩罚力度 $F$ 越大,生产商掺假的概率 $\beta^*$ 就会越小。

## 5.3 基于博弈模型的监管对策分析

### 5.3.1 加大对违规违法企业的惩罚力度

质监局的监管概率是惩罚力度的单调减函数,即随惩罚力度的增大而减小。其深层含义是:质监局对生产商的掺假行为的惩罚力度越大,对其威慑作用越大,生产商的掺假行为就会有所收敛,违规的概率就会越小,质监局的监管概率就会越小。食品生产商的掺假概率与受惩罚力度呈负相关关系,增大对食品生产商的惩罚力度能规制其掺假行为。但生产商掺假的概率是惩罚力度的凹函数,表明质监局对生产商掺假的惩罚边际效应递减,惩罚达到一定程度后,再加大惩罚力度,对于规制生产商掺假的效果将会很微弱,以致与预期效果相差甚远。所以,质监局对生产商的掺假惩罚要把握一定的限度,以期达到最优的监管效果。

鉴于此,要使我国食品质量安全监管的法律法规体系更趋完善,就必须要加大对食品生产企业掺假行为的处罚力度,将食品质量安全违法行为处罚的上限提高到足以让违法者倾家荡产的额度,使他们不敢以身试法。但是经过笔者对模型进行研究后发现,惩罚力度并非越大越好,增大对食品生产商的惩罚力度能在短期内规制其掺假行为,但是需要注意的是,加大惩罚力度会使监管力度边际效应递减,所以政府应当根据具体的情况制定合理、有效的惩罚机制及惩罚力度。

### 5.3.2 提高监管效率,降低政府监管成本

生产商的掺假概率与质监局的监管成本二者之间呈现一定的正相关关系。其深层含义是:在其他条件不变的情况下,监管的效率越高、成本越低,生产商掺假的概率越小。所以,降低政府监管成本,提高监管人员的监管效率,能在一定程度上降低食品生产商的掺假概率,同时也是建设节约型社会、高效型政府的重要体现。

政府可以通过发起公众监督来提高监管效率。当前,消费者质量安全意识的缺乏无疑是发起公共监督的瓶颈。这就需要加强对食品质量安全知识的普及、充分调动广大群众对食品质量安全监管参与的积极性,因此,政府就必须提供充分有效的食品质量安全监管信息,这就要求建立全面而统一的食品质量安全生产、经营和监管信息公开制度。同时,政府可以建立公众举报的奖励制度,规定公众举报情况一旦属实,便会对被举报企业实行严厉惩罚,政府还可以从惩罚的资金中抽取一定的比例奖励给公众,剩余的资金便可以充作监管机构实行监管的备用资金。此举不但可以激励全民参与监管,而且可以增加企业的危机意识,加大对违规违法企业的惩罚力度,还能够使政府的监管成本降低。

### 5.3.3 提高监管尽职收益,增加监管声誉损失

食品生产商的掺假概率与质监局的尽职收益呈负相关关系。在一定程度上提高质监局的监管尽职收益,能增强其努力工作的积极性,提高监管力度,降低生产商掺假的可能性。食品生产商的掺假概率与质监局的声誉损失呈负相关关系。增加质监局的声誉损失,对其形成一定的社会压力和道德压力,能约束其行使岗位职责,不断加强监督管理,规制食品生产商的掺假行为。因此,制定有效的监管机构的约束和激励机制,对于规制食品生产商的掺假行为至关重要。

政府应当完善法律制度和管理制度,加强对监管机构的监督与管理,提高对玩忽职守或滥用职权者的惩罚力度,以促使监管机构尽职尽责地完成对食品生产企业的监管。可以通过人力资源管理的一系列方法,如建立监管机构的约束和激励机制,提高监管人员的工作积极性。政府同时可以利用社会舆论,利用社会媒体加大监管机构尽职的声誉传播,从而建立监管部门的外部奖励机制,提高监管机构尽职的有形收益及无形收益;相反的,对于监管不力的情况,应给予严厉的批评与指责,加大声誉损失。

### 5.3.4 降低生产商的掺假收益,鼓励生产商生产优质产品

质监局的监管概率是生产商的掺假收益的单调增函数,即随生产商掺假收益的增大而增大。其深层含义是:生产商的掺假收益越大,出于对利益最大化的追求,他们的掺假概率就越大,为规避生产商的掺假行为,保障社会公共利益,质监局监管的概率就越大。因此,必须降低生产商的掺假收益,使生产商没有利益最大化的动机,鼓励生产商生产优质产品。这就需要加强食品安全方面的信用建设,使政府监管部门积极保障食品安全,食品企业自觉重视食品安全,从而通过构建供应链上良好的诚信环境,有效地约束食品企业和政府监管部门的行为,进而促使食品企业重视食品安全的环境。政府可以对表现优异的食品企业予以政策优惠,进而增强食品企业对信用的重视,生产优质产品。除此之外,还应提高失信成本,让掺假的生产企业无利可图,从根源上杜绝掺假行为的发生。

## 5.4 小结

食品安全是我国目前面临的一项战略性问题,不仅关系到人民的身体健康和生命安全,还关系到社会的和谐稳定以及我国的国际形象,也考验着我国政府的执政能力。同时,食品安全问题也已经成为当今世界食品生产、食品消费以及食品监管领域面临的重大挑战。因此,本篇围绕食品安全管理这一主题,在借鉴国外发达国家和地区先进的食品安全监管经验的基础上,结合我国实际情况,以食品供应链作为研究主体,运用机制设计理论,分别从食品质量安全风险控制、食品质量安全信号传递机制以及食品质量安全政府监管机制三个方面展开了理论分析及实证研究,并得出了相应的结论,具体如下。

(1) 食品质量安全风险控制方面。首先考虑食品供应链中的单边道德风险问题,食品生产加工商相比食品原材料供应商处于信息劣势的地位,供应商在提供原材料时可能会违反道德,出现以次充好的现象,即供应商存在单边道德风险。通过构建二者在激励合同、惩罚合同以及双方分摊损失合同三种契约模式下的期望收益函数,结合委托代理理论可求得最优的利润分摊比例、惩罚额度以及奖励额度,从而使得食品生产加工商在不完全信息条件下降低原材料供应商的道德风险。进一步考虑双边道德风险的情况,即供应商和加工商对于对方的信息均不了解,双方均有可能从自身角度出发,进而采取不利于对方的行动。经过分析可得:在双方分担损失合同的条件下无法使供应链整体利润达到最大,而供应商分摊名誉损失的成本契约可以有效地抑制供应商以及加工商的双边道德风险,确保食品质量,并使得供应链整体利润达到最优。因此,在双边道德风险的情况下,供应商分摊名誉损失的成本契约是最优契约。

（2）食品质量安全信号传递机制方面。进一步考虑消费者消费过程中对食品的选择问题。由于食品生产者对食品质量信息的披露程度会直接影响消费者的甄别能力，为了避免食品供应市场中出现逆向选择的情况，即低质量的食品占领消费市场，则需要建立食品质量信号传递博弈模型。通过对模型进行分析，可以得出分离均衡、混同均衡以及准分离均衡存在的条件，其中食品市场在分离均衡状态下的市场交易效率最高，而混同均衡则是最不利的一种市场形态。又因为完美贝叶斯分离均衡在现实中无法实现，因此需要对食品供应商以及消费者在不同的市场环境下的判断和采取的策略进行分析，从而使食品消费市场达到准分离均衡的状态。该状态能够使得消费者在不对称信息的条件下买到质量更有保证的食品。

（3）食品质量安全政府监管机制方面。食品安全问题的解决不仅需要供应链各个参与主体之间的相互约束，更离不开政府对于该问题的监管措施以及监管力度。为了完善食品质量安全管理中的政府监管机制，更好地保障食品质量安全，本研究借助博弈理论，通过建立食品监管部门与食品生产企业二者之间的博弈模型，对二者之间的博弈过程进行分析，求解出了相应的均衡解，并针对不同的情况，得出了相应的政府监管对策。具体的政府监管策略包括：加大对违规违法企业的惩罚力度、提高监管效率、降低政府监管成本以及增加监管声誉损失等。

食品安全问题的解决是一个长期的过程，不仅需要完善我国食品相关法律，加强食品监管机构之间的协调合作，还需要广大消费者的监督。由于食品的质量是避免道德风险以及逆向选择的必要条件，因此，食品企业需要从自身做起，提高在食品安全生产中的投入。

# 第二篇

# 生鲜食品供应链安全控制与协调契约

近年来,生鲜食品已经成为我国居民日常生活中的必需品。在需求增长的同时,生鲜食品的质量安全及数量供需不平衡问题越来越凸显并引起人们的关注。同时,网上直销渠道与传统分销渠道并存的混合渠道模式成为很多生鲜农产品供应商企业营销战略的选择。鉴于此,本篇分别从生鲜食品质量安全和数量供需不平衡两个角度对生鲜食品供应链安全控制与协调契约进行了研究,并对生鲜食品双渠道供应链协调问题进行探讨。

# 第6章 生鲜食品供应链单渠道质量安全控制与协调契约

本章针对生鲜食品的新鲜度这一最重要的质量特征,聚焦在零售商—消费者阶段的生鲜食品质量控制,并以零售商为主要决策分析对象,此时供应链的质量控制措施为零售商对生鲜食品的保鲜投入水平。本章探讨处于完全竞争市场下的生鲜食品零售商的保鲜和订货决策,首先针对生鲜食品新鲜度随时间减小的特点,通过构建与生鲜食品新鲜度相关的消费者时变效用函数,分析消费者在不同时刻针对不同生鲜食品所做出的购买决策,并在此基础上构建零售商的生鲜食品单品种订货模型,分析销售环节保鲜和运输环节保鲜两种情形下零售商的最优保鲜决策。

## 6.1 生鲜食品质量控制中的零售商最优保鲜投入

### 6.1.1 问题描述与假设

生鲜食品与一般工业品的不同之处体现在影响消费者选择的因素,除了价格、数量等影响消费者效用的常见因素外,生鲜食品的新鲜度(质量)特征也会在很大程度上左右消费者的选择。因此,假设消费者购买某一品种生鲜食品所获得的效用为 $U=U(\theta,p,q)$,其中 $\theta$、$p$ 和 $q$ 分别为生鲜食品的新鲜度、价格和消费者购买数量。而为了衡量生鲜食品新鲜度随时间衰减变化的规律,参照 Gupta 和 Gerchark 对产品变质速率的刻画,本文用 $\theta_t=\theta_0 e^{-\eta_0 t}$ 表示生鲜食品的新鲜度随时间衰减的情形,其中 $\theta_0 \in (0,1)$ 表示生鲜食品在超市上架开始销售时的初始新鲜度;$\eta_0 \in (0,1)$ 是该产品的初始新鲜度衰减指数。该函数关系式具有以下性质:首先,当 $t=0$ 时,$\theta(0)=\theta_0<1$,表示初始时刻生鲜食品在超市上架时并非处于最新鲜的状态,比较符合实际情况;其次,$\dfrac{d\theta_t}{dt}<0$,即新鲜度随着时间的推移而减小;再次,$\dfrac{d^2\theta_t}{d^2t}>0$,意味着生鲜食品在初始阶段新鲜度衰减较快,容易进行观察,但到了一定时间之后,新鲜度已经到了较低的水平,此后的新鲜度衰减看起来并不明显,这是比较符合生鲜食品新鲜度随时间衰减特性的。另外,由于任意消费者的购买是在零售商销售周期内的某个时刻 $t$ 完成的,因此将消费者的瞬时总效用表示为 $U$,当 $t$ 不同时,消费

者的瞬时效用 $U_t$ 也不同，因此，消费者在 $t$ 时刻购买生鲜食品的效用为 $U_t=U(\theta_t,p,q_t)$。

除此之外，还有以下假设：

（1）只考虑单品种生鲜食品供应链的情况。消费者用于购买生鲜食品的资金充足，且消费者同质，即无偏好上的差异，并将在某时刻购买生鲜食品的消费者看作一个整体。

（2）由于生鲜食品在销售过程中会受到难以避免的人为因素的影响，参照陈军和但斌[92]提出的假设，假设生鲜食品的耗损率大于新鲜度衰减速度，即有 $\lambda > \eta_0$，且 $\lambda \in (0,1)$。

（3）消费者对生鲜食品新鲜度变化较为敏感，即消费者能够感知每个时刻生鲜食品新鲜度的不同。

本章相关符号定义：

$p$：零售商生鲜食品销售价格；

$q$：消费者对生鲜食品的购买数量；

$\theta_0$：生鲜食品在零售商销售过程中的初始新鲜度；

$\alpha$：消费者对生鲜食品的购买数量和价格之比的偏好系数；

$\beta$：消费者对生鲜食品的新鲜度的偏好系数；

$I(t)$：$t$ 时刻生鲜食品的库存水平；

$Q$：零售商对生鲜食品的初始订货量；

$s$：零售商关于生鲜食品的其他相关成本，包括订单成本、库存成本等，设为常数；

$\omega$：生鲜食品的批发价格；

$\lambda$：生鲜食品的损耗率；

$\eta_0$：未保鲜时生鲜食品的新鲜度衰减指数；

$\eta$：销售环节保鲜时新鲜度衰减指数；

$c_f$：销售环节保鲜时的单位保鲜成本；

$b_1$：销售环节保鲜时单位保鲜成本系数；

$b_2$：运输环节保鲜时生鲜食品价格与初始新鲜度的关系系数；

$T$：零售商订货周期；

$Q$：零售商初始订货量；

$\pi$：未保鲜时零售商的单位时间利润；

$\pi'$：销售环节保鲜时零售商的单位时间利润；

$\pi''$：运输环节保鲜时零售商的单位时间利润；

$U$：未保鲜时消费者的单位时间平均效用；

$U'$：销售环节保鲜时消费者的单位时间平均效用；

$U''$：运输环节保鲜时消费者的单位时间平均效用。

## 6.1.2 零售商利润最大化模型

### 6.1.2.1 未对生鲜食品保鲜的情形

（1）消费者效用函数。

由经典的消费者效用函数模型，结合生鲜食品新鲜度随时间变化的特点，可以得到改进的生鲜食品消费者效用模型，进而根据效用最大化原理，求得每时刻消费者的购买量，亦即供应链面临的市场需求量。具体分析步骤如下：根据6.1.1节的问题描述，消费者在$t$时刻购买生鲜食品的瞬时效用为$U_t=U(\theta_t,p,q_t)$，借鉴科布-道格拉斯效用函数的基本形式，选择合适的坐标系[93]，将消费者购买生鲜食品所获得的时变效用函数构造为如下形式：

$$U_t = A\left(\frac{q_t}{p}\right)^\alpha \theta^\beta - kpq_t \tag{6.1}$$

式（6.1）中等式右边第一部分表示消费者购买生鲜食品所获得的效用，第二部分表示消费者由剩余可支配收入所获得的效用。其中，$\alpha \in (0,1)$反映消费者对生鲜食品价格和购买数量的偏好，$\beta \in (0,1)$反映消费者对生鲜食品新鲜度的偏好，不失一般性，可令$\alpha+\beta=1$。$A$代表生鲜食品市场成熟度对消费者的影响，$k$表示消费者对生鲜食品支出的敏感系数。

购买生鲜食品的消费者在$t$时刻为了取得最大的总效用，其对生鲜食品的购买数量必须满足一阶条件$\frac{\mathrm{d}U_t}{\mathrm{d}q_t}=0$。即

$$A\alpha \frac{\theta_t^\beta}{p^\alpha} q_t^{\alpha-1} - kp = 0 \tag{6.2}$$

由式（6.2）可以推导出消费者$t$时刻对该种食品的最优购买量为

$$q_t^* = \left(\frac{A\alpha}{k}\right)^{\frac{1}{1-\alpha}} p^{-\frac{1+\alpha}{1-\alpha}} \theta_t^{\frac{\beta}{1-\alpha}} \tag{6.3}$$

此时的市场需求量即为消费者此时的最优购买量$q_t^*$，可以看到，由于$-\frac{1+\alpha}{1-\alpha}<0$，这表明瞬时市场需求量与生鲜食品新鲜度呈正相关，与生鲜食品的价格呈负相关，比较符合消费者购买决策的实际情况。

将新鲜度函数$\theta_t=\theta_0 e^{-\eta_0 t}$代入式（6.3）中可得

$$q_t^* = \left(\frac{A\alpha}{k}\right)^{\frac{1}{1-\alpha}} p^{-\frac{1+\alpha}{1-\alpha}} (\theta_0 e^{-\eta_0 t})^{\frac{\beta}{1-\alpha}} \tag{6.4}$$

式（6.4）表示$t$时刻市场需求量与新鲜度衰减指数$\eta$、时间$t$、价格$p$的关系。随着

时间参数 $t$ 增大,瞬时市场需求量将减小。该式较好地反映了消费者所代表的市场对生鲜食品新鲜度变化的反应:当其他条件不变时,较早时刻购买的生鲜食品新鲜度高,消费者倾向于在此时增加购买数量,导致 $t$ 较小时的瞬时市场需求量较大;当生鲜食品新鲜度随时间的推移而降低,由于处在完全竞争市场中的零售商无法通过价格折扣等方法留住顾客,所以消费者的购买需求也相应减小。

将式(6.4)代入消费者效用函数,则可得出消费者在 $t$ 时刻的瞬时最大效用为

$$U_t^* = k\frac{1-\alpha}{\alpha}\left(\frac{A\alpha}{k}\right)^{\frac{1}{1-\alpha}} p^{-\frac{2\alpha}{1-\alpha}}(\theta_0 e^{-\eta_0 t}) \tag{6.5}$$

式(6.5)是消费者作为一个整体在 $t$ 时刻购买生鲜食品所获得的瞬时最大效用,因而当其他条件不变时,消费者在不同时刻购买生鲜食品获得的瞬时最大效用是不同的。

由消费者在各时点的瞬时最大效用,可得出消费者在一个销售周期 $T$ 内的平均效用为

$$U^* = \frac{1}{T}\int_0^T k\frac{1-\alpha}{\alpha}\left(\frac{A\alpha}{k}\right)^{\frac{1}{1-\alpha}} p^{-\frac{2\alpha}{1-\alpha}}(\theta_0 e^{-\eta_0 t})\mathrm{d}t = \\ \frac{k\frac{1-\alpha}{\alpha}\left(\frac{A\alpha}{k}\right)^{\frac{1}{1-\alpha}} p^{-\frac{2\alpha}{1-\alpha}}\theta_0}{\eta_0 T}(1-e^{-\eta_0 T}) \tag{6.6}$$

显然,采用平均效用而不是瞬时最大效用作为消费者效用的评价指标更为合理,后者是瞬时值不能体现销售周期内的整体情况,然而以前往往采用瞬时最大效用进行相应研究[94],对此本文突破桎梏,不仅给出销售周期内消费者群平均总效用的表达式(6.6),并且在 6.1.3 节数值分析中对消费者平均效用和零售商最优保鲜投入决策的关系进行了详尽的分析。

(2) 零售商库存模型。

由(1)中消费者效用模型推导出的时变市场需求量,改进传统的变质产品库存模型,可以得出生鲜食品零售商的库存水平表达式。具体推导方法如下:根据 6.1.1 节中的假设(1),式(6.4)表示在 $t$ 时刻整个消费者群对生鲜食品的总体购买数量;又由于任意时刻都有消费者购买行为发生,则式(6.4)即是任意时刻零售商所面对的消费者群对生鲜食品的实际购买数量。对于零售商而言,式(6.4)可以看作消费者对价格和新鲜度的反映函数,因此,考虑到生鲜食品是一种特殊的易变质产品,将式(6.4)代入基本的变质产品库存模型 $\frac{\mathrm{d}I(t)}{\mathrm{d}t} = -q_t^* - \lambda I(t)$,引入生鲜食品的新鲜度特征,从而给出单品种生鲜食品的库存模型为

$$\frac{\mathrm{d}I(t)}{\mathrm{d}t} = -\left(\frac{A\alpha}{k}\right)^{\frac{1}{1-\alpha}} p^{-\frac{1+\alpha}{1-\alpha}}(\theta_0 e^{-\eta_0 t}) - \lambda I(t), 0 \leqslant t \leqslant T \tag{6.7}$$

## 第6章 生鲜食品供应链单渠道质量安全控制与协调契约

式(6.7)是在变质产品库存模型的基础上改进的生鲜食品库存模型,其中等式的左边表示 $t$ 时刻该生鲜食品库存的增量,等式的右边表示该负的增量的来源,即生鲜食品的基于库存瞬时量的损耗量与该时刻生鲜食品面临的市场需求量的加和。

由于生鲜食品经过一段时间的变质之后残值较小,因此零售商一般倾向于在一个销售周期内清空库存,则式(6.7)的一个边界条件为 $I(T)=0$,作为关于 $I(t)$ 的微分方程的约束条件,可得任意时刻 $t$ 的库存水平:

$$I(t)=\frac{X}{\lambda-\eta}[e^{(\lambda-\eta)T-\lambda t}-e^{-\eta t}] \tag{6.8}$$

其中,$X=\left(\frac{A\alpha}{k}\right)^{\frac{1}{1-\alpha}}p^{-\frac{1+\alpha}{1-\alpha}}\theta_0$。

当 $t=0$ 时,$I(0)$ 表示零售商在一个订货周期 $T$ 内的订货量即生鲜食品的初始库存量为

$$Q=I(0)=\frac{X}{\lambda-\eta}[e^{(\lambda-\eta)T}-1] \tag{6.9}$$

因此,零售商采购此品种生鲜食品的成本为

$$\omega Q=\frac{\omega X}{\lambda-\eta}[e^{(\lambda-\eta)T}-1] \tag{6.10}$$

对于多种生鲜食品,零售商可以选择对每种生鲜食品单独订货,也可以选择对多个品种统一订货。本文只考虑单品种的情况。

(3) 零售商利润模型。

在(2)中得出的零售商对生鲜食品的库存水平表达式的基础上,考虑零售商的收入成本利润决定模式,可得其利润函数的量化形式,根据利润最大化原则,零售商的决策方式由其利润函数的关系式决定。具体演化方法如下:未对生鲜食品进行保鲜时,零售商对生鲜食品的订货周期及订货量进行决策,以实现其利润最大化。并且,由于零售商的订货周期 $T$ 未确定,不同订货周期下的零售商总利润无可比性,因此零售商的利润函数应以单位时间利润而非总利润作为分析对象。此时,零售商在销售期内的平均利润函数为

$$\begin{aligned}
\pi &= \frac{1}{T}(pq^*-\omega Q-s)= \\
&\int_0^T \frac{p}{T}Xe^{-\eta_0 t}\mathrm{d}t-\frac{\omega X}{(\lambda-\eta_0)T}[e^{(\lambda-\eta_0)T}-1]-\frac{s}{T}= \\
&\frac{pX}{\eta_0 T}(1-e^{-\eta_0 T})-\frac{\omega X}{(\lambda-\eta_0)T}[e^{(\lambda-\eta_0)T}-1]-\frac{s}{T}
\end{aligned} \tag{6.11}$$

对式(6.10)的处理参照文晓巍[95]提出的方式,对指数函数 $e^{(\lambda-\eta_0)T}$ 和 $e^{-\eta_0 t}$ 分别进行泰勒展开,取其前三项,则:

$$e^{(\lambda-\eta_0)T} \approx 1+(\lambda-\eta_0)T+\frac{1}{2}(\lambda-\eta_0)^2 T^2 \qquad (6.12)$$

$$e^{-\eta_0 T} \approx 1-\eta_0 T+\frac{1}{2}(-\eta_0 T)^2 \qquad (6.13)$$

则未对生鲜食品进行保鲜时的零售商单位时间利润函数近似为

$$\pi \approx pX\left(1-\frac{1}{2}\eta_0 T\right)-\omega X\left[1+\frac{1}{2}(\lambda-\eta_0)T\right]-\frac{s}{T} \qquad (6.14)$$

由于 $\frac{\partial^2 \pi}{\partial^2 T^2}=-\frac{2S}{T^3}<0$,则 $\pi$ 是关于订货周期 $T$ 的凹函数,极大值的必要条件成立。令 $\frac{\partial \pi}{\partial T}=0$,得到零售商对生鲜食品的最优订货周期近似值为

$$T^* = \sqrt{\frac{2s}{pX\eta_0+\omega X(\lambda-\eta_0)}} \qquad (6.15)$$

联立式(6.15)代入式(6.9)和式(6.11),即可得到未对生鲜食品进行保鲜时的最优订货数量 $Q^*$ 及零售商获得的近似最优单位利润 $\pi^*$。

值得注意的是,在以上的基本模型中,生鲜食品新鲜度是外生变量,零售商为追求利润最大化,将会制定最优订货周期和经济订货批量。然而,生鲜食品零售商面临着如何选择最优保鲜投入水平的处境,如果增加保鲜投入,则生鲜食品新鲜度随之提升,势必提高消费者群的总效用,从而增加购买量(市场需求量),改善零售商利润;但是,增加保鲜投入又会直接提升零售商的经营成本,减小利润空间。因此,保鲜投入多少的选择是不确定的,零售商必须量化种种因素对利润水平的影响,建立与保鲜投入有关的利润模型,从而求解最优保鲜投入水平。

按照保鲜措施的实施阶段来划分,现实中有两种可能的保鲜形式:一种是在销售环节零售商对生鲜食品进行保鲜;另一种是零售商要求供应商在运输环节对生鲜食品进行保鲜。这两种不同情形下保鲜的实施作用方式不同,在零售商利润最大化决策模型中的体现指标和影响方式也不同,下面将对这两种情形分别进行分析。

#### 6.1.2.2 销售环节保鲜的情形

由6.1.2.1节的对未保鲜时零售商利润函数模型的分析思路,进而研究销售环节保鲜时的情形。销售环节实施保鲜是指生鲜食品在零售商采购入库后,由零售商采取保鲜措施,延缓生鲜食品的新鲜度衰减,如对其进行保鲜包装或冷藏处理等。这种情形下的生鲜食品在任意时刻的新鲜度都比未采取保鲜措施前更高,在新鲜度函数中表现为 $\theta_t=\theta_0 e^{-\eta_0 t}$ 中的 $\eta_0$ 减小,每时刻的 $\theta_t$ 增大,因此这也将导致任意时刻消费者群的效用提高和市场需求量提升,对零售商的利润产生向上的推力。然而对于零售商而言,保鲜也将产生相应的成本,本书用函数 $c_f=b_1(\eta_0-\eta)^2$ 来表

示,其中：$b_1>0$；$\eta_0$ 是某种生鲜食品未保鲜时的新鲜度衰减指数,是由该生鲜食品自身特性决定的固定参数；$\eta$ 是生鲜食品保鲜之后的新鲜度衰减指数,零售商可以控制其大小。由此可知,$\eta$ 越小,表明生鲜食品经过零售商保鲜前后的新鲜度衰减指数之间差距越大,零售商对生鲜食品的保鲜力度越大,保鲜成本也越高。因此零售商的保鲜成本 $c_f$ 与保鲜后生鲜食品的新鲜度衰减速率呈反方向变化,即 $\eta$ 越小,$c_f$ 越大。同时,二次函数的形式表明,当 $\eta$ 的值减小时,$c_f$ 增加的速度越快,这也符合现实情形中生鲜食品的保鲜效果与保鲜投入之间的关系。因此,当销售环节由零售商采取保鲜措施时,对未保鲜时的利润函数式(6.14)进行改进,零售商在销售期内的平均利润函数变为

$$\pi' = \frac{1}{T'}(pq^* - (\omega + c_f)Q - s) =$$

$$\int_0^{T'} \frac{p}{T'} X e^{-\eta t} dt - \frac{(\omega+c_f)X}{(\lambda-\eta)T'}(e^{(\lambda-\eta)T'}-1) - \frac{s}{T'} =$$

$$\frac{pX}{\eta T'}(1-e^{-\eta T'}) - \frac{[\omega+b_1(\eta_0-\eta)^2]X}{(\lambda-\eta)T'}(e^{(\lambda-\eta)T'}-1) - \frac{s}{T'} \quad (6.16)$$

与(6.11)式的处理方法相同,得到单独订货策略且保鲜状态下的生鲜食品的单位时间利润函数近似值为

$$\pi' \approx pX\left(1-\frac{1}{2}\eta T'\right) - [\omega+b_1(\eta_0-\eta)^2]X\left(1+\frac{1}{2}(\lambda-\eta)T'\right) - \frac{s}{T'} \quad (6.17)$$

与未保鲜时的分析方法相同,可以得到 $\frac{\partial^2 \pi'}{\partial^2 T'^2}<0$,即式(6.17)的单位时间利润函数 $\pi'$ 是关于订货周期 $T'$ 的凹函数,进而令 $\frac{\partial \pi'}{\partial T'}=0$,得到零售商独自对生鲜食品保鲜时的最优订货周期为

$$T'^* = \sqrt{\frac{2s}{pX\eta + [\omega+b_1(\eta_0-\eta)^2]X(\lambda-\eta)}} \quad (6.18)$$

将式(6.18)代入式(6.9)和式(6.17),即可得到零售商在销售过程中对生鲜食品保鲜时的最优订货数量 $Q'^*$ 及零售商获得的近似最优单位利润 $\pi'^*$。

此时,零售商在销售环节对生鲜食品的保鲜投入水平可以用保鲜后生鲜食品的新鲜度衰减指数 $\eta$ 来间接表示,$\eta$ 越小,表明保鲜投入越大,保鲜成本 $c_f=b_1(\eta_0-\eta)^2$ 相应的就越高。由于该模型的参数过多,在6.1.3节的数值分析中将对部分非主要参数进行赋值,进而通过数值仿真分析不同保鲜投入水平下的零售商利润情况,从而得到零售商在利润最大化的理性驱使下的最优保鲜投入决策。

#### 6.1.2.3 运输环节保鲜的情形

除了零售商在销售环节对生鲜食品自行保鲜外,本书还考虑另一种保鲜情形,

即零售商不对生鲜食品采取任何保鲜措施,而是要求供应商在配送环节采用冷链物流等方式对生鲜食品进行保鲜,从而向零售商提供更新鲜的生鲜食品。该种情形下,生鲜食品送达零售商上架时的初始新鲜度 $\theta_0$ 比未保鲜时有所提高,由于保鲜成本体现在供应商的配送运输环节,因此供应商可以将此部分保鲜成本通过提高生鲜食品采购价格 $\omega$ 的方式完全转嫁给零售商。此时对于零售商而言,该模型下的生鲜食品上架时的初始新鲜度 $\theta_0$ 值会变大,同时零售商采购生鲜食品的支付价格 $\omega$ 也会变大,因此 $\omega$ 与 $\theta_0$ 之间存在着一定的函数关系,记为 $\omega=\omega(\theta_0)$。参照 Chambers 提出的方法,由于现实中采购价格 $\omega$ 和初始新鲜度 $\theta_0$ 是同向变化的,且随着 $\theta_0$ 的增大,$\omega$ 的增长速度变快,因此该函数具有以下性质:$\omega'(\theta_0)>0,\omega''(\theta_0)>0$。进一步分析,假设该函数的具体形式为:$\omega(\theta_0)=b_2\theta_0^2,b_2>0$,即零售商采购价格和新鲜度呈二次幂函数关系。因此,当运输过程中由零售商采取保鲜措施时,对未保鲜时的利润函数式(6.14)进行相应改进,得到零售商在销售期内的平均利润函数为

$$\pi''\approx pX\left(1-\frac{1}{2}\eta_0 T''\right)-b_2\theta_0^2 X\left[1+\frac{1}{2}(\lambda-\eta_0)T''\right]-\frac{s}{T''} \quad (6.19)$$

与零售商保鲜时的分析方法相同,得出当零售商要求供应商在配送过程中对生鲜食品进行保鲜时,其最优订货周期为

$$T''^*=\sqrt{\frac{2s}{pX\eta+b_2\theta_0^2 X(\lambda-\eta)}} \quad (6.20)$$

将式(6.20)代入式(6.9)和式(6.19),可得到零售商要求供应商在配送过程中进行保鲜时对生鲜食品的最优订货数量 $Q''^*$ 及零售商获得的近似最优平均利润 $\pi''^*$。

此时,零售商在销售环节对生鲜食品的保鲜投入水平可以用保鲜后生鲜食品的上架初始新鲜度 $\theta_0$ 来表示,$\theta_0$ 越大,表明保鲜投入越大,保鲜成本体现在采购价格 $\omega$ 上的相应增长。同样由于该模型的参数过多,在 6.1.3 节的数值分析中将对部分非主要参数进行赋值,进而通过数值仿真分析不同保鲜投入水平下的零售商利润情况,从而得到零售商在利润最大化的理性驱使下的最优保鲜投入决策。并且,在此基础上,研究零售商利润和消费者效用是否在相同的保鲜投入水平时达到极大值,以及它们之间的矛盾统一关系,并思考解决单企业保鲜力度不足的困境,为下一节的研究做铺垫。

## 6.1.3 基于数值分析的最优保鲜策略

在 6.1.2 节中,首先通过分析生鲜食品的时变消费者效用函数,得出每时刻的市场需求量和生鲜食品质量特征的关系;接着将其代入经典变质库存模型,得到具

# 第6章 生鲜食品供应链单渠道质量安全控制与协调契约

有生鲜食品特征的零售商库存模型;进而在两种不同的保鲜情形下,建立了零售商在不同保鲜投入下改进了的利润决策模型。

由6.1.2节给出的不同保鲜情形下的零售商利润模型可以得出,在每个保鲜投入水平下,对于零售商而言存在最优订货周期和最优平均利润,其值与零售商的保鲜投入水平有关。为了进一步分析零售商的最优保鲜投入,在6.1.3节中将以单品种生鲜食品为例,通过数值仿真分析不同保鲜投入下的零售商最优利润值,从而探究生鲜食品质量控制中的零售商最优保鲜策略。

### 6.1.3.1 销售环节保鲜时零售商的最优保鲜决策

当零售商采用在销售环节保鲜的措施时,其对生鲜食品的保鲜投入导致新鲜度衰减指数 $\eta$ 下降,同时产生保鲜成本 $c_f$,此时零售商利润模型由式(6.17)给出。可得零售商的最优订货周期 $T'^*$、最优订货数量 $Q'^*$ 及最优平均利润 $\pi'^*$ 均与保鲜后的新鲜度衰减指数 $\eta$ 有关。

下面通过数值仿真的方法来分析生鲜食品新鲜度衰减指数 $\eta$ 下降时消费者效用和零售商利润的变化情况。由于式(6.17)中除 $\eta$ 外,其他参数均为常数,不会影响到最终结论,所以下面就某固定类型的生鲜食品进行讨论,同样参考王庆国等[93]、文晓巍[95]以及陈军和但斌[92]等在文献中对相关参数的取值区间和取值依据,将本节具体参数的假设一一列出,如表6.1所示。

表6.1 参数表

| $\theta_0$ | $\lambda$ | $A$ | $k$ | $\Omega$ | $P$ | $s$ | $b_1$ | $\eta_0$ |
|---|---|---|---|---|---|---|---|---|
| 0.75 | 0.05 | 100 | 0.5 | 1.5 | 4 | 500 | 1 000 | 0.01 |

将参数进行数值仿真,结果如表6.2至表6.4所示。其中,表6.2中的消费者群对生鲜食品的新鲜度偏好 $\beta$ 大于对价格的偏好 $\alpha$,表6.3中消费者群对新鲜度和价格的偏好相同,表6.4中的消费者群对生鲜食品价格的偏好 $\alpha$ 大于对新鲜度的偏好 $\beta$。

表6.2 零售商在销售环节保鲜时的最优保鲜策略($\alpha=0.4,\beta=0.6$)

| $\eta$ | $T'^*$ | $U'^*$ | $Q'^*$ | $\pi'^*$ | $\pi'^{**}$ |
|---|---|---|---|---|---|
| 0.010 | 15.10 | 122.13 | 909.43 | 43.42 | 655.68 |
| 0.009 | 15.29 | 122.93 | 932.49 | 44.20 | 675.75 |
| 0.008 | 15.48 | 123.76 | 956.26 | 44.87 | 694.47 |
| 0.007 | 15.67 | 124.62 | 980.68 | 45.43 | 711.72 |
| 0.006 | 15.85 | 125.52 | 1 005.71 | 45.88 | 727.32 |
| 0.005 | 16.04 | 126.44 | 1 031.27 | 46.21 | 741.14 |
| 0.004 | 16.22 | 127.40 | 1 057.27 | 46.42 | 752.98 |

续表

| $\eta$ | $T'^{*}$ | $U'^{*}$ | $Q'^{*}$ | $\pi'^{*}$ | $\pi'^{**}$ |
|---|---|---|---|---|---|
| 0.003 | 16.40 | 128.40 | 1 083.60 | 46.51 | 762.68 |
| 0.002 | 16.57 | 129.42 | 1 110.11 | 46.48 | 770.05 |
| 0.001 | 16.73 | 130.49 | 1 136.66 | 46.32 | 774.91 |

表 6.3 零售商在销售环节保鲜时的最优保鲜策略($\alpha=0.5, \beta=0.5$)

| $\eta$ | $T'^{*}$ | $U'^{*}$ | $Q'^{*}$ | $\pi'^{*}$ | $\pi'^{**}$ |
|---|---|---|---|---|---|
| 0.010 | 9.24 | 223.88 | 1 309.62 | 184.72 | 1 706.33 |
| 0.009 | 9.35 | 224.78 | 1 335.91 | 185.94 | 1 739.13 |
| 0.008 | 9.47 | 225.72 | 1 362.74 | 186.89 | 1 769.74 |
| 0.007 | 9.58 | 226.69 | 1 390.04 | 187.58 | 1 797.93 |
| 0.006 | 9.70 | 227.69 | 1 417.72 | 187.99 | 1 823.44 |
| 0.005 | 9.81 | 228.72 | 1 445.67 | 188.13 | 1 846.02 |
| 0.004 | 9.92 | 229.78 | 1 473.76 | 187.98 | 1 865.38 |
| 0.003 | 10.03 | 230.88 | 1 501.85 | 187.54 | 1 881.23 |
| 0.002 | 10.14 | 232.02 | 1 529.77 | 186.80 | 1 893.28 |
| 0.001 | 10.23 | 233.18 | 1 557.34 | 185.77 | 1 901.22 |

表 6.4 零售商在销售环节保鲜时的最优保鲜策略($\alpha=0.6, \beta=0.4$)

| $\eta$ | $T'^{*}$ | $U'^{*}$ | $Q'^{*}$ | $\pi'^{*}$ | $\pi'^{**}$ |
|---|---|---|---|---|---|
| 0.010 | 4.65 | 602.08 | 2 362.75 | 940.38 | 4 374.37 |
| 0.009 | 4.71 | 603.31 | 2 401.05 | 942.58 | 4 439.51 |
| 0.008 | 4.77 | 604.58 | 2 439.81 | 943.79 | 4 500.30 |
| 0.007 | 4.83 | 605.89 | 2 478.88 | 944.00 | 4 556.27 |
| 0.006 | 4.88 | 607.25 | 2 518.12 | 943.22 | 4 606.94 |
| 0.005 | 4.94 | 608.64 | 2 557.33 | 941.42 | 4 651.77 |
| 0.004 | 5.00 | 610.07 | 2 596.32 | 938.60 | 4 690.21 |
| 0.003 | 5.05 | 611.54 | 2 634.84 | 934.74 | 4 721.70 |
| 0.002 | 5.10 | 613.05 | 2 672.65 | 929.84 | 4 745.62 |
| 0.001 | 5.15 | 614.60 | 2 709.45 | 923.88 | 4 761.38 |

在表 6.2 中,当 $\eta=0.01$ 时,零售商没有对生鲜食品采取保鲜措施,此时的利润表达式为 $\pi'^{*}=\pi^{*}$,即零售商利润没有变化;而当零售商增加保鲜投入,使得保鲜后的食品衰减指数 $\eta$ 开始减小时,例如当 $\eta=0.009$ 时,比较 $\eta=0.01$ 后会发现,零售商在销售期内的平均最优利润 $\pi'^{*}$ 和消费者平均最大效用值 $U'^{*}$ 都有所增

加,即零售商可以通过采取保鲜措施来同时提高消费者效用和自身利润。随着零售商保鲜投入的进一步增加,即 $\eta$ 进一步减小,直到 $\eta=0.001$ 时,消费者效用值 $U'^*$ 和零售商利润 $\pi'^*$ 都比不保鲜情况下的最优值大,所以零售商是有保鲜动力的。在表6.3和表6.4中观察 $\eta$ 值变化对于消费者效用 $U'^*$ 和零售商利润 $\pi'^*$ 的影响也能发现同样的变化趋势。但是从表6.4中可以看到,随着 $\eta$ 减小到 $\eta=0.004$ 时,会出现 $\pi'^*<\pi^*$ ,这意味着此时零售商保鲜投入的成本过大,使得利润减小到比未采取保鲜措施时更小,零售商不会让此情况发生。尽管如此,随着零售商在销售环节保鲜投入的增加,$\eta$ 值随之下降,消费者效用 $U'^*$ 和零售商利润 $\pi'^*$ 都是有上升空间的。

进一步发现,在三张表中,尽管随着保鲜投入的增加($\eta$ 减小),消费者群的效用 $U'^*$ 都一直处于上升趋势,但在表6.2中,当 $\eta=0.003$ 时,零售商利润 $\pi'^*$ 达到变化的最大值;在表6.3中,当 $\eta=0.005$ 时,零售商利润 $\pi'^*$ 达到最大值;在表6.4中,当 $\eta=0.007$ 时,零售商利润 $\pi'^*$ 达到最大值。此变化规律表明,零售商在销售期内的平均最优利润存在最大值,且保鲜投入过大或过小(保鲜后新鲜度衰减指数 $\eta$ 的值过大或过小)都会降低其最优平均利润;但消费者的平均最大效用始终随着零售商保鲜投入的增加而增大。由此可见,在生鲜食品供应链的质量控制中,质量控制投入(本章中特指保鲜投入)同时影响着零售商的利润和消费者效用,然而零售商追求利润最大化的企业经营原则和为消费者提供更优质的生鲜食品这二者之间是存在一定矛盾的。

以表6.4的数据为例进行说明。如果零售商只为获取销售周期内的最大利润,那么零售商会对生鲜食品进行保鲜投入,并将 $\eta$ 值控制到0.007,此时零售商利润 $\pi'^*$ 达到最大值;此时零售商并不会进一步提高保鲜投入,尽管消费者效用 $U'^*$ 还有上升空间。因此,消费者效用最大化和零售商利润最大化之间是对立的,消费者效用达到最大时零售商利润往往没有达到最大,而当零售商利润达到最大时消费者利润又无法达到最大。因此若要进一步实现社会效用最大化的目的,单靠企业自身的行为选择是不够的,本章第6.2节中的供应链质量控制协调契约正是针对该问题的一种可行的解决方案。

通过以上分析,可以得到如下结论。

结论一:零售商具有在一定范围内提高保鲜投入的动力,此时零售商利润和产品质量(影响消费者效用)随着保鲜投入的增加而增加,然而零售商利润和消费者效用不在同一保鲜投入水平达到各自的最大值,它们之间有一定的矛盾。

另外,对比表6.2—表6.4的数据可以发现消费者偏好即参数 $\alpha$、$\beta$ 对零售商最优保鲜策略的影响。消费者对新鲜度的偏好 $\beta$ 值越大,零售商将新鲜度衰减最优值 $\eta^*$ 控制的越小,最优保鲜投入也越大。在表6.2中,$\beta=0.6$,则最优保鲜投入时的新鲜度衰减指数 $\eta^*=0.003$;在表6.3中,$\beta=0.5$,则 $\eta^*=0.005$;在表6.4中,

$\beta=0.4$,则 $\eta^*=0.007$。这表明,消费者对生鲜食品的新鲜度偏好越大,零售商愿意付出的保鲜投入越高。

**结论二**:消费者对生鲜食品新鲜度的偏好越大,零售商愿意采取的最优保鲜投入越高。

不仅如此,从表 6.2—表 6.4 中我们还可以看出,零售商最优订货周期和总利润值也随着 $\eta$ 值的变化而变化。随着零售商保鲜投入的增加,最优订货周期 $T'^*$ 也随之增大;而与单位时间平均最大利润 $\pi'^*$ 先增大后减小存在极大值点的情况不同,零售商在一个销售周期内的总利润最大值 $\pi'^{**}$ 是随着新鲜度衰减指数 $\eta$ 的减小递增的。如果零售商只追求销售周期内的总利润,则应把新鲜度降至最低;而如果考虑订货周期的不同,零售商单位时间最优利润存在极大值。由此得出结论三。

**结论三**:零售商最优订货周期随消费者对新鲜度的偏好及零售商保鲜投入的变化而变化;与销售周期内的平均利润不同,零售商在一个销售周期内总的利润随零售商对生鲜食品的保鲜投入的提高而增大,没有极大值。

#### 6.1.3.2 运输环节保鲜时零售商的最优保鲜决策

当零售商采用要求供应商在运输环节对生鲜食品保鲜的策略时,零售商将通过支付更高的采购价格来承担此种保鲜投入的成本,并享受由于生鲜食品上架初始新鲜度的提升而带来的额外收入,采购价格和初始新鲜度之间满足一定函数关系,具体模型见 6.1.2 节。式(6.19)给出了生鲜食品运输环节保鲜情形下零售商利润 $\pi''$ 的表达式,并且由最大化条件可得出最优订货周期 $T''^*$,反带回原式可得此时零售商在销售周期内的最优利润 $\pi''^*$、消费者效用 $U''^*$ 及初始订货量 $Q''^*$ 等。这些目标变量的值都与零售商的保鲜投入水平有关,为了更直观地表现运输环节保鲜时零售商利润和消费者效用的变化情况,以下通过算例来进行分析。在式(6.20)中除了参数 $\theta_0$ 之外,其他参数赋值如表 6.5 所示。

表 6.5 参数表

| $\alpha$ | $\eta_0$ | $\Lambda$ | $A$ | $K$ | $s$ | $P$ | $b_2$ |
| --- | --- | --- | --- | --- | --- | --- | --- |
| 0.5 | 0.005 | 0.05 | 100 | 0.5 | 5 000 | 4 | 1 |

将参数代入到式(6.6)、式(6.9)、式(6.19)、式(6.20)中,同时给出不同 $\theta_0$ 下的最优值,如表 6.6 所示。

表 6.6 不同初始新鲜度下的最优结果

| $\theta_0$ | $T''^*$ | $U''^*$ | $Q''^*$ | $\pi''^*$ | $\pi''^{**}$ |
| --- | --- | --- | --- | --- | --- |
| 0.65 | 49.61 | 160.13 | 15 934.69 | 119.20 | 5 914.20 |
| 0.70 | 47.81 | 173.88 | 15 774.84 | 123.50 | 5 904.23 |

**第 6 章　生鲜食品供应链单渠道质量安全控制与协调契约**

续表

| $\theta_0$ | $T''*$ | $U''*$ | $Q''*$ | $\pi''*$ | $\pi''**$ |
|---|---|---|---|---|---|
| 0.73 | 46.82 | 182.17 | 15 699.47 | 124.95 | 5 849.82 |
| 0.76 | 45.88 | 190.47 | 15 636.93 | 125.52 | 5 759.37 |
| 0.80 | 44.72 | 201.58 | 15 570.61 | 124.84 | 5 582.97 |
| 0.85 | 43.39 | 215.51 | 15 510.65 | 121.54 | 5 273.16 |

由表 6.6 可以看到,随着生鲜食品送达超市时的初始新鲜度 $\theta_0$ 的增加,消费者效用也增加。但对于零售商而言,当 $\theta_0 < 0.76$ 时,零售商利润随着 $\theta_0$ 的提高而增加,此时零售商可以要求供应商在运送过程中对生鲜食品保鲜,以提高生鲜食品上架时的新鲜度;当 $\theta_0$ 值上升到 0.76 时,零售商利润达到最大;当 $\theta_0 > 0.76$ 时,尽管生鲜食品初始新鲜度还可以继续上升,但由于零售商需向供应商支付更高的采购价格,其利润也转而减小,此时零售商也不再有动力要求供应商进一步对生鲜食品保鲜。由此得出结论四。

结论四:零售商为使销售周期内的平均利润最大化,会要求供应商在运送环节对生鲜食品进行保鲜,并支付更高的采购价格;但零售商不会无限制地增加保鲜投入,而会选择一个最佳的生鲜食品初始新鲜度,使得效益最大化。

## 6.1.4　小结

本章针对生鲜食品最重要的质量特征——时变新鲜度,研究了零售商主导的生鲜食品供应链中,处于完全竞争市场状态下的零售商的最优保鲜投入决策。基于新鲜度影响消费者效用理论,在改进的变质产品库存模型的基础上,运用博弈的分析方法建立生鲜食品零售商的利润最大化决策模型,从而得出其最优订货周期和订货量等中间变量,进而通过数值仿真对不同保鲜投入水平下的平均最大利润进行比较,从而得出零售商最优保鲜决策。

由于零售商处于完全竞争市场,不可以通过改变生鲜食品销售价格的方式来弥补保鲜成本;然而,零售商可以通过提高生鲜食品新鲜度从而提高每时刻消费者最优购买量,从而提高销售额。对于消费者而言,在价格不变的情况下,高新鲜度能够提高消费者效用。因此,有必要研究零售商的最优订货周期、最优保鲜投入和最优订货量,并权衡新鲜度和成本之间的关系,从而达到最优单位时间利润的效果。值得注意的是,本文采用整个销售周期内的平均利润代替总利润或瞬时最大利润来分析零售商决策,因为在订货周期不同的情况下,显然平均利润才更有意义。通过分析可见,平均利润在新鲜度可取值范围内有极大值,但总利润则随着保鲜投入的增加而增加,没有极大值,这是因为随着保鲜投入的提高,零售商的最优订货周期也增加了,因此在销售周期内的总利润升高。同理,本文采用单位时间平均效用作为消费者效用的目标函数,而不是用总效用来探讨消费者效用随保鲜投入和消费者偏好的关系,这样的分析更合理。

针对以上问题,本章首先针对完全竞争市场中的经营生鲜食品的零售商,建立了新鲜度和价格影响下的消费者时变效用函数,进而通过建立生鲜食品库存模型,在销售环节保鲜和运输过程保鲜两种情形下分析了零售商的最优保鲜投入,得到了以下结论。

当在销售环节实施保鲜时:(1) 零售商具有在一定范围内提高保鲜投入的动力,此时零售商利润和产品质量(影响消费者效用)随着保鲜投入的增加而增加,然而零售商利润和消费者效用不在同一保鲜投入水平达到各自的最大值,它们之间有一定的矛盾。(2) 消费者对生鲜食品新鲜度的偏好越大,零售商愿意采取的最优保鲜投入越高。(3) 零售商最优订货周期随消费者对新鲜度的偏好及零售商保鲜投入的变化而变化;与销售周期内的平均利润不同,零售商在一个销售周期内总的利润随零售商对生鲜食品的保鲜投入的提高而增大,没有极大值。当在运输环节实施保鲜时:零售商为使销售周期内的平均利润最大化,会要求供应商在运送环节对生鲜食品进行保鲜,并支付更高的采购价格;但零售商不会无限制地增加保鲜投入,而会选择一个最佳的生鲜食品初始新鲜度,使得效益最大化。

本节的分析思路为本文研究生鲜食品供应链质量控制提供了范例,在下一节中,将生鲜食品的质量特征更加放宽为一般的质量特征,这样不止研究零售商的保鲜投入决策,而是将目光关注在供应链节点企业——供应商和零售商之间的决策关系,进而研究供应链质量控制协调契约的设计和实施。

## 6.2 生鲜食品供应链质量控制契约研究

6.1 节从生鲜食品供应链的零售商—消费者阶段研究了零售商的最优保鲜投入策略。在零售商主导的供应链中,在只考虑新鲜度这一生鲜食品质量特征因素时,通过分析时变新鲜度影响市场需求规模情形下的零售商最优保鲜投入,可以帮助我们理解零售商在利益驱使下自愿进行保鲜投入的原因,以及与消费者效用紧密相关的生鲜食品质量和零售商利润之间的矛盾关系,从而在一定程度上达到生鲜食品供应链质量控制的目的。

然而生鲜食品的质量控制显然不止包含保鲜这一方面,生鲜食品还有其他的质量特征,如生鲜食品的成熟度、品种的优劣程度、运输环节有无发生损伤等,均在生鲜食品质量范围内。这些质量特征都会影响到最终消费者购买的数量和满意度,进而间接影响到市场销量和供应链节点企业的利润。同时,由于现阶段对生鲜食品的质量控制投入费用仍然较高,生鲜食品供应链上的各个节点企业均没有足够的动力单独对生鲜食品进行质量保证,导致生鲜食品的质量提升达到瓶颈。因此,本节在上一节研究的基础上,将质量特征从新鲜度这一单一因素泛化,在考虑消费者效用随生鲜食品的质量优劣而变化的基础上,重点分析供应商与零售商的合作对生鲜食品质量控制效果的影响,并进一步研究为了达到生鲜食品供应链最优状态时的质量控制契约设计。

与 6.1 节的着眼点不同,本节聚焦在生鲜食品供应链中零售商—供应商之间的质量控制契约的设计,不考虑消费者偏好在不同情形下对消费者效用的影响,而是将消费者效用模型作为连接供应链系统面临的市场需求与生鲜食品质量水平之间关系的桥梁。本节采用静态分析方法,分析和比较分散式决策下和集中式决策下供应链企业的利润水平和最优决策,在得出分散式决策时供应链的质量控制水平较低的基础上,探索设计相应的供应链质量控制协调契约,以期能同时促进生鲜食品供应链节点企业间的利润协调和提高生鲜食品质量,从而达到供应商利润、零售商利润、消费者效用、供应链质量控制水平四方的共赢。

## 6.2.1 问题描述与假设

本节研究由一个供应商($s$)和一个零售商($r$)组成两阶段供应链,并且销售单品种生鲜食品的情形。假设质量投入实施在供应商阶段,且零售商处于不完全竞争市场,进而可以对生鲜产品进行定价;由于可能存在单个企业质量投入动力不足的问题,因此本节拟从研究无协调契约时的供应链最优质量控制投入水平和最优定价入手,以期找到合适的质量控制契约来提高供应链的质量控制水平。

假设生鲜食品由供应商运送给零售商时的质量大小为 $q$,并在销售过程中无变化。借鉴姬小利[96]文中的契约理论,即投入水平通常采用乘积形式,以目标变量之间呈线性关系,对此将质量控制投入后的质量水平受投入大小影响的函数设为 $q=q_0+k_{s1}\tau$,该式中 $q_0$ 表示供应商完全不进行质量投入时的生鲜食品销售时的质量,$k_{s1}\in(0,1-q_0)$ 表示生鲜食品质量控制技术投入对质量效果的影响,$\tau\in(0,1)$ 表示供应商所付出的的质量控制投入水平。同时,企业进行质量控制,必须付出相应的成本,因此设供应商的质量控制投入成本函数为 $C_{sf}=\dfrac{1}{2}k_{s2}\tau^2$,其中 $k_{s2}>0$ 表示质量控制投入水平对质量控制成本的影响系数,该式表明供应商投入的质量控制投入水平越高,其必须付出的质量控制成本越高,且质量控制成本的增加呈递增趋势。

此外,还有以下假设条件。

(1) 假设供应链面对的消费者群是一个同质的整体,即消费者之间无差异,相同的生鲜食品质量和价格以及购买数量带来的消费者效用是相同的,且消费者用于购买生鲜食品的资金充足。

(2) 和上一节的研究对象一致,本节同样研究以零售商主导的供应链,零售商的核心企业地位体现在:零售商由于希望供应商提供质量更高的产品,而愿意承担部分质量控制投入且与供应商分享部分收益;然而与上一节不同的是,本节假设零售商、供应商均处在非完全竞争的市场中,它们对所售生鲜食品拥有定价权。

(3) 本节为将分析聚焦在供应链质量控制协调契约的设计上,将质量因素泛化,因而不考虑生鲜食品新鲜度这一单个质量特征随时间变化的特点。本节生鲜食品的特征主要体现在其市场需求规模随生鲜食品质量水平的变化而变化上,这也是生鲜食品与一般工业品的主要区别之一。

其他符号的含义:

$Q_c$:集中式决策下零售商的订货量;

$p_c$:集中式决策下生鲜食品价格;

$\pi_c$:集中式决策下供应链的利润;

$p_d$:分散式决策下生鲜食品价格;

$\pi_{i1}$:分散式决策下协调前供应链节点企业的利润,$i=s,r$;

$\pi_{i2}$:分散式决策下协调后供应链节点企业的利润,$i=s,r$;

$Q_d$:分散式决策下供应商的订货量;

$\omega_1$:分散式决策下协调前供应商的批发价格;

$\omega_2$:分散式决策下协调后供应商的批发价格;

$c_s$:供应商生产单位数量生鲜产品所需成本。

## 6.2.2 生鲜食品供应链基本决策模型

本节研究的内容是在未采取供应链质量控制契约时,分别在集中式决策模式和分散式决策模式下的供应链各节点企业决策模型和系统的质量控制水平,并对两种情形下的各决策变量状态进行比较。具体包括:供应商质量控制投入大小应选择何种水平,零售商应如何对生鲜食品进行定价,以及供应商和零售商的利润是否达到帕累托最优等基本问题。本节提出了分散式决策下的质量控制水平较低的难题,为6.2.3节设计的质量控制契约解决方案做铺垫。

### 6.2.2.1 集中决策模型

延续上一节对消费者效用的假设,在不考虑时间因素的情况下,消费者购买生鲜食品的效用为 $U=U(q',p',D)$。其中:$q'$是生鲜食品在销售过程中的质量水平,也是供应商进行质量控制投入后的质量水平;$p'$是此时生鲜食品的销售价格;$D$是生鲜食品的市场需求量。

那么,由式(6.3)可以得出,当不考虑销售时间因素时,消费者对该种生鲜食品的最优购买数量即市场需求为

$$D^* = \left(\frac{A\alpha}{k}\right)^{\frac{1}{1-\alpha}} p'^{-\frac{1+\alpha}{1-\alpha}} q'^{\frac{\beta}{1-\alpha}} \tag{6.21}$$

## 第6章 生鲜食品供应链单渠道质量安全控制与协调契约

各参数的意义详见6.1节,对等式两边求10的对数,化简得到:

$$D = \delta - \xi p + \gamma q \quad (6.22)$$

其中:$\begin{cases} \delta = \dfrac{1}{1-\alpha} \lg \dfrac{A\alpha}{k} \\ \xi = \dfrac{1+\alpha}{1-\alpha} \\ \gamma = \dfrac{\beta}{1-\alpha} \end{cases}$ 为新坐标系下的相关系数;$\begin{cases} D = \lg D^* \\ p = \lg p' \\ q = \lg q' \end{cases}$ 分别是市场需求、零售商定价、生鲜食品质量水平变换到另一坐标系下的对应形式。由于不同坐标系下的结论并无实质性区别,为避免公式过于复杂,本节以下内容都只涉及且研究$(D, p, q)$这一坐标系下的情况。并且,由于式(6.22)只表示变量因素之间的线性关系,并无数量级和单位大小的限制,因此假设其中一个系数为1是可行的,在下面的研究中假设$\gamma = 1$。

式(6.22)表示整个供应链所面临的需求,由于供应链的有效性,因此供应链系统实际销售的生鲜食品总量为$Q_c = D$。

集中式决策下,将供应商和零售商看作整体。此时,供应链的利润函数为

$$\pi_c = (p_c - c_s)Q_c - C_{sf} =$$

$$(p_c - c_s)[\delta - \xi p_c + q_0 + k_{s1}\tau_c] - \frac{1}{2}k_{s2}\tau_c^2 =$$

$$-\xi p_c^2 + (\delta + q_0 + \xi c_s)p_c + k_{s1}p_c\tau_c - \frac{1}{2}k_{s2}\tau_c^2 - k_{s1}c_s\tau_c - c_s(\delta + q_0) \quad (6.23)$$

为了求得集中式决策下供应链系统的最优定价和最优质量控制投入水平,首先必须研究式(6.23)的利润函数$\pi_c$的性质。将$\pi_c$对价格$p_c$求二阶导,可得$\dfrac{\partial^2 \pi_c}{\partial p_c^2} = -2\xi < 0$,即$\pi_c$是价格$p_c$的凹函数。同时,将$\pi_c$对质量控制投入水平$\tau_c$求二阶导,可得$\dfrac{\partial^2 \pi_c}{\partial \tau_c^2} = -k_{s2} < 0$,即$\pi_c$是质量控制投入水平$\tau_c$的凹函数。进一步,根据一阶偏导数$\dfrac{\partial \pi_c}{\partial p_c} = 0, \dfrac{\partial \pi_c}{\partial \tau_c} = 0$得到联立方程:

$$\begin{cases} \dfrac{\partial \pi_c}{\partial p_c} = -2\xi p_c + \delta + q_0 + \xi c_s + k_{s1}\tau_c = 0 \\ \dfrac{\partial \pi_c}{\partial \tau_c} = k_{s1}p_c - k_{s1}c_s - k_{s2}\tau_c = 0 \end{cases} \quad (6.24)$$

对此方程组进行求解,得到集中决策下供应链系统的最优定价和最优质量控制投入水平分别为$p_c^* = \dfrac{k_{s2}(\delta + q_0 + \xi c_s) - k_{s1}^2 c_s}{2\xi k_{s2} - k_{s1}^2}$和$\tau_c^* = \dfrac{k_{s1}(\delta + q_0 - \xi c_s)}{2\xi k_{s2} - k_{s1}^2}$。

将 $p_c^*$ 和 $\tau_c^*$ 带入到式(4.2)即可得到集中式决策情形下的供应链系统最优利润为 $\pi_c^* = \dfrac{k_{s2}(\delta+q_0-\xi c_s)^2}{2(2\xi k_{s2}-k_{s1}^2)}$。

#### 6.2.2.2 分散决策模型

(1) 零售商的最优决策。

当供应商和零售商处于分散式决策情形下时,零售商面对市场需求首先进行定价决策,供应商根据零售商对生鲜食品的定价决定其对生鲜食品的质量控制投入水平,因此它们之间的行为模式属于非合作博弈过程。参照上文中对集中式决策下零售商和供应商的利润模型的构建方法,对于任意供应商给定的批发价格 $\omega_1$ 和质量控制投入水平 $\tau_s$,零售商的利润函数为

$$\pi_{r1} = (p_d - \omega_1)Q_d = (p_d - \omega_1)(\delta - \xi p_d + q_0 + k_{s1}\tau_s) \tag{6.25}$$

将式(6.25)的利润函数 $\pi_{r1}$ 对价格 $p_d$ 求二阶偏导数,可得 $\dfrac{\partial^2 \pi_{r1}}{\partial p_d^2} = -2\xi < 0$,即供应商的利润 $\pi_{r1}$ 是分散式决策时的生鲜食品价格 $p_d$ 的凹函数。进一步由 $\dfrac{\partial \pi_{r1}}{\partial p_d} = 0$ 可推导出零售商的最优定价 $p_d^*(\omega_1, \tau_s) = \dfrac{\delta + q_0 + \omega_1 \xi + k_{s1}\tau_s}{2\xi}$。由此可见,零售商对生鲜食品的最终定价是零售商采购价格 $\omega_1$ 和供应商对生鲜食品的质量控制投入水平 $\tau_s$ 的函数。在博弈的下一阶段中,供应商根据零售商的定价反应,在自身利润最大化的驱动下决定其供应生鲜食品给零售商时的采购价格 $\omega_1$ 和对生鲜食品的质量控制投入水平 $\tau_s$,接下来将对此过程进行解析。

(2) 供应商的最优决策。

供应商不仅要为零售商提供生鲜食品,还负责对生鲜食品进行必要的质量控制投入,因此供应商的利润函数为

$$\pi_{s1} = (\omega_1 - c_s)Q_d - \dfrac{1}{2}k_{s2}\tau_s^2 = (\omega_1 - c_s)(\delta - \xi p_d + q_0 + k_{s1}\tau_s) - \dfrac{1}{2}k_{s2}\tau_s^2 \tag{6.26}$$

将 $p_d^*(\omega_1, \tau_s)$ 的表达式代入式(6.26),此时供应商将决定其最优的批发价格和质量控制投入水平。分析方法如下:

将利润函数 $\pi_{s1}$ 对批发价格 $\omega_1$ 求二阶导可得 $\dfrac{\partial^2 \pi_{s1}}{\partial \omega_1^2} = -\xi < 0$,即 $\pi_{s1}$ 是 $\omega_1$ 的凹函数;同理,将利润函数 $\pi_{s1}$ 对批发价格 $\tau_s$ 求二阶导可得 $\dfrac{\partial^2 \pi_{s1}}{\partial \tau_s^2} = -k_{s2} < 0$。根据一阶偏导数 $\dfrac{\partial \pi_{s1}}{\partial \omega_1} = 0$ 和 $\dfrac{\partial \pi_{s1}}{\partial \tau_s} = 0$ 联立求解可得到零售商的采购价格为 $\omega_1^* = \dfrac{2k_{s2}(\xi c_s + \delta + q_0) - k_{s1}^2 c_s}{4k_{s2}\xi - k_{s1}^2}$,供应商对生鲜食品的质量控制投入水平为 $\tau_s^* =$

## 第6章 生鲜食品供应链单渠道质量安全控制与协调契约

$\frac{k_{s1}(\delta+q_0-\xi c_s)}{4k_{s2}\xi-k_{s1}^2}$。将 $\omega_1^*$ 和 $\tau_s^*$ 同时代入(1)中零售商最优定价表达式中,可以推导出生鲜食品在分散式决策下面对消费者的最终定价为 $p_d^* = \frac{k_{s2}(\xi c_s+3\delta+3q_0)-k_{s1}^2 c_s}{4k_{s2}\xi-k_{s1}^2}$。

将 $p_d^*$、$\tau_s^*$ 和 $\omega_1^*$ 代入式(6.25)和式(6.26)即可得到现实情况下生鲜食品供应链中零售商和供应商的最大利润 $\pi_{r1}^*$ 和 $\pi_{s1}^*$ 分别为

$$\pi_{r1}^* = \frac{\xi k_{s2}^2 (\delta+q_0-\xi c_s)^2}{(4k_{s2}\xi-k_{s1}^2)^2} \tag{6.27}$$

$$\pi_{s1}^* = \frac{k_{s2}(\delta+q_0-\xi c_s)^2}{4k_{s2}\xi-k_{s1}^2} \tag{6.28}$$

### 6.2.2.3 集中决策和分散决策比较

集中式决策是理想状态,现实情形往往是零售商和供应商以自身利益最大化为决策原则,更符合分散式决策模型的假设。根据6.2.2.2节(1)中给出的集中式决策下供应链系统的质量控制投入水平 $\tau_c$ 和生鲜食品最终定价 $p_c$,以及6.2.2.2节(2)中给出的分散式决策下的零售商的最优定价 $p_d$ 和供应商的最优质量控制投入水平 $\tau_s$;通过对比分散式决策和集中式决策下的生鲜食品最优定价、最优质量控制投入水平,以及供应链系统的利润水平,可得定理6.1。

定理6.1:

(1) $\tau_s^* < \tau_c^*$;

(2) 当 $\frac{k_{s1}^2}{2} < k_{s2}\xi < k_{s1}^2$ 时,$p_d^* < p_c^*$;当 $k_{s2}\xi > k_{s1}^2$ 时,$p_d^* > p_c^*$;

(3) 当 $\frac{k_{s1}^2}{2} < k_{s2}\xi < k_{s1}^2$ 时,$\pi_{r1}^*(p_d^*,\tau_s^*) + \pi_{s1}^*(p_d^*,\tau_s^*) < \pi_c^*(p_c^*,\tau_c^*)$;而当 $k_{s2}\xi > k_{s1}^2$ 时,$\pi_{r1}^*(p_d^*,\tau_s^*) + \pi_{s1}^*(p_d^*,\tau_s^*) > \pi_c^*(p_c^*,\tau_c^*)$。

证明:

(1) $\tau_s^* - \tau_c^* = \frac{k_{s1}(\delta+q_0-\xi c_s)}{4k_{s2}\xi-k_{s1}^2} - \frac{k_{s1}(\delta+q_0-\xi c_s)}{2\xi k_{s2}-k_{s1}^2}$,由于 $\xi k_{s2}>0$,则必有 $4k_{s2}\xi - k_{s1}^2 > 2\xi k_{s2} - k_{s1}^2$,因此 $\tau_s^* - \tau_c^* < 0$,即 $\tau_s^* < \tau_c^*$。

(2) 根据6.2.2.2节(1)中的分析,当 $2\xi k_{s2} - k_{s1}^2 > 0$ 时,集中式决策下的生鲜食品供应链最优质量控制投入水平和最优定价存在,因此有 $4k_{s2}\xi - k_{s1}^2$,从而:

$$p_d^* - p_c^* = \frac{k_{s2}(\xi c_s+3\delta+3q_0)-k_{s1}^2 c_s}{4k_{s2}\xi-k_{s1}^2} - \frac{k_{s2}(\delta+q_0+\xi c_s)-k_{s1}^2 c_s}{2\xi k_{s2}-k_{s1}^2} =$$

$$\frac{2k_{s2}(k_{s2}\xi-k_{s1}^2)(\delta+q_0-\xi c_s)}{(4k_{s2}\xi-k_{s1}^2)(2\xi k_{s2}-k_{s1}^2)}$$

同样根据(1)中的分析,有 $\delta+q_0-\xi c_s>0$,因此 $p_d^*-p_c^*$ 的正负号取决于 $k_{s2}\xi-k_{s1}^2$ 的大小。当 $\frac{k_{s1}^2}{2}<k_{s2}\xi<k_{s1}^2$ 时,$p_d^*<p_c^*$;而当 $k_{s2}\xi>k_{s1}^2$ 时,$p_d^*>p_c^*$。

(3) 供应链系统总的利润函数可由供应链各节点企业的分别利润[式(6.27)和式(6.28)]相加得到,与集中式决策下的系统总利润 $\pi_c^*(p_c^*,\tau_c^*)$ 相比较,同(2)的证法相同,可得当 $\frac{k_{s1}^2}{2}<k_{s2}\xi<k_{s1}^2$ 时,$\pi_{r1}^*(p_d^*,\tau_s^*)+\pi_{s1}^*(p_d^*,\tau_s^*)<\pi_c^*(p_c^*,\tau_c^*)$;而当 $k_{s2}\xi>k_{s1}^2$ 时,$\pi_{r1}^*(p_d^*,\tau_s^*)+\pi_{s1}^*(p_d^*,\tau_s^*)>\pi_c^*(p_c^*,\tau_c^*)$。证毕。

定理6.1表明,分散式决策下的零售商最优质量控制投入水平始终比集中式决策下的低。当 $k_{s2}\xi>k_{s1}^2$ 时,分散式决策下的系统总利润大于集中式决策下的供应链整体利润,但此时分散式决策下的零售价格更高。因此说明,消费者效用让位于供应链中企业的利润,由于该情形下零售商和供应商都没有增加利润的动力,因此进行质量控制契约合作是没有可能的。然而,当 $\frac{k_{s1}^2}{2}<k_{s2}\xi<k_{s1}^2$ 时,在集中式决策下供应链系统的利润大于分散式决策下供应商和零售商的利润之和。这意味着此时在分散式决策下供应链系统的整体利润并非最优,因此需要设计合理的质量控制协调契约,不但能够使得供应商投入更高的质量控制投入水平,还可以尽可能地实现供应链协调。下一节将对此可改进状态下的情形进行详细的讨论。

### 6.2.3 "质量控制成本共担+收益共享"契约下的生鲜食品供应链协调

正如6.2.2节所描述的,当 $\frac{k_{s1}^2}{2}<k_{s2}\xi<k_{s1}^2$ 时,供应商单独进行质量控制投入的动力不足,质量控制水平不高,此时,若零售商与供应商合作,能够向消费者提供质量更高的生鲜食品,无疑将增加市场上消费者的购买量,进而使得零售商和供应商的收益都得到增加。当然,关于供应商是否愿意提高质量控制投入,零售商是否愿意与供应商合作,必须分析供应商和零售商合作时的利润情况。

为了使得零售商的质量控制投入水平和最优定价同时达到集中式决策下的最优值,必须设计合理的激励机制在尽可能实现供应链利润协调的基础上,促使供应商提高质量控制投入水平。对此,本节考虑设计"质量控制投入成本共担+收益共享"契约,设收益共享比例为 $\phi_1\in(0,1)$,质量控制成本分担比例为 $\phi_2\in(0,1)$,此时双方的利润函数分别变为

$$\pi_{r2}=(1-\phi_1)p_dQ_d-\omega_2Q_d-\phi_2C_{sf}=$$
$$[(1-\phi_1)p_d-\omega_2](\delta-\xi p_d+q_0+k_{s1}\tau_s)-\frac{1}{2}\phi_2k_{s2}\tau_s^2 \quad (6.29)$$

$$\pi_{s2}=(\omega_2-c_s)Q_d-(1-\phi_2)C_{sf}+\phi_1p_dQ_d=$$

$$(\phi_1 p_d + \omega_2 - c_s)(\delta - \xi p_d + q_0 + k_{s1}\tau_s) - \frac{1}{2}(1-\phi_2)k_{s2}\tau_s^2 \qquad (6.30)$$

设计如此的供应链利润协调契约,使之满足分散式决策下的供应链整体利润达到理想状态即集中式决策状态时的总利润,并探究达到此条件时的生鲜食品供应链质量控制水平是否有所增加,在该约束条件下可推导出定理6.2。

定理6.2:若零售商向供应商提出的质量控制与利润协调契约$(\phi_1,\phi_2,\omega_2)$满足$\omega_2=(1-\phi_1)c_s, \phi_2=1-\phi_1$,且$\phi_1 \in \left[\dfrac{2(2\xi k_{s2}-k_{s1}^2)}{4k_{s2}\xi-k_{s1}^2}, \dfrac{6\xi k_{s2}(2\xi k_{s2}-k_{s1}^2)+k_{s1}^4}{(4k_{s2}\xi-k_{s1}^2)^2}\right]$时,生鲜食品供应链的质量控制水平和利润达到最优。

证明:若$\omega_2=(1-\phi_1)c_s, \phi_2=1-\phi_1$,则式(6.29)和式(6.30)进一步演化得到:

$$\pi_{r2}=(1-\phi_1)p_d Q_d - \omega_2 Q_d - \phi_2 C_{sf} =$$
$$[(1-\phi_1)p_d - (1-\phi_1)c_s]Q_d - (1-\phi_1)C_{sf} =$$
$$[(1-\phi_1)(p_d-c_s)]Q_d - (1-\phi_1)C_{sf} =$$
$$(1-\phi_1)\pi_c$$

$$\pi_{s2}=(\omega_2-c_s)Q_d - (1-\phi_2)C_{sf} + \phi_1 p_d Q_d =$$
$$[\phi_1 p_d + (1-\phi_1)c_s - c_s]Q_d - \phi_1 C_{sf} =$$
$$\phi_1(p_d-c_s)Q_d - \phi_1 C_{sf} =$$
$$\phi_1 \pi_c$$

零售商和供应商的利润之和等于集中式决策下的供应链利润总和,并且按照收益共享比例$\phi_1$进行分摊,此时必然得到$p_d^*=p_c^*, \tau_s^*=\tau_c^*$。因此,采用"质量控制成本分担+收益共享"契约时,零售商对生鲜食品的最优定价等于集中式决策时的定价,供应商的最优质量控制投入水平等于集中式决策下质量控制投入水平。

此外,供应链节点企业在选择是否加入"质量控制成本分担+收益共享"契约时必须满足个体理性约束条件,即各自参与质量控制契约后的利润大于参与前的利润水平,才有实施供应链质量控制契约的可能。从而由$\pi_{s2}^* \geqslant \pi_{s1}^*$,代入相关公式可以得到$\phi_1 \geqslant \dfrac{2(2\xi k_{s2}-k_{s1}^2)}{4k_{s2}\xi-k_{s1}^2}$;同理,由$\pi_{r2}^* \geqslant \pi_{r1}^*$可得$\phi_1 \leqslant \dfrac{6\xi k_{s2}(2\xi k_{s2}-k_{s1}^2)+k_{s1}^4}{(4k_{s2}\xi-k_{s1}^2)^2}$。证毕。

定理6.2表明,"质量控制投入成本共担+收益共享"契约能够有效地实现供应链协调并使得零售商和供应商双方达到完美共赢,并且实施契约后供应链的质量控制投入水平比实施契约前更高,从而达到不影响供应商和零售商利润的情况下达到更好的质量控制。值得注意的是,契约有效时,其参数$\phi_1$是在一定区间内的任意值,其具体数值将取决于供应商和零售商的讨价还价能力。

同时,结合定理6.1可以看到,当$\dfrac{k_{s1}^2}{2}<k_{s2}\xi<k_{s1}^2$时,$\pi_{r1}^*(p_d^*,\tau_s^*)+\pi_{s1}^*(p_d^*,$

$\tau_s^*)<\pi_c^*(p_c^*,\tau_c^*)$,即集中式决策下的供应商和零售商总利润大于分散式决策下的总利润,此时供应链才有改进的可能性;并且当$\frac{k_{s1}^2}{2}<k_{s2}\xi<k_{s1}^2$时,$p_d^*<p_c^*$,即集中式决策下的生鲜食品销售价格大于分散式决策下的销售价格,因此,若供应链采取$(\phi_1,\phi_2,\omega_2)$的质量控制契约,虽然质量控制水平和供应链节点企业的利润都得到提高,但由于价格的上升,使得此时由于生鲜食品质量上升而提高的消费者效用受到损失。

### 6.2.4 算例分析

6.2.2节和6.2.3节表明,现实生活中,零售商和供应商之间存在着博弈,生鲜食品的批发价和质量控制投入水平是由供应商决定的,零售商根据供应商提供的生鲜食品的情况(包括质量水平和批发价格)决定生鲜食品面对消费者时的价格。零售商为了激励供应商提高质量控制投入水平,可以采用"质量控制成本共担+收益共享"契约,从而使得生鲜食品运抵零售商卖场时具有更高的质量水平。为了进一步说明所设计契约的有效性,本节将给出相应的数值算例进行验证。

在6.2.3节通过理论推导所得出的表达式中,参考王庆国等[93]、文晓巍[95]以及陈军和但斌[92]等在文献中对相关参数的取值区间和取值依据,除了决策变量之外,其余相关参数的赋值见表6.7。

表6.7 参数表

| $k_{s1}$ | $k_{s2}$ | $c_s$ | $\xi$ | $\delta$ | $q_0$ |
|---|---|---|---|---|---|
| 0.5 | 0.4 | 0.5 | 0.5 | 1 | 0.6 |

将表6.7中的各参数值代入到相关表达式中,运算得到该情形下供应链的各目标函数的值,如表6.8所示。

表6.8 部分决策变量的运算结果

| $\pi_c$ | $p_c$ | $\tau_{s1}^*$ | $p_d$ | $\pi_{r1}$ | $\pi_{s1}$ | $\tau_{s2}^*$ | $\omega_1$ |
|---|---|---|---|---|---|---|---|
| 2.43 | 4.1 | 4.5 | 3.45 | 0.48 | 1.33 | 1.23 | 2.46 |

下面分别从生鲜食品质量水平、生鲜食品销售价格、供应商和零售商利润,以及契约参数$\phi_1$的取值方面对生鲜食品供应链质量控制协调契约的有效性和原因进行分析。

在生鲜食品质量水平变化方面,从表6.8中可以看出,未进行质量控制契约设计时,供应商质量投入水平为$\tau_{s1}^*=1.23$,采用"质量控制成本共担+收益共享"契约进行供应链协调后,供应商的质量投入水平为$\tau_{s2}^*=4.50$,等于集中控制下的最优质量投入。因此,"质量控制成本共担+收益共享"契约在进行生鲜食品供应链各节点企业利益协调的基础上,促使供应商对生鲜食品的质量控制增加投入,进而提高生鲜食品的质量水平和消费者效用,从而实现生鲜食品供应链质量控制。

在生鲜食品销售价格变化方面,由表6.8可以得出,未进行契约控制前$p_d$=3.45,实施"质量控制成本共担+收益共享"的供应链质量控制协调契约后$p_d$=$p_c$=4.1。可见,虽然质量水平$\tau_s$提高了,但生鲜食品的价格上升了,消费者效用的增减不确定。由于本节的研究重点在零售商—供应商的利润协调,并以提高生鲜食品质量水平为主要目的,因此对消费者效用的变化以及消费者偏好的影响方面不再做进一步的探讨。

在供应链各方的利润变化方面,运算得出采用质量控制协调契约前后的零售商和供应商利润随契约参数$\phi_1$变化的情况,如图6.1所示。

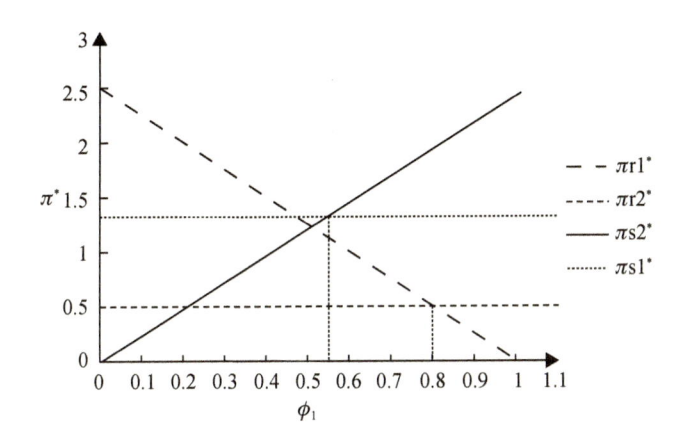

**图 6.1 契约参数 $\phi_1$ 对利润的影响**

从图6.1中可以看出,受分散式决策无协调契约控制时,供应商的利润大于零售商利润;当实施"质量控制成本共担+收益共享"的供应链质量控制协调契约时,随着契约参数$\phi_1$从0开始增大,零售商向供应商提供收益共享的比例越来越大,同时零售商向供应商提供质量成本分担的比例$\phi_2=1-\phi_1$越来越小,并且由于此时契约参数($\phi_1,\phi_2,\omega_1$)中第三个参数$\omega_1=2.46$的作用,供应商的利润占总利润(等于供应链集中决策下的总利润)的比值(也是$\phi_1$)越来越大,而零售商的利润则随着契约参数$\phi_1$的增大越来越小。

在参数$\phi_1$的有效取值域方面,从图6.1中还可以看出,当$\phi_1\in[0.545,0.802]$时,供应商和零售商在协调后的利润均大于协调前的利润,因此定理6.2给出的契约在现实理性约束下可以实现。

## 6.2.5 小结

生鲜食品具有市场需求量随价格和质量变化的特性,因此在流通渠道中对生鲜食品进行质量控制投入能更好地满足消费者需求,并增加生鲜食品的销售额,进而提高零售商的利润。但在分散式决策的现实前提下,供应商对生鲜食品的质量投入不受零售商的影响,从而在自身利益最大化的驱使下,导致生鲜食品供应链的质量控制水平不高,且供应链各节点企业的利润总和不能达到集中式决策下的理想最大值。因此有必要研究零售商和供应商的合作契约,共同对生鲜食品的质量控制投入成本进行分担,并且分享质量提高带来的额外销售收入,以期同时达到生鲜食品供应链利润协调和质量控制的目的。

在此基础上,6.2节建立了质量和价格影响下的市场需求量模型,进而分析和比较了集中式决策下供应链系统的最优决策和分散式决策下零售商和供应商二者的最优决策,针对分散式决策下供应商的最优质量控制投入水平低于集中式决策下供应链系统的最优质量控制投入水平这一问题,设计了相应的契约促使供应商提高质量保证努力。研究表明,"质量控制投入成本共担+收益共享"契约可以达到促使供应商提高质量投入,并实现供应链上各节点企业的利润协调,且在一定程度上还能够同时实现提高消费者效用的目的,从而能够在不影响各方利润的前提下实现生鲜食品供应链的质量控制。

# 第7章 生鲜食品供应链双渠道质量安全控制与协调契约

互联网应用的普及与电子商务的发展,改变了顾客的消费模式和生鲜食品供应商的销售方式,越来越多的生鲜食品供应商企业开辟网上直销渠道,网上直销渠道与传统分销渠道并存的混合模式成为很多生鲜食品供应商企业营销战略的选择。近年来对生鲜食品供应链双渠道协调的研究主要集中在对生鲜食品腐败变质率的刻画、市场需求函数的构建、不同协调契约的设计三个方面。由此,本章先在静态离散且理性的原则下,考虑时间和温度对保鲜成本的影响,在 Arrhenius 方程基础上构建生鲜食品质量劣化的微分方程,构建生鲜食品传统渠道和电商渠道的需求函数,分析在集中控制状态和分散控制状态下的斯坦伯格博弈最优决策,设计收益共享契约和成本共担契约进行双渠道协调。之后考虑决策的动态性和连续性,在静态离散决策基础上,通过 HJB 方程和泛函极值构建主从微分博弈的价值函数,研究生鲜食品双渠道供应链采用集中式决策以及分散式决策时的最优决策以及收益共享契约和成本共担契约的协调效果。最后,在动态连续且非理性原则下,通过微分博弈的价值函数构建演化博弈双种群演化的支付函数,通过 Jacobi 矩阵进行演化稳定性判断与系统演化路径分析,探讨生鲜食品双渠道供应链中供应商和零售商的契约决策最终演化方向。

## 7.1 基于斯坦伯格博弈的生鲜食品双渠道协调

本节主要考虑时间和温度因素对生鲜食品的质量影响,构建生鲜食品新鲜度函数和市场需求函数,研究由供应商和零售商组成的二级生鲜食品供应链,在传统销售渠道和网上直销渠道共存情形下的混合模式协调问题,探讨在分散决策下 Stackelberg 博弈和集中决策下均衡解的变化。设计了联合应用收益共享契约、成本共担契约的协调机制。由于供应链主体企业决策的外部性和信息的不对称,其供应链"双重边际化"和"搭便车"现象普遍存在,并且供应链内部渠道权力结构的差异会对供应链均衡价格决策及主体利润产生较大影响。

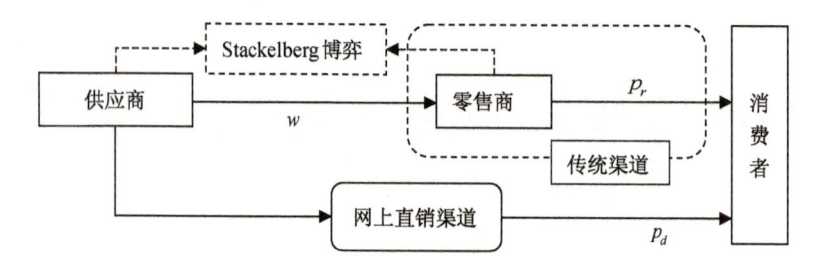

图 7.1 电商环境下生鲜食品供应链双渠道结构

## 7.1.1 基本假设

（1）在渠道博弈的竞争中，供应商和零售商都是绝对理性且风险偏好中性，追求自身利益最大，且在一个销售周期 S 内，生鲜食品能卖出。任意时刻生鲜食品的市场潜在需求规模为常数 $\mu$，消费者一次购买只能在一种渠道中进行，对渠道只有认知差异而无特定偏好。

（2）随着温度和时间的变化，生鲜食品内部微生物繁殖，其新鲜度与温度和时间相关，依据瑞典科学家阿伦尼乌斯提出的经验公式 Arrhenius 方程，并借鉴 Wang[24] 的研究，假设生鲜食品的新鲜度 $q$ 表示为温度 $T$ 和时间 $t$ 的函数：

$$q = q(t,T) = \nu q_0 \exp(-\sum t_n \eta), \eta = \exp(-E/GT_n), n \in N$$

其中：$\eta$ 为腐败反应速率；$\nu$ 为反应速率常数，$0<\nu<1$；$q_0$ 为初始新鲜度，$0<q_0<1$；$T_n$ 为第 $n$ 时刻的热力学温度；$E$ 为反应的活化能；$G$ 为摩尔气体常量；$q(t,T)$ 为第 $n$ 时刻的生鲜品新鲜度。

（3）假设消费者对于供应商网上直销渠道和零售商传统渠道的认知存在差异，即对两种渠道销售的生鲜食品愿意提供的支付是不同的，在 Moon[78] 的基础上，假设消费者从传统渠道购买食品的时变效用可以表示为 $U_r(t)=U_0-\alpha p_r+\beta q(t,T)$，消费者从网上渠道购买食品的时变效用表示为 $U_d(t)=\theta U_0-\alpha p_d+\beta q(t,T)$，其中：$\alpha$、$\beta$ 分别表示消费者对生鲜食品价格和新鲜度的敏感系数，$0\leqslant\alpha,\beta\leqslant 1$；$U_0$ 为消费者对生鲜食品初始认知价值，服从 [0,1] 均匀分布；$\theta$ 为消费者接受指数，用于调整消费者从网上渠道购买生鲜食品所带来的价值损失，$0\leqslant\theta\leqslant 1$。

（4）假设供应商和零售商对生鲜食品都进行冷藏保鲜处理，不考虑在订货和运输过程中的保鲜成本和供应商单位生产成本 $c_0$，借鉴 Rong[23] 的方法，引入冷藏性能系数（COP）和相对转移成本系数 $\omega$，计算供应商和零售商的冷藏保鲜成本 $c_i$。计算方法如下：

$$COP_i = \frac{Q_l}{W} = \frac{T_i}{T_e - T_i}$$

$$COP_o = \frac{T_0}{T_e - T_0}$$

$$c_i = \omega \times \frac{COP_o}{COP_i} = \frac{\omega T_0 T_e}{T_e - T_0} \times \frac{1}{T_i} - \frac{\omega T_0}{T_e - T_0}$$

其中：$T_i$ 表示企业 $i$ 设置的生鲜食品冷藏保鲜温度，$i \in \{s, r\}$；$T_e$ 表示环境温度；$T_0$ 表示生鲜食品在保鲜设备中的基准温度。本文假设 $T_e$ 和 $T_0$ 为常量且 $T_e > T_0$，为便于分析，将保鲜成本 $c_i$ 表示为

$$c_i = \frac{A}{T_i} - B, A = \frac{\omega T_0 T_e}{T_e - T_0}, B = \frac{\omega T_0}{T_e - T_0}$$

## 7.1.2 双渠道分散决策情形

当网络渠道销售的生鲜食品是定位中高端的食品或农特产品时，如本来生活网销售的褚橙、沱沱工社销售的椰青等，由于这类产品的差异化程度较高，具有一定的品牌和原产地优势，因此生鲜食品供应商和零售商间在一定程度上属于主从关系。因此，考虑供应商作为渠道的领导者拥有对渠道的影响能力，供应商利用零售商的价格反应函数作为价格决策的依据。首先供应商依据零售商的最优价格反应函数确定企业的网络渠道的价格 $p_d$ 和批发价格 $w$；随后零售商作为追随者，在给定的批发价格 $w$ 下，确定传统渠道的价格 $p_r$，以实现利润最大化。

由假设知，消费者只有在任意时刻购买生鲜食品的效用大于 0 时，才会购买，否则不购买，因此消费者购买的概率为 $P[U(t) > 0]$。消费者任意时刻从网上渠道直接购买的需求量为

$$Q_d(t) = \mu P[\theta U_0 - \alpha p_d + \beta q(t, T) > 0] = $$
$$\mu P[\theta U_0 - \alpha p_d + \beta \nu q_0 \exp(-\sum t \eta_s) > 0]$$

$\eta_s = \exp(-E/GT_s)$，因此，供应商网上渠道的销售量为

$$Q_d = \int_0^S Q_d(t) dt = \mu \int_0^S \{1 - [\alpha p_d + \beta \nu q_0 \exp(-\sum t \eta_s)] \theta^{-1}\} dt$$

同理，消费者任意时刻从传统渠道购买的需求量为

$$Q_r(t) = \mu P(U_0 - \alpha p_r + \beta q(t, T) > 0) = $$
$$\mu P[U_0 - \alpha p_r + \beta \nu q_0 \exp(-\sum t \eta_r) > 0]$$

因此，零售商传统渠道的销售量为：

$$Q_r = \int_0^S Q_r(t) dt = \mu \int_0^S [1 - \alpha p_r + \beta \nu q_0 \exp(-\sum t \eta_r)] dt \quad \eta_r = \exp(-E/GT_r)$$

综上,零售商和供应商的利润函数如下:

$$\pi_r = (p_r - w)Q_r - c_r =$$
$$\mu(p_r - w)\int_0^S [1 - \alpha p_r + \beta \nu q_0 \exp(-\sum t\eta_r)]dt - \frac{A}{T_r} + B \quad (7.1)$$

$$\pi_s = (p_d - c_0)Q_d + wQ_r - c_s =$$
$$\mu(p_d - c_0)\int_0^S \{1 - [\alpha p_d + \beta \nu q_0 \exp(-\sum t\eta_s)]\theta^{-1}\}dt +$$
$$w\mu\int_0^S [1 - \alpha p_r + \beta \nu q_0 \exp(-\sum t\eta_r)]dt - \frac{A}{T_s} + B \quad (7.2)$$

**命题 1** 零售商的利润函数 $\pi_r$ 是传统渠道价格 $p_r$ 的凹函数;供应商的利润函数 $\pi_s$ 是关于 $p_d$ 和 $w$ 的联合凹函数。

证明:由 $\partial^2\pi_r/\partial p_r^2 = -2\mu\alpha S < 0$,容易验证零售商的利润函数 $\pi_r$ 是传统渠道价格 $p_r$ 的凹函数,根据一阶条件 $\partial\pi_r/\partial p_r = 0$,并且在一个销售周期 $S$ 内有 $\sum t = S$,求得零售商传统渠道价格的反应函数为

$$p_r = \frac{1 + \alpha w + \beta \nu q_0 \exp(-\eta_r S)}{2\alpha} \quad (7.3)$$

将式(7.3)代入式(7.2),解得供应商的利润函数 $\pi_s$ 关于 $p_d$ 和 $w$ 的海森矩阵 $H$ 如下:

$$H = \begin{bmatrix} \partial^2\pi_s/\partial p_d^2 & \partial^2\pi_s/\partial p_d \partial w \\ \partial^2\pi_s/\partial w \partial p_d & \partial^2\pi_s/\partial w^2 \end{bmatrix} = \begin{bmatrix} -\frac{2\mu\alpha S}{\theta} & 0 \\ 0 & -\alpha\mu S \end{bmatrix}$$

由于 $|H| = \frac{\alpha^2\mu^2 S^2}{\theta} > 0$,二阶海森矩阵负定,所以供应商的利润函数 $\pi_s$ 是关于 $p_d$ 和 $w$ 的联合凹函数,命题1得证。

**命题 2** Stackelberg 博弈下,$8A\alpha G > S^2\beta q_0 \nu \mu E\eta_r \exp(-\eta_r S)[1 + \beta q_0 \nu \exp(-\eta_r S)]$时,$\pi_r^{S*}$ 是 $T_r$ 的单调增函数,反之 $\pi_r^{S*}$ 是 $T_r$ 的单调减函数;供应商的最优利润函数 $\pi_s^{S*}$ 是供应商保鲜温度 $T_s$ 的单调增函数,是零售商保鲜温度 $T_r$ 的单调减函数,且 $\theta \in [0, \beta \nu q_0 \exp(-\eta_s S) + \alpha c_0]$ 时,$\pi_s^{S*}$ 是消费者接受指数 $\theta$ 的单调减函数,$\theta \in [\beta \nu q_0 \exp(-\eta_s S) + \alpha c_0, 1]$ 时是消费者接受指数 $\theta$ 的单调增函数。

证明:将 $\pi_s$ 分别对 $p_d$ 和 $w$ 求一阶条件,可得到在 Stackelberg 博弈情形下,供应商网络渠道最优定价 $p_d^{S*}$ 和最优批发价 $w^{S*}$,再将 $p_d^{S*}$、$w^{S*}$ 代入式(7.3),解得

$$p_d^{S*} = \frac{\theta - \beta \nu q_0 \exp(-\eta_s S) - \alpha c_0}{2\alpha}, \quad w^{S*} = \frac{1 + \beta \nu q_0 \exp(-\eta_r S)}{2\alpha},$$

$$p_r^{\mathfrak{A}*}=\frac{3+3\beta\nu q_0\exp(-\eta_r S)}{4\alpha} \tag{7.4}$$

将 $p_d^{\mathfrak{A}*}$、$w^{\mathfrak{A}*}$ 和 $p_r^{\mathfrak{A}*}$ 代入式（7.1）、式（7.2），求得零售商和供应商在 Stackelberg 博弈情形下的最优利润 $\pi_r^{\mathfrak{A}*}$、$\pi_s^{\mathfrak{A}*}$ 及总利润 $\pi_{total}^{\mathfrak{A}*}$ 如下：

$$\pi_r^{\mathfrak{A}*}=\frac{\mu S[1+\beta\nu q_0\exp(-\eta_r S)]^2}{16\alpha}-\frac{A}{T_r}+B\pi_s^{\mathfrak{A}*}=$$

$$\frac{\mu S[\theta-\beta\nu q_0\exp(-\eta_s S)-\alpha c_0]^2}{4\alpha\theta}+\frac{\mu S[1+\beta\nu q_0\exp(-\eta_r S)]^2}{8\alpha}-\frac{A}{T_s}+B$$

$$\pi_{total}^{\mathfrak{A}*}=\frac{\mu S[\theta-\beta\nu q_0\exp(-\eta_s S)-\alpha c_0]^2}{4\alpha\theta}+\frac{3\mu S[1+\beta\nu q_0\exp(-\eta_r S)]^2}{16\alpha}-$$

$$A\left(\frac{1}{T_r}+\frac{1}{T_s}\right)+2B \tag{7.5}$$

将 $\pi_r^{\mathfrak{A}*}$ 对 $T_r$ 求一阶导数得：

$$\frac{\partial \pi_r^{\mathfrak{A}*}}{\partial T_r}=\frac{8A\alpha G-S^2\beta q_0\nu\mu E\eta_r\exp(-\eta_r S)[1+\beta q_0\nu\exp(-\eta_r S)]}{8\alpha G T_r^2},$$

可知，当满足 $8A\alpha G>S^2\beta q_0\nu\mu E\eta_r\exp(-\eta_r S)[1+\beta q_0\nu\exp(-\eta_r S)]$ 时，$\pi_r^{\mathfrak{A}*}$ 是 $T_r$ 的单调增函数，反之 $\pi_r^{\mathfrak{A}*}$ 是 $T_r$ 的单调减函数。将 $\pi_s^{\mathfrak{A}*}$ 分别对 $T_r$ 和 $T_s$ 求一阶导数，如下：

$$\frac{\partial \pi_s^{\mathfrak{A}*}}{\partial T_r}=-\frac{S^2\beta q_0\nu\mu E\eta_r\exp(-\eta_r S)[1+\beta q_0\nu\exp(-\eta_r S)]}{4\alpha G T_r^2}<0,$$

$$\frac{\partial \pi_s^{\mathfrak{A}*}}{\partial T_s}=\frac{\mu S^2\beta\nu q_0 E(1-\beta\nu q_0)A}{2\alpha\theta G\exp(\eta_s S+\eta_s)}\cdot\frac{1}{T_s^2}+\frac{A}{T_s^2}>0$$

由此可知，供应商的最优利润函数 $\pi_s^{\mathfrak{A}*}$ 是供应商保鲜温度 $T_s$ 的单调增函数，是零售商保鲜温度 $T_r$ 的单调减函数。将 $\pi_s^{\mathfrak{A}*}$ 进行变形，可得到如下表达式：

$$\pi_s^{\mathfrak{A}*}=\frac{\mu S}{4\alpha}\left\{\theta+\frac{[\beta\nu q_0\exp(-\eta_s S)+\alpha c_0]^2}{\theta}\right\}-$$

$$\frac{\mu S\beta\nu q_0\exp(-\eta_s S)}{2\alpha}+\frac{\mu S[1+\beta\nu q_0\exp(-\eta_r S)]^2}{8\alpha}-\frac{A}{T_s}+B$$

显然 $\pi_s^{\mathfrak{A}*}$ 在 $[0,\beta\nu q_0\exp(-\eta_s S)+\alpha c_0]$ 上，关于 $\theta$ 单调递减；在 $[\beta\nu q_0\exp(-\eta_s S)+\alpha c_0,1]$ 上，单调递增，命题 2 得证。

也就是说，在供应商具有优先决策权的情形下，供应商的最优利润不仅与自身保鲜水平正相关，还与零售商的保鲜水平负相关，并且零售商的最优利润在一定条件下与自身保鲜水平正相关,这主要是由于供应商的网络直销渠道与零售商的实体店渠道存在一定程度的竞争关系。若消费者对于网络渠道的接受程度过低,供应商从事网络直销就未必能够达到利润最大化,这也在一定程度上解释了某些食品供应商在网络直销渠道上迟迟未能取得重大突破的内在原因,只有消费者的接受指数达到一定值时,供应商实施双渠道战略才最有利。

### 7.1.3 双渠道集中决策情形

在分散决策状态下,双渠道供应链中总存在"双重边际化"效应,因此供应链若要实现协调,需要设立一个基准,集中决策可以避免分散决策下的效率损失,实现帕累托最优。在集中控制状态下,双渠道供应链中供应商和零售商以供应链整体利润最大化为决策原则,由此组成一个系统,共同决定传统渠道的定价 $p_r$ 以及网络渠道的定价 $p_d$,不考虑系统内部的批发价交易过程。因此在前文的基础上,构建集中决策下的生鲜食品双渠道供应链整体利润函数,如下:

$$\pi_C = p_r Q_r + (p_d - c_0) Q_d - c_r - c_s = \mu p_r \int_0^S [1 - \alpha p_r + \beta \nu q_0 \exp(-\sum t \eta_r)] \mathrm{d}t + \mu(p_d - c_0) \int_0^S \{1 - [\alpha p_d + \beta \nu q_0 \exp(-\sum t \eta_s)] \theta^{-1}\} \mathrm{d}t - A\left(\frac{1}{T_r} + \frac{1}{T_s}\right) - 2B \quad (7.6)$$

**命题 3** 供应链整体利润函数 $\pi_C$ 是关于传统渠道价格 $p_r$ 和网络渠道定价 $p_d$ 的联合凹函数。

证明:将式(7.6)求偏导数,解得在集中决策下,供应链整体利润函数 $\pi_C$ 关于 $p_r$ 和 $p_d$ 的海森矩阵 $H$,如下:

$$H = \begin{bmatrix} \partial^2 \pi_C / \partial p_r^2 & \partial^2 \pi_C / \partial p_d \partial p_r \\ \partial^2 \pi_C / \partial p_r \partial p_d & \partial^2 \pi_C / \partial p_d^2 \end{bmatrix} = \begin{bmatrix} -2\mu\alpha S & 0 \\ 0 & -2\mu\alpha S\theta^{-1} \end{bmatrix}$$

由于 $|H| = 4\mu^2 \alpha^2 S^2 \theta^{-1} > 0$,二阶海森矩阵负定,所以供应链整体利润函数 $\pi_C$ 是关于传统渠道价格 $p_r$ 和网络渠道定价 $p_d$ 的联合凹函数,命题 3 得证。

根据一阶偏导数 $\partial \pi_C / \partial p_r = 0, \partial \pi_C / \partial p_d = 0$ 联立求解,得到在集中决策状态下,双渠道供应链传统渠道最优定价 $p_r^{C*}$ 和网络渠道最优定价 $p_d^{C*}$,结果如下:

$$p_r^{C*} = \frac{1 + \beta \nu q_0 \exp(-\eta_r S)}{2\alpha} \quad p_d^{C*} = \frac{\theta - \beta \nu q_0 \exp(-\eta_s S) + \alpha c_0}{2\alpha} \quad (7.7)$$

将 $p_r^{C*}$、$p_d^{C*}$ 代入到式(7.6)中,求得供应链整体最优利润 $\pi_C^*$,如下:

$$\pi_C^* = \frac{\mu S[\theta - \beta \nu q_0 \exp(-\eta_s S) + \alpha c_0]^2}{4\alpha\theta} + \frac{\mu S[1 + \beta \nu q_0 \exp(-\eta_r S)]^2}{4\alpha} - A\left(\frac{1}{T_r} + \frac{1}{T_s}\right) + 2B \quad (7.8)$$

## 7.1.4 双渠道协调联合契约设计

供应商需要在控制自身保鲜成本的同时,激励零售商提高保鲜努力水平。为了使供应商的网络渠道最优定价达到集中决策下的最优值,假设零售商分担供应商的部分保鲜成本,分担保鲜成本的比例为 $\lambda \in (0,1)$;供应商在开拓网络渠道后,为激励零售商继续与其合作,供应商对零售商提供批发价格折扣,设折扣率为 $\gamma \in (0,1)$,$w = \gamma p_d + b - \gamma b$,以保证 $b < w < p_d$,其中 $b$ 为供应商边际成本;为进一步促使两个渠道之间的协调,供应商将网络渠道的部分收益分享给零售商,设收益分享比例为 $\varphi_1 \in (0,1)$,零售商将传统渠道的部分收益分享给供应商,设分享比例为 $\varphi_2 \in (0,1)$。

双渠道供应链协调的目的是使得在分散控制状态下供应商和零售商的最优决策等于集中控制状态下供应链系统的整体最优决策,并且满足参与约束,即供应商和零售商各自的利润不低于契约协调之前的利润,由此可得命题 4。

**命题 4**  双渠道供应链达到协调状态的充分条件是契约参数 $(\lambda, \gamma, \varphi_1, \varphi_2)$ 满足:

$$\gamma = \frac{2\alpha b}{[\theta + 2\alpha b - \beta \nu q_0 \exp(-\eta_s S)]}, \quad 1 - \varphi_2 = \frac{3\theta \alpha b(1-\gamma)}{2[1 + \beta \nu q_0 \exp(-\eta_r S)]},$$

$$1 - \varphi_1 = \frac{\theta \gamma^2 [1 + \beta \nu q_0 \exp(-\eta_s S)]}{4\alpha b(1-\theta)(1-\gamma)}$$

$X \leqslant \lambda c_s \leqslant Y$,其中:$X = p_d^{S^*} Q_d^{S^*} + w^{S^*} Q_r^{S^*} - (1-\varphi_1) p_d^{M^*} Q_d^{M^*} - (\gamma p_d^{M^*} + b - \gamma b) Q_r^{M^*} - (1-\varphi_2) p_r^{M^*} Q_r^{M^*}$; $Y = (1-\varphi_2) p_r^{M^*} Q_r^{M^*} + \varphi_1 p_d^{M^*} Q_d^{M^*} - (\gamma p_d^{M^*} + b - \gamma b) Q_r^{M^*} - (p_r^{S^*} - w^{S^*}) Q_r^{S^*}$

证明:由 7.1.2 节,易求得在联合契约下,供应商利润函数和零售商利润函数为

$$\pi_r = (1-\varphi_2) p_r Q_r + \varphi_1 (p_d - c_0) Q_d - w Q_r - c_r - \lambda c_s =$$
$$\mu[(1-\varphi_2) p_r - (\gamma p_d + b - \gamma b)] \int_0^S [1 - \alpha p_r + \beta \nu q_0 \exp(-\sum t\eta_r)] dt +$$
$$\varphi_1 \mu (p_d - c_0) \int_0^S \{1 - [\alpha p_d + \beta \nu q_0 \exp(-\sum t\eta_s)] \theta^{-1}\} dt - c_r - \lambda c_s \quad (7.9)$$

$$\pi_s = (1-\varphi_1)(p_d - c_0) Q_d + w Q_r + (1-\varphi_2) p_r Q_r - (1-\lambda) c_s =$$
$$\mu(1-\varphi_1)(p_d - c_0) \int_0^S \{1 - [\alpha p_d + \beta \nu q_0 \exp(-\sum t\eta_s)] \theta^{-1}\} dt + \mu[\gamma p_d + b -$$
$$\gamma b + (1-\varphi_2) p_r] \int_0^S [1 - \alpha p_r + \beta \nu q_0 \exp(-\sum t\eta_r)] dt - (1-\lambda) c_s \quad (7.10)$$

由 $\partial^2 \pi_r / \partial p_r^2 = -2(1-\varphi_2)\mu\alpha S < 0$，容易验证零售商的利润函数 $\pi_r$ 是传统渠道价格 $p_r$ 的凹函数，根据一阶条件 $\partial \pi_r / \partial p_r = 0$，求得零售商传统渠道价格的反应函数为

$$p_r = \frac{\alpha(\gamma p_d + b - \gamma b) + (1-\varphi_2)[1+\beta \nu q_0 \exp(-\eta_r S)]}{2\alpha(1-\varphi_2)} \quad (7.11)$$

将式(7.11)代入式(7.10)，思路同命题 1，解得在"收益共享、成本共担及批发价格折扣"联合契约协调下双渠道供应链网络渠道最优定价 $p_d^{M^*}$ 和传统渠道最优定价 $p_r^{M^*}$，结果如下：

$$p_d^{M^*} = \frac{2\theta\gamma(1-\varphi_2)[1+\beta\nu q_0 \exp(-\eta_r S)] + 4(1-\varphi_1)(1-\varphi_2)[\theta - \beta\nu q_0 \exp(-\eta_s S) + \alpha c_0] - 3\theta\alpha b(\gamma - \gamma^2)}{8\alpha(1-\varphi_1)(1-\varphi_2) + 3\alpha\theta\gamma^2}$$

将 $p_d^{M^*}$ 带入零售商传统渠道价格的反应函数，求得联合契约协调下传统渠道最优定价 $p_r^{M^*}$，如下：

$$p_r^{M^*} = \frac{\gamma p_d^{M^*} + b - \gamma b}{2(1-\varphi_2)} + \frac{1+\beta\nu q_0 \exp(-\eta_r S)}{2\alpha}, \text{即} \quad p_r^{M^*} = \frac{\gamma p_d^{M^*} + b - \gamma b}{2(1-\varphi_2)} + p_r^{C^*}$$

双渠道供应链达到协调状态，充分条件是使得在契约协调机制下的分散控制状态的供应商和零售商的最优决策等于集中控制状态下供应链整体系统的最优决策，即 $p_r^{M^*} = p_r^{C^*}$，$p_d^{M^*} = p_d^{C^*}$，解得

$$\begin{aligned} 1-\varphi_2 &= \frac{3\theta\alpha b(1-\gamma)}{2[1+\beta\nu q_0 \exp(-\eta_r S)]}, \\ 1-\varphi_1 &= \frac{\theta\gamma^2[1+\beta\nu q_0 \exp(-\eta_r S)]}{4\alpha b(1-\theta)(1-\gamma)}, \\ \gamma &= \frac{2\alpha b}{[\theta + 2\alpha b - \beta\nu q_0 \exp(-\eta_s S) + \alpha c_0]} \end{aligned} \quad (7.12)$$

双渠道供应链达到协调状态，另一充分条件是满足参与约束，即供应商和零售商各自的利润不低于契约协调之前的利润，即 $\pi_s^{M^*} \geqslant \pi_s^{St^*}$，$\pi_r^{M^*} \geqslant \pi_r^{St^*}$，解得零售商分担供应商保鲜成本比例 $\lambda$ 满足的条件如下：

$$X \leqslant \lambda c_s \leqslant Y \quad (7.13)$$

其中：$X = p_d^{St^*} Q_d^{St^*} + w^{St^*} Q_r^{St^*} - (1-\varphi_1) p_d^{M^*} Q_d^{M^*} - (\gamma p_d^{M^*} + b - \gamma b) Q_r^{M^*} - (1-\varphi_2) p_r^{M^*} Q_r^{M^*}$；$Y = (1-\varphi_2) p_r^{M^*} Q_r^{M^*} + \varphi_1 p_d^{M^*} Q_d^{M^*} - (\gamma p_d^{M^*} + b - \gamma b) Q_r^{M^*} - (p_r^{St^*} - w^{St^*}) Q_r^{St^*}$

命题 4 得证。

## 7.2 基于微分博弈的生鲜食品双渠道协调

本章所研究的生鲜食品双渠道供应链结构，如图 7.2 所示，在第二章的基础上，考虑连续时间的主从微分博弈。显然，消费者所购买的生鲜食品的质量水平取决于供应商和零售商的保鲜努力水平，供应商和零售商可以分散决策其最优保鲜努力水平，也可以协同决策其最优保鲜努力水平。在何种情形下供应链能够获取渠道收益最大化？如果要实现供应链的收益最大化目标，需要设计一种什么样的渠道协调机制？这是本节需要解决的关键问题。

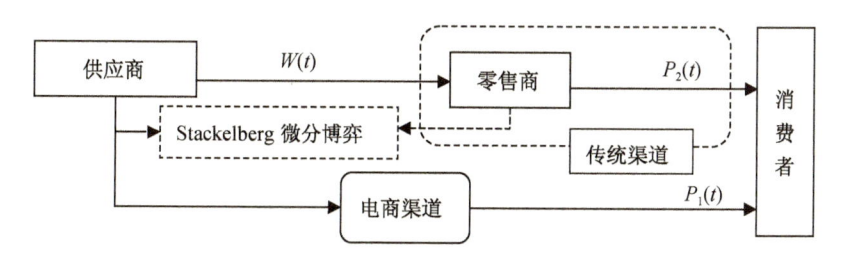

图 7.2 生鲜食品双渠道供应链结构

### 7.2.1 基本假设

（1）假设生鲜食品在流通过程中的价值损失主要由人为损耗和自然损耗造成，人为损耗受顾客摘除、折断、丢弃等行为影响，自然损耗由生鲜食品本身的物理属性决定，借鉴 Cai[66] 和但斌[92] 等人的研究，假设生鲜食品的人为损耗率 $\eta_1$ 和自然损耗率 $\eta_2$ 分别表示为 $\eta_1(t)=\zeta e^{\eta_1 t}$ 和 $\eta_2(t)=\xi e^{\eta_2 t}$，生鲜食品的价值损失率 $\eta$ 可表示为 $\eta=\eta_1(t)+\eta_2(t)=\zeta e^{\eta_1 t}+\xi e^{\eta_2 t}$，其中 $\zeta,\xi$ 分别表示临界人为损耗率和临界自然损耗率。

（2）消费者最终购买到的生鲜食品的质量是经过生鲜食品供应商和零售商保鲜努力后的结果，借鉴 Wang[97] 等的研究，结合假设（1），本章将生鲜食品的质量变化微分方程进行改进，具体表示如下：

$$\dot{Q}(t)=\alpha S(t)+\beta R(t)-\eta Q(t)=\alpha S(t)+\beta R(t)-(\zeta e^{\eta_1 t}+\xi e^{\eta_2 t})Q(t)$$

其中，$\dot{Q}(t)=\partial Q(t)/\partial t$，$Q(t)$ 表示在 $t$ 时刻的生鲜食品质量；$Q(0)=Q_0$ 为初始时刻的质量；$Q(T)=0$ 为保质期 $T$ 时刻的质量；$S(t)$ 为供应商的保鲜努力水平；$R(t)$ 为零售商的保鲜努力水平；$\alpha,\beta$ 为供应商和零售商保鲜努力水平对生鲜食品质量的影响系数。

（3）借鉴 Jorgensen 的研究，假设供应商通过电商渠道销售生鲜食品，其需求

函数为 $D_s(t)=(1-u)mS(t)+\lambda_1 Q(t)-\delta_1 P_1(t)$，零售商通过传统渠道销售生鲜食品，其需求函数为 $D_r(t)=\mu mS(t)+nR(t)+\lambda_2 Q(t)-\delta_2 P_2(t)$。其中：$m$、$n$ 为供应商和零售商保鲜努力对需求的影响系数；$\lambda_1$、$\lambda_2$ 为供应商和零售商所售生鲜食品质量对需求的影响系数；$\mu$ 为传统渠道市场份额占双渠道的比例，$0<\mu<1$；$P_1(t)$、$P_2(t)$ 为供应商电商渠道的定价和零售商传统渠道的定价；$\delta_1$、$\delta_2$ 为电商渠道价格和传统渠道定价对需求的影响系数。

（4）供应商和零售商的保鲜努力成本函数为凸函数，保鲜努力水平越高，则进一步提高保鲜努力水平的成本也越高。因此，假设供应商和零售商的保鲜努力成本函数为 $C(S)=k_1 S^2(t)/2$，$C(R)=k_2 R^2(t)/2$，其中：$k_1$、$k_2$ 为供应商和零售商保鲜努力的成本系数。

本文其他符号含义如下：

$W(t)$：供应商对零售商的供货批发价，$W(t)<P_1(t)$，$W(t)<P_2(t)$；

$S_1^*$、$R_1^*$：Stackelberg 博弈下供应商和零售商的最优保鲜努力水平；

$S_2^*$、$R_2^*$：集中决策情形下供应商和零售商的最优保鲜努力水平；

$S_3^*$、$R_3^*$：契约协调机制下供应商和零售商的最优保鲜努力水平；

$\gamma$：零售商获得的批发价格折扣系数，$0<\gamma<1$；

$\lambda$：供应商对零售商的保鲜成本分担系数，$0<\lambda<1$；

$\varphi$：零售商给供应商的收益分享比例，$0<\varphi<1$。

### 7.2.2 双渠道分散决策情形

当生鲜食品的供应商处于主导地位、零售商处于从属地位时，双方之间将进行 Stackelberg 博弈，供应商为了激励零售商提高保鲜努力水平，主动分担零售商的部分保鲜成本。生鲜食品供应商先决策自身的最优保鲜努力水平以及为零售商承担的保鲜成本分担系数 $\lambda$，生鲜食品零售商在观察到供应商的决策后，再根据自身收益最大化原则决策其最优保鲜努力水平。

根据逆向归纳法，首先确定生鲜食品零售商的最优保鲜努力水平。生鲜食品零售商的最优保鲜努力水平决策是一个单方最优化控制问题，由上文可知，生鲜食品零售商期望收益的目标函数 $J_r$ 和最优收益 $V_r$ 满足的 HJB（Hamilton-Jacobi-Bellman）方程如下：

$$J_r=\int_0^T e^{-\rho t}\left[(P_2-W)(\mu mS+nR+\lambda_2 Q-\delta_2 P_2)-\frac{1}{2}(1-\lambda)k_2 R^2\right]dt \tag{7.14}$$

$$\rho V_r=\max_{R>0}[(P_2-W)(\mu mS+nR+\lambda_2 Q-\delta_2 P_2)-\frac{1}{2}(1-\lambda)k_2 R^2+V_r'(\alpha S+\beta R-\gamma Q)] \tag{7.15}$$

# 第7章 生鲜食品供应链双渠道质量安全控制与协调契约

由式(7.15)的一阶偏导数条件知,零售商的最优保鲜努力水平反应函数为

$$R^* = \frac{n(P_2 - W) + \beta V_r'}{(1-\lambda)k_2} \tag{7.16}$$

生鲜食品供应商将根据零售商的最优反应函数来确定自身的最优保鲜努力水平和保鲜成本分担系数,其目标函数 $J_s$ 和最优收益 $V_s$ 满足的 HJB 方程如下:

$$J_s = \int_0^T e^{-\rho t} \{P_1[(1-u)mS + \lambda_1 Q - \delta_1 P_1] + \\ W(\mu m S + n R^* + \lambda_2 Q - \delta_2 P_2) - \frac{1}{2}k_1 S^2 - \frac{1}{2}\lambda k_2 R^{*2}\} dt \tag{7.17}$$

$$\rho V_s = \max_{S,\lambda} \{P_1[(1-u)mS + \lambda_1 Q - \delta_1 P_1] + W(\mu m S + n R^* + \lambda_2 Q - \delta_2 P_2) - \\ \frac{1}{2}k_1 S^2 - \frac{1}{2}\lambda k_2 R^{*2} + V_s'(\alpha S + \beta R^* - \eta Q)\} \tag{7.18}$$

对式(7.18)求一阶偏导数 $\frac{\partial V_s}{\partial S} = 0, \frac{\partial V_s}{\partial \lambda} = 0$ 得到:

$$S^* = \frac{(1-\mu)mP_1 + \mu m W + \alpha V_s'}{k_1}, \quad \lambda^* = \frac{2nW + 2\beta V_s'}{3nP_2 - nW + 2\beta V_s' + 3\beta V_r'} \tag{7.19}$$

将式(7.16)、式(7.19)代入式(7.15)、式(7.18),整理得

$$\rho V_r = \frac{(nP_2 - nW + \beta V_r')^2}{2(1-\lambda^*)k_2} + \frac{(\mu m P_2 - \mu n W + \alpha V_r')(mP_1 - \mu m P_1 + \mu m W + \alpha V_s')}{k_1} - \\ (P_2 - W)\delta_2 P_2 + (\lambda_2 P_2 - \lambda_2 W - \eta V_r')Q$$

$$\rho V_s = \frac{(mP_1 - \mu m P_1 + \mu m W + \alpha V_s')^2}{2k_1} + \frac{(nW + \beta V_s')(nP_2 - nW + \beta V_r')}{(1-\lambda^*)k_2} - \\ \frac{\lambda^*(nP_2 - nW + \beta V_r')^2}{2(1-\lambda^*)^2 k_2} - \delta_1 P_1^2 - \delta_2 P_2 W + (\lambda_1 P_1 + \lambda_2 W - \eta V_s')Q \tag{7.20}$$

由式(7.20)易知,关于 $Q$ 的线性最优收益是 HJB 方程的解,不妨令 $V_s = a_2 + b_2 Q, V_r = c_2 + d_2 Q$,其中 $a_2, b_2, c_2, d_2$ 为常数,通过待定系数法解得

$$a_2 = \frac{[(\rho+\eta)(mP_1 - \mu m P_1 + \mu m W) + \alpha \lambda_1 P_1 + \alpha \lambda_2 W]^2}{2k_1 \rho(\rho+\eta)^2} - \\ \frac{\lambda^*[(\rho+\eta)(nP_2 - nW) + \beta \lambda_2 P_2 - \beta \lambda_2 W]^2}{2(1-\lambda^*)^2 k_2 \rho(\rho+\eta)^2} + \\ \frac{[(\rho+\eta)nW + \beta \lambda_1 P_1 + \beta \lambda_2 W][(\rho+\eta)(nP_2 - nW) + \beta \lambda_2 P_2 - \beta \lambda_2 W]}{(1-\lambda^*)k_2 \rho(\rho+\eta)^2} - \\ \frac{\delta_1 P_1^2 + \delta_2 P_2 W}{\rho}$$

$$c_2 = \frac{[(\rho+\eta)(\mu m P_2 - \mu m W) + \alpha\lambda_2 P_2 - \alpha\lambda_2 W][(\rho+\eta)(mP_1 - \mu m P_1 + \mu m W) + \alpha\lambda_1 P_1 + \alpha\lambda_2 W]}{k_1\rho(\rho+\eta)^2} +$$

$$\frac{[(\rho+\eta)(nP_2 - nW) + \beta\lambda_2 P_2 - \beta\lambda_2 W]^2}{2(1-\lambda^*)k_2\rho(\rho+\eta)^2} - \frac{(P_2 - W)\delta_2 P_2}{\rho}$$

$$b_2 = \frac{\lambda_1 P_1 + \lambda_2 W}{\rho+\eta} \qquad d_2 = \frac{\lambda_2 P_2 - \lambda_2 W}{\rho+\eta} \tag{7.21}$$

将 $V_s' = b_2$, $V_r' = d_2$ 代入式(7.16)、式(7.19),得到生鲜食品供应商和零售商在供应商主导下的最优保鲜努力水平,分别如下:

$$S_1^* = \frac{(\rho+\eta)(mP_1 - \mu m P_1 + \mu m W) + \alpha\lambda_1 P_1 + \alpha\lambda_2 W}{k_1(\rho+\eta)}$$

$$R_1^* = \frac{n(\rho+\eta)(P_2 - W) + \beta\lambda_2 P_2 - \beta\lambda_2 W}{(1-\lambda^*)k_2(\rho+\eta)} \tag{7.22}$$

将 $S_1^*$ 和 $R_1^*$ 代入式(7.15)和式(7.18),求得 Stackelberg 均衡下生鲜食品供应商和零售商的最优收益如下:

$$V_{s2}^* = \frac{[(\rho+\eta)(mP_1 - \mu m P_1 + \mu m W) + \alpha\lambda_1 P_1 + \alpha\lambda_2 W]^2}{2k_1\rho(\rho+\eta)^2} -$$

$$\frac{\lambda^*[(\rho+\eta)(nP_2 - nW) + \beta\lambda_2 P_2 - \beta\lambda_2 W]^2}{2(1-\lambda^*)^2 k_2\rho(\rho+\eta)^2} +$$

$$\frac{[(\rho+\eta)nW + \beta\lambda_1 P_1 + \beta\lambda_2 W][(\rho+\eta)(nP_2 - nW) + \beta\lambda_2 P_2 - \beta\lambda_2 W]}{(1-\lambda^*)k_2\rho(\rho+\eta)^2} -$$

$$\frac{\delta_1 P_1^2 + \delta_2 P_2 W}{\rho} + \frac{\lambda_1 P_1 + \lambda_2 W}{\rho+\eta} Q$$

$$V_{r2}^* = \frac{[(\rho+\eta)(\mu m P_2 - \mu m W) + \alpha\lambda_2 P_2 - \alpha\lambda_2 W][(\rho+\eta)(mP_1 - \mu m P_1 + \mu m W) + \alpha\lambda_1 P_1 + \alpha\lambda_2 W]}{k_1\rho(\rho+\eta)^2} +$$

$$\frac{[(\rho+\eta)(nP_2 - nW) + \beta\lambda_2 P_2 - \beta\lambda_2 W]^2}{2(1-\lambda^*)k_2\rho(\rho+\eta)^2} - \frac{(P_2 - W)\delta_2 P_2}{\rho} + \frac{\lambda_2 P_2 - \lambda_2 W}{\rho+\eta} Q$$

**命题1** 分散状态下,生鲜食品供应商的最优收益 $V_s^*$ 是传统渠道市场份额占双渠道的比例 $\mu$ 的减函数,且是凹函数;生鲜食品零售商的最优收益 $V_r^*$ 是 $\mu$ 的凸函数,且 $\mu = \frac{\alpha\lambda_2(P_1 - W - P_2) - (\rho m + \eta m + \alpha\lambda_1)P_1}{m(\rho+\eta)(W-P_1)}$ 为驻点。

证明:

$$\frac{\partial V_{s1}^*}{\partial \mu} = \frac{\partial V_{s2}^*}{\partial \mu} = \frac{m(W-P_1)[(\rho+\eta)(1-\mu)mP_1 + (\rho+\eta)\mu m W + \alpha\lambda_1 P_1 + \alpha\lambda_2 W]}{k_1\rho(\rho+\eta)},$$

$\because 0<\mu<1, W<P_1, \therefore \frac{\partial V_{s1}^*}{\partial \mu} = \frac{\partial V_{s2}^*}{\partial \mu} < 0$;又 $\because \frac{\partial^2 V_{s1}^*}{\partial \mu^2} = \frac{\partial^2 V_{s2}^*}{\partial \mu^2} = \frac{m^2(W-P_1)^2}{k_1\rho} > 0, \therefore$ 生鲜食品供应商的最优收益 $V_s^*$ 是传统渠道市场占有率 $\mu$ 的减函数和凹函数;

∵ $\frac{\partial V_{r1}^*}{\partial \mu} = \frac{\partial V_{r2}^*}{\partial \mu} = \frac{m(P_2-W)}{k_1\rho(\rho+\eta)}[(\rho m+\eta m+\alpha\lambda_1)P_1+\alpha\lambda_2 P_2+(2\mu\rho m+2\mu\eta m+\alpha\lambda_2)(W-P_1)]$，记 $f_1=(\rho m+\eta m+\alpha\lambda_1)P_1+\alpha\lambda_2 P_2$，$f_2=(2\mu\rho m+2\mu\eta m+\alpha\lambda_2)(W-P_1)$，易知 $f_1>0$，$f_2<0$，∴ 存在一点 $\mu^*$，使得 $\frac{\partial V_{r1}^*}{\partial \mu}\big|_{\mu=\mu^*}=\frac{\partial V_{r2}^*}{\partial \mu}\big|_{\mu=\mu^*}=0$，令 $f_1+f_2=0$，解得一阶条件 $\mu^*=\frac{\alpha\lambda_2(P_1-W-P_2)-(\rho m+\eta m+\alpha\lambda_1)P_1}{m(\rho+\eta)(W-P_1)}$；又 ∵ $\frac{\partial^2 V_{r1}^*}{\partial \mu^2}=\frac{\partial^2 V_{r2}^*}{\partial \mu^2}=\frac{2m^2(W-P_1)(P_2-W)}{k_1\rho}$，$W<P_1$，$W<P_2$，∴ $\frac{\partial^2 V_{r1}^*}{\partial \mu^2}=\frac{\partial^2 V_{r2}^*}{\partial \mu^2}<0$，即生鲜食品零售商的最优收益 $V_r^*$ 是传统渠道市场占有率 $\mu$ 的凸函数。命题 1 得证。

由此可见，当传统渠道较电商渠道的市场份额不断提高时，供应商的收益将持续下滑，而零售商的收益将先增加后减少，故对于供应链的整体收益来说，传统渠道市场份额占供应链双渠道的比例存在一个最优值，即传统渠道和电商渠道比例的规模适度问题，因此电商渠道和传统渠道的市场份额占比及渠道策略的协调是关键。

### 7.2.3 双渠道集中决策情形

在生鲜食品供应链双渠道集中决策情形下，生鲜食品供应商和零售商作为一个有机整体，共同确定各自的最优保鲜努力水平，决策原则是保证供应链的整体收益最大化，生鲜食品供应链期望总收益的目标函数为

$$J_c=\int_0^T e^{-\rho t}\{P_1[(1-u)mS+\lambda_1 Q-\delta_1 P_1]+P_2(\mu mS+nR+\lambda_2 Q-\delta_2 P_2)-\frac{1}{2}k_2 R^2-\frac{1}{2}k_1 S^2\}dt \tag{7.23}$$

式(7.23)对应的供应链整体最优收益函数满足的 HJB 方程为

$$\rho V_c=\max_{S,R}\{P_1[(1-u)mS+\lambda_1 Q-\delta_1 P_1]+P_2(\mu mS+nR+\lambda_2 Q-\delta_2 P_2)-\frac{1}{2}k_2 R^2-\frac{1}{2}k_1 S^2+V_c'(\alpha S+\beta R-\eta Q)\} \tag{7.24}$$

由式(7.24)的一阶偏导数条件，可得生鲜食品供应商和零售商的最优保鲜努力水平如下：

$$S=\frac{(1-\mu)mP_1+\mu mP_2+\alpha V_c'}{k_1},\quad R=\frac{nP_2+\beta V_c'}{k_2} \tag{7.25}$$

将式(7.25)代入到式(7.24)，求解思路同上文，设 $V_c=a_3+b_3 Q$，解得

$$\rho V_c = \frac{(mP_1 - \mu m P_1 + \mu m P_2 + \alpha V_c')^2}{2k_1} + \frac{(nP_2 + \beta V_c')^2}{2k_2} - \delta_1 P_1^2 - \delta_2 P_2^2 +$$
$$(\lambda_1 P_1 + \lambda_2 P_2 - \eta V_c')Q$$

$$a_3 = \frac{[(\rho+\eta)(mP_1 - \mu m P_1 + \mu m P_2) + \alpha\lambda_1 P_1 + \alpha\lambda_2 P_2]^2}{2k_1\rho(\rho+\eta)^2} +$$
$$\frac{[(\rho+\eta)nP_2 + \beta\lambda_1 P_1 + \beta\lambda_2 P_2]}{k_2\rho(\rho+\eta)^2} - \frac{\delta_1 P_1^2 + \delta_2 P_2^2}{\rho} \tag{7.26}$$

$$b_3 = \frac{\lambda_1 P_1 + \lambda_2 P_2}{\rho+\eta}$$

将 $V_c' = b_3$ 代入到式 (7.25) 中，解得在集中决策情形下，生鲜食品供应商和零售商的最优保鲜努力水平和供应链整体最优收益如下：

$$S_2^* = \frac{(\rho+\eta)(mP_1 - \mu m P_1 + \mu m P_2) + \alpha\lambda_1 P_1 + \alpha\lambda_2 P_2}{k_1(\rho+\eta)}$$

$$R_2^* = \frac{nP_2(\rho+\eta) + \beta\lambda_1 P_1 + \beta\lambda_2 P_2}{k_2(\rho+\eta)}$$

$$V_c^* = \frac{[(\rho+\eta)(mP_1 - \mu m P_1 + \mu m P_2) + \alpha\lambda_1 P_1 + \alpha\lambda_2 P_2]^2}{2k_1\rho(\rho+\eta)^2} +$$
$$\frac{[(\rho+\eta)nP_2 + \beta\lambda_1 P_1 + \beta\lambda_2 P_2]^2}{k_2\rho(\rho+\eta)^2} - \frac{\delta_1 P_1^2 + \delta_2 P_2^2}{\rho} + \frac{\lambda_1 P_1 + \lambda_2 P_2}{\rho+\eta}Q \tag{7.27}$$

**命题 2** 比较集中决策和分散决策下的情形，有

1) $S_2^* > S_1^*$，当 $\lambda^* P_2 - W < \frac{\beta\lambda_1 P_1 (1-\omega^*)}{n(\rho+\eta)+\beta\lambda_2}$ 时，$R_2^* > R_1^*$；

2) $V_c^* > V_{s1}^* + V_{r1}^*$，当 $W < P_2 < (3-2\omega^*)W$ 时 $V_c^* > V_{s2}^* + V_{r2}^*$ 成立。

证明：对于 1)，$\because P_2 > W$，$\therefore S_3^* > S_1^* = S_2^*$，由式 (7.22)、式 (7.27)，计算整理得

$$k_2(\rho+\eta)(R_3^* - R_2^*) = nP_2(\rho+\eta) + \beta\lambda_1 P_1 + \beta\lambda_2 P_2 - \frac{n(\rho+\eta)(P_2-W) + \beta\lambda_2 P_2 - \beta\lambda_2 W}{(1-\lambda^*)k_2(\rho+\eta)},$$

即 $k_2(\rho+\eta)(R_3^* - R_2^*) = \frac{\beta\lambda_1 P_1}{n(\rho+\eta)+\beta\lambda_2} - \frac{\omega^* P_2 - W}{(1-\omega^*)}$；又 $\because 0 < \omega^* < 1, P_2 > W$，$\therefore$ 当

$\omega^* P_2 - W < \frac{\beta\lambda_1 P_1 (1-\omega^*)}{n(\rho+\eta)+\beta\lambda_2}$ 时，有 $R_3^* > R_2^* > R_1^*$ 成立。

3) 为计算方便，不妨记 $A_1 = (\rho+\eta)(mP_1 - \mu m P_1 + \mu m P_2) + \alpha\lambda_1 P_1 + \alpha\lambda_2 P_2$，$A_2 = (\rho+\eta)(mP_1 - \mu m P_1 + \mu m W) + \alpha\lambda_1 P_1 + \alpha\lambda_2 W$，$B_1 = (\rho+\eta)nP_2 + \beta\lambda_1 P_1 + \beta\lambda_2 P_2$，$B_2 = (\rho+\eta)nW + \beta\lambda_1 P_1 + \beta\lambda_2 W$，$C = (\rho n + n\eta + \beta\lambda_2)(P_2 - W)$，$D = (\rho\mu m + \eta\mu m + \alpha\lambda_2)(P_2 - W)$，且假设 $\alpha = \beta, k_1 = k_2$；又 $\because P_2 > W$，$\therefore$ 易知 $A_1 > A_2, B_1 > B_2$，$C > D, B_1 > C$；由式 (7.27) 得 $V_c^* - (V_{s1}^* + V_{r1}^*) = \frac{A_1^2 - A_2^2 + 2B_1^2 - 2B_2C - 2DA_2 - C^2}{2k_1 k_2 \rho (\rho+\eta)^2}$。

将上式进行缩放,有下式成立:

$$V_c^* - (V_{s1}^* + V_{r1}^*) = \frac{A_1^2 - A_2^2 + 2B_1^2 - 2B_2C - 2DA_2 - C^2}{2k_1k_2\rho(\rho+\eta)^2} >$$

$$\frac{A_1^2 - A_1^2 + B_1^2 + B_1^2 - 2B_2C - 2CC - C^2 - C^2}{2k_1k_2\rho(\rho+\eta)^2} = \frac{0 + B_1^2 - C^2 + (B_1 - C)^2}{2k_1k_2\rho(\rho+\eta)^2} > 0$$

由于 $V_c^* > V_{s1}^* + V_{r1}^*$ 成立,限于篇幅,对于 $V_c^* > V_{s2}^* + V_{r2}^*$ 的证明,结合命题 1,同理可证。

由命题 2 可见,在分散决策情形下,不管生鲜食品供应商和零售商之间的权力结构关系如何,其最优收益都小于集中决策情形下的最优收益。因此对于分散决策来说,合作协调机制的建立显得尤为重要,不仅能提高生鲜食品供应商和零售商的最优保鲜努力水平,而且生鲜食品供应商和零售商的收益都可以得到提高。

由上节分散决策情形下的分析结果可知,在保鲜成本共担契约下,生鲜食品供应商和零售商最优保鲜努力水平得以提高,但两者收益的增加是在满足批发价格和保鲜成本分担系数构成的相关公式条件下实现的,并且在成本共担契约协调机制下,并未体现出其能够解决两种渠道市场占有率上相互冲突的现实问题,难以达到集中决策情形下的供应链最优收益水平。因此,下节将建立一种基于收益共享、成本共担和价格折扣的联合契约来实现生鲜食品供应链的双渠道协调。

### 7.2.4 双渠道协调联合契约设计

上节探讨了分散状态和集中状态下的最优决策情形,可见在生鲜食品供应商主导的双渠道供应链中,生鲜食品供应商分担一部分零售商的保鲜成本,可以提高生鲜食品零售商的保鲜努力水平,并且生鲜食品供应商的最优收益在一定条件下得到提高。由命题 1 和命题 2 可知,在零售商和供应商之间建立一种批发价格折扣机制就可以达成双赢结果,因此供应商和零售商之间可在传统渠道定价和批发价之间制定价格折扣,假设折扣系数为 $\gamma, 0<\gamma<1$,即 $W=\gamma P_2$;考虑到双渠道由于市场需求、渠道营销能力等的不同所带来的冲突,假设在供应商和零售商之间进行合作时,供应商分担零售商的部分保鲜成本,成本分担系数为 $\lambda, 0<\lambda<1$,并且供应商和零售商之间进行渠道合作,将零售商传统渠道的部分收益分享给供应商,分享比例为 $\varphi, 0<\varphi<1$。

在契约机制 $(\gamma, \omega, \varphi)$ 的协调合作下,生鲜食品供应商和零售商的期望收益目标函数分别为

$$J_s = \int_0^T e^{-\rho t} \Big\{ (1-\varphi) P_1 [(1-u)mS + \lambda_1 Q - \delta_1 P_1] + \gamma P_2 (\mu mS + nR + \lambda_2 Q - \delta_2 P_2) - \frac{1}{2}k_1 S^2 - \frac{1}{2}\lambda k_2 R^2 \Big\} dt \tag{7.28}$$

$$J_r = \int_0^T e^{-\rho t}\left\{\varphi P_1[(1-u)mS+\lambda_1 Q-\delta_1 P_1]+\right.$$
$$\left. P_2(1-\gamma)(\mu mS+nR+\lambda_2 Q-\delta_2 P_2)-\frac{1}{2}(1-\lambda)k_2 R^2\right\}dt \qquad (7.29)$$

式(7.28)和式(7.29)的控制问题满足的HJB方程为

$$\rho V_r = \max_{R>0}\left\{\varphi P_1[(1-u)mS+\lambda_1 Q-\delta_1 P_1]+P_2(1-\gamma)\right.$$
$$\left.(\mu mS+nR+\lambda_2 Q-\delta_2 P_2)-\frac{1}{2}(1-\lambda)k_2 R^2 + V_r'(\alpha S+\beta R-\eta Q)\right\} \qquad (7.30)$$

根据式(7.30)的一阶偏导数条件知,零售商的最优保鲜努力水平反应函数为

$$R^* = \frac{(1-\gamma)nP_2+\beta V_r'}{(1-\lambda)k_2} \qquad (7.31)$$

将式(7.31)带入生鲜食品供应商目标函数所满足的 $HJB$ 方程,得到:

$$\rho V_s = \max_{S,\omega}\left\{(1-\varphi)P_1[(1-u)mS+\lambda_1 Q-\delta_1 P_1]+\gamma P_2(\mu mS+nR^*+\right.$$
$$\left.\lambda_2 Q-\delta_2 P_2)-\frac{1}{2}k_1 S^2-\frac{1}{2}\lambda k_2 R^{*2}+V_s'(\alpha S+\beta R^*-\eta Q)\right\} \qquad (7.32)$$

求式(7.32)的一阶偏导数 $\frac{\partial V_s}{\partial S}=0$,得到供应商的最优保鲜努力水平:

$$S^* = \frac{(1-\varphi)(1-\mu)mP_1+\mu m\gamma P_2+\alpha V_s'}{k_1} \qquad (7.33)$$

将式(7.31)、式(7.32)联立,令 $V_s=a_4+b_4 Q$, $V_r=c_4+d_4 Q$,其中 $a_4$、$b_4$、$c_4$、$d_4$ 为常数,可解得

$$V_s'=b_4=\frac{(1-\varphi)\lambda_1 P_1+\gamma\lambda_2 P_2}{(\rho+\eta)}, V_r'=d_4=\frac{\varphi\lambda_1 P_1+(1-\gamma)\lambda_2 P_2}{(\rho+\eta)}$$

$$S_3^* = \frac{(\rho+\eta)(1-\varphi)(1-\mu)mP_1+(\rho+\eta)\mu m\gamma P_2+\alpha(1-\varphi)\lambda_1 P_1+\alpha\gamma\lambda_2 P_2}{(\rho+\eta)k_1} \qquad (7.34)$$

$$R_3^* = \frac{(\rho+\eta)(1-\varphi)nP_2+\varphi\beta\lambda_1 P_1+(1-\gamma)\beta\lambda_2 P_2}{(1-\lambda)k_2(\rho+\eta)}$$

**命题3** 生鲜食品供应链双渠道协调的必要条件如下:契约参数 $(\gamma,\lambda,\varphi)$ 满足条件 $G=\gamma E-\varphi F$, $(\gamma-\lambda)H=(\varphi+\lambda-1)K$,其中 $G=(\rho+\eta)\mu mP_2$, $E=(\rho+\eta)\mu mP_2+\alpha\lambda_2 P_2$, $F=(\rho+\eta)(1-\mu)mP_1+\alpha\lambda_1 P_1$, $H=(\rho+\eta)nP_2+\beta\lambda_2 P_2$, $K=\beta\lambda_1 P_1$。

证明:生鲜食品供应链双渠道达成协调状态,表明在契约协调机制 $(\gamma,\lambda,\varphi)$ 合

作的条件下,生鲜食品供应商和零售商的最优保鲜努力水平等于在集中状态下的最优保鲜努力水平,即 $S_3^* = S_2^*$, $R_3^* = R_2^*$。由式(7.34)和式(7.27),计算得

$$S_3^* - S_2^* = \frac{(\rho+\eta)\mu m P_2 - \gamma[(\rho+\eta)\mu m P_2 + \alpha\lambda_2 P_2] + \varphi[(\rho+\eta)(1-\mu)m P_1 + \alpha\lambda_1 P_1]}{(\rho+\eta)k_1},$$

令 $S_3^* - S_2^* = 0$,得 $S_3^* - S_2^* = \frac{G - \gamma E + \varphi F}{(\rho+\eta)k_1} = 0$,且 $(\rho+\eta)k_1 > 0$,所以 $G = \gamma E - \varphi F$;同理可得,$R_3^* - R_2^* = \frac{(\gamma-\lambda)H - (\varphi+\lambda-1)K}{(1-\lambda)k_2(\rho+\eta)} = 0$,且 $(1-\lambda)k_2(\rho+\eta) > 0$,所以 $(\gamma-\lambda)H = (\varphi+\lambda-1)K$。命题3得证。

由命题3可知,其他条件不变,生鲜食品双渠道供应链在契约协调机制下,供应商将电商渠道的一部分收益分享给零售商,其收益分享比例与传统渠道定价和批发价之间的价格折扣率呈正相关,与成本共担系数也呈正相关。

**命题4** 在契约协调机制$(\gamma, \lambda, \varphi)$下,生鲜食品供应商的最优保鲜努力水平是电商渠道收益分享比例的减函数,是传统渠道价格折扣系数的增函数;而零售商的最优保鲜努力水平是传统渠道价格折扣系数和成本共担系数的减函数,是电商渠道收益分享比例的增函数。

证明:对式(7.34)求一阶偏导数,有

$$\frac{\partial S_3^*}{\partial \varphi} = \frac{-(\rho+\eta)(1-\mu)m P_1 - \alpha\lambda_1 P_1}{(\rho+\eta)k_1} < 0$$

$$\frac{\partial S_3^*}{\partial \gamma} = \frac{(\rho+\eta)\mu m P_2 + \alpha\lambda_2 P_2}{(\rho+\eta)k_1} > 0$$

$$\frac{\partial R_3^*}{\partial \gamma} = \frac{-(\rho+\eta)n P_2 - \beta\lambda_2 P_2}{(1-\omega)k_2(\rho+\eta)} < 0$$

$$\frac{\partial R_3^*}{\partial \lambda} = -\frac{(\rho+\eta)(1-\gamma)n P_2 + \varphi\beta\lambda_1 P_1 + (1-\gamma)\beta\lambda_2 P_2}{(1-\lambda)^2 k_2(\rho+\eta)} < 0$$

$$\frac{\partial R_3^*}{\partial \varphi} = \frac{\beta\lambda_1 P_1}{(1-\lambda)k_2(\rho+\eta)} > 0$$

命题4表明生鲜食品供应商随着电商渠道收益分享的增加,其最优保鲜努力水平会降低,但当传统渠道价格折扣变大时,供应商的最优保鲜努力水平将增加,因此在利益和成本的驱使下,在供应商与零售商的合作中应综合考虑收益分享比例和价格折扣比例关系,即 $G = \gamma E - \varphi F$,分享电商渠道的收益并努力促成双方传统渠道交易中的批发价格最低。然而,如果生鲜食品供应商不进行电商渠道收益分享,由于信息不对称零售商存在道德风险,零售商会对供应商的价格折扣和成本共担行为产生依赖,从而选择不作为,即零售商的最优保鲜努力水平会随着传统渠道价格折扣系数和成本共担系数的提高而降低,但当零售商能够分享供应商电商渠道的部分收益时,在利益的驱动下零售商的最优保鲜努力水平又会提高。由此

可见,基于收益共享、成本共担和价格折扣契约的联合契约协调机制可以克服单一契约的不足,能够比较系统全面地解决生鲜食品供应链双渠道的协调问题。

## 7.3 基于演化博弈的生鲜食品双渠道协调

在 7.1 节和 7.2 节的基础上,本章以供应商和零售商组成的二级供应链为对象,构建生鲜食品双渠道供应链协调的演化博弈模型,通过微分博弈的最优值函数表征双渠道供应链双种群演化的支付矩阵,并进行演化稳定性判断与系统演化路径分析。

### 7.3.1 基本假设

(1) 销售生鲜食品为单一品种,生鲜食品的质量主要受到保鲜温度的影响,依据瑞典科学家阿伦尼乌斯提出的阿伦尼乌斯方程,借鉴 Wang[97]等的思想,将生鲜食品的质量变化微分方程具体表示如下:

$$\dot{Q}(t)=mS(t)+nR(t)-\eta Q(t), \eta=\exp(-E/GT_n)$$

其中:$\dot{Q}(t)=\partial Q(t)/\partial t$,$Q(t)$ 为在 $t$ 时刻的生鲜食品质量;$S(t)$ 为供应商的保鲜努力水平;$R(t)$ 为零售商的保鲜努力水平;$m$、$n$ 为供应商和零售商保鲜努力水平对生鲜食品质量的影响系数;$\eta$ 为腐败反应速率;$E$ 为反应的活化能;$G$ 为摩尔气体常量;$T_n$ 为第 $n$ 时刻的生鲜食品热力学温度。

(2) 借鉴 Jorgensen 的思想,假设供应商通过电商渠道销售生鲜食品,其需求函数为 $D_d=(1-\mu)U-\alpha p_d+\beta p_r+\lambda_1 Q$,零售商通过传统渠道销售生鲜食品,其需求函数为 $D_r=\mu U-\alpha p_r+\beta p_d+\lambda_2 Q$。其中,$\mu$ 表示传统渠道占的市场份额;$\alpha, \beta, \lambda_1, \lambda_2$ 分别表示渠道价格、交叉价格和质量对渠道需求函数的影响系数。

(3) 供应商和零售商的保鲜努力成本函数为凸函数,保鲜努力水平越高,进一步提高保鲜努力水平的成本就越高。因此,假设供应商和零售商的保鲜努力成本函数为

$$C(S)=\frac{1}{2}k_1 S^2(t), C(R)=\frac{1}{2}k_2 S^2(t)$$

其中:$k_1$、$k_2$ 为供应商和零售商保鲜努力的成本系数。

本章其他符号含义如下:

$T$:生鲜食品货架期;

$\rho$:贴现率;

$w$:供应商给零售商的批发价;

$c$:供应商的单位生产成本;
$\gamma$:传统渠道促销价格折扣系数,$0<\gamma<1$;
$\varphi$:零售商给供应商的收益分享系数,$0<\varphi<1$;
$\lambda$:供应商给零售商的成本分担系数,$0<\lambda<1$。

表 7.1 生鲜食品供应链双渠道支付函数

| 决策者 |  | 零售商 $R$ | |
|---|---|---|---|
| 供应商 $S$ | 决策类型 | $y$ 收益共享($H_1$) | $1-y$ 收益不共享($H_2$) |
| | $x$ 成本分担($G_1$) | $V_{SG_1H_1}, V_{RG_1H_1}$ | $V_{SG_1H_2}, V_{RG_1H_2}$ |
| | $1-x$ 成本不分担($G_2$) | $V_{SG_2H_1}, V_{RG_2H_1}$ | $V_{SG_2H_2}, V_{RG_2H_2}$ |

### 7.3.2 双渠道供应链演化博弈模型构建

#### 7.3.2.1 生鲜食品供应商和零售商目标函数

考虑到资金的时间价值,引入贴现率 $\rho$,且供应商和零售商的瞬时净利润 $F_S$ 和 $F_R$ 是关于保鲜努力水平、质量和时间的函数,因此不妨假设供应商和零售商的目标函数具有如下形式:

$$J_s = \int_0^T F_S[S(t), Q(t), t] e^{-\rho t} \mathrm{d}t \quad J_r = \int_0^T F_R[R(t), Q(t), t] e^{-\rho t} \mathrm{d}t$$

由于演化博弈需要构建生鲜食品供应商和零售商的支付函数,并且供应商和零售商在双渠道竞争中具有连续性和动态性,为此本文将通过微分对策中泛函极值表示供应商和零售商在不同协调策略下的收益。

**命题 5** 生鲜食品供应链双渠道协调问题,具有如下所示的 HJB(Hamilton-Jacobi-Bellman)方程[13]:

$$\begin{cases} \dfrac{\partial V_S}{\partial t} = -\max_{S(t)} \left\{ F_S(S(t), Q(t), t) e^{-\rho t} + \dfrac{\partial V_S}{\partial Q(t)}[mS(t) + nR(t) - \eta Q(t)] \right\} \\ \dfrac{\partial V_R}{\partial t} = -\max_{R(t)} \left\{ F_R(R(t), Q(t), t) e^{-\rho t} + \dfrac{\partial V_S}{\partial Q(t)}[mS(t) + nR(t) - \eta Q(t)] \right\} \end{cases}$$

(7.35)

**证明**:由动态规划最优性原理知,若 $S^*(s)(t \leqslant s)$ 是供应商从时刻 $t$ 开始质量 $Q(t)$ 时的最优保鲜努力水平,则 $S^*(s)(t \leqslant s)$ 一定是从时刻 $t+\Delta t$ 开始质量 $Q(t+\Delta t)$ 时的最优保鲜努力水平,因此可得

$$V_S[Q(t+\Delta t), t+\Delta t] = \max_{S(t)} \int_{t+\Delta t}^T F_S[S(s), I_s(s), s] e^{-\rho s} \mathrm{d}s$$

$$\because V_S[Q(t),t] = \max_{S(t)}\left\{\int_t^{t+\Delta t} F_S[S(s),Q(s),s]e^{-\rho s}\mathrm{d}s + \right.$$
$$\int_{t+\Delta t}^T F_S[S(s),Q(s),s]e^{-\rho s}\mathrm{d}s\bigg\} =$$
$$\max_{S(t)}\left\{\int_t^{t+\Delta t} F_S[S(s),Q(s),s]e^{-\rho s}\mathrm{d}s + V_S[Q(t+\Delta t),t+\Delta t]\right\}$$
$$(7.36)$$

当 $\Delta t \to 0$,则有 $\int_t^{t+\Delta t} F_S[S(s),Q(s),s]e^{-\rho s}\mathrm{d}s \approx F_S[S(s),Q(s),s]e^{-\rho s} \cdot \Delta t$ (7.37)

并且 $\because Q(t+\Delta t) \approx Q(t) + Q'(t)\Delta t, \therefore V_S[Q(T+\Delta t),T+\Delta t] \approx V_S[Q(t)+Q'(t)\Delta t,T+\Delta t]$。

将 $V_S[Q(t)+Q'(t)\Delta t,t+\Delta t]$ 对 $\Delta t$ 进行 Taylor 展开,有

$$V_S[Q(t)+\Delta t,t+\Delta t] \approx V_S[Q(t),t] + \frac{\partial V_S}{\partial Q(t)}Q'(t)\Delta t + \frac{\partial V_S}{\partial t}\Delta t \quad (7.38)$$

将式(7.37)和式(7.38)代入到式(7.36)中,有:

$$V_S[Q(t),t] \approx \max_{S(t)}\left\{F_S[S(s),Q(s),s]e^{-\rho s} \cdot \Delta t + V_S[Q(t),t] + \frac{\partial V_S}{\partial Q(t)}Q'(t)\Delta t + \right.$$
$$\left.\frac{\partial V_S}{\partial t}\Delta t\right\} \Rightarrow 0 = \max_{S(t)}\left\{F_S[S(s),Q(s),s]e^{-\rho s} \cdot \Delta t + \frac{\partial V_S}{\partial Q(t)}Q'(t)\Delta t + \frac{\partial V_S}{\partial t}\Delta t\right\}$$

即得到式(7.35)所示的 HJB 方程:

$$\frac{\partial V_S}{\partial t} = -\max_{S(t)}\left\{F_S[S(t),Q(t),t]e^{-\rho t} + \frac{\partial V_S}{\partial Q(t)}[mS(t)+nR(t)-\eta Q(t)]\right\}$$

同理可证零售商决策目标的 HJB 方程,因此命题 5 得证。

由命题 5 易得供应商和零售商决策目标满足的 HJB 方程的等价形式如下:

$$\begin{cases}\rho V_S = -\max_{S(t)}\left\{F_S[S(t),Q(t),t] + \frac{\partial V_S}{\partial Q}[mS(t)+nR(t)-\eta Q(t)]\right\} \\ \rho V_R = -\max_{R(t)}\left\{F_R[R(t),Q(t),t] + \frac{\partial V_R}{\partial Q}[mS(t)+nR(t)-\eta Q(t)]\right\}\end{cases} \quad (7.39)$$

#### 7.3.2.2 生鲜食品供应商和零售商四类纯策略

(1) 当供应商采用"$G_1$",零售商采用"$H_1$"时,双方的目标函数分别为

$$J_s = \int_0^T e^{-\rho t}\left\{(p_d-c)[(1-\mu)U-\alpha p_d+\beta p_r+\lambda_1 Q]+(w-c+\varphi p_r)(\mu U-\alpha p_r+\beta p_d+\lambda_2 Q)-\frac{1}{2}k_1 S^2(t)-\frac{1}{2}\lambda k_2 R^2(t)\right\}\mathrm{d}t$$

$$J_r = \int_0^T e^{-\rho t}\left\{[(1-\varphi)p_r-w](\mu U-\alpha p_r+\beta p_d+\lambda_2 Q)-\frac{1}{2}(1-\lambda)k_2 R^2(t)\right\}\mathrm{d}t$$

由命题 1 的结论,通过待定系数法,求得相应的价值函数 $V_{SG_1H_1}$ 和 $V_{RG_1H_1}$,如下:

$$V_{SG_1H_1} = \frac{(p_d-c)[(1-\mu)U-\alpha p_d+\beta p_r]+(w-c+\varphi p_r)(\mu U-\alpha\theta p_r+\beta p_d)}{\rho} +$$

$$\frac{m^2 b_1^2}{2\rho k_1}+\frac{n^2 b_2}{\rho k_2}+\frac{(p_d-c)\lambda_1+(w-c)\lambda_2}{\rho+\eta}Q$$

$$V_{RG_1H_1} = \frac{[(1-\varphi)p_r-w](\mu U-\alpha p_r+\beta p_d)}{\rho}-\frac{n^2 b_2^2}{2\rho k_2}+\frac{m^2 b_2 b_1}{\rho k_1}+\frac{[(1-\varphi)p_r-w]\lambda_2}{\rho+\eta}Q$$

(7.40)

(2) 当供应商采用"$G_1$",零售商采用"$H_2$"时,双方的目标函数分别为

$$J_s = \int_0^T e^{-\rho t}\left\{(p_d-c)[(1-\mu)U-\alpha p_d+\beta p_r+\lambda_1 Q]+(w-c)(\mu U-\alpha p_r+\right.$$

$$\left.\beta p_d+\lambda_2 Q)-\frac{1}{2}k_1 S^2(t)-\frac{1}{2}\lambda k_2 R^2(t)\right\}dt$$

$$J_r = \int_0^T e^{-\rho t}\left\{(p_r-w)(\mu U-\alpha p_r+\beta p_d+\lambda_2 Q)-\frac{1}{2}(1-\lambda)k_2 R^2(t)\right\}dt$$

(7.41)

$$V_{SG_1H_2} = \frac{(p_d-c)[(1-\mu)U-\alpha p_d+\beta p_r]+(w-c)(\mu U-\alpha\theta p_r+\beta p_d)}{\rho} +$$

$$\frac{m^2 b_1^2}{2\rho k_1}+\frac{n^2 b_2}{\rho k_2}+\frac{(p_d-c)\lambda_1+(w-c)\lambda_2}{\rho+\eta}Q$$

$$V_{RG_1H_2} = \frac{(p_r-w)(\mu U-\alpha p_r+\beta p_d)}{\rho}-\frac{n^2 b_2^2}{2\rho k_2}+\frac{m^2 b_2 b_1}{\rho k_1}+\frac{(p_r-w)\lambda_2}{\rho+\eta}Q$$

(3) 当供应商采用"$G_2$",零售商采用"$H_1$"时,双方的目标函数分别为

$$J_s = \int_0^T e^{-\rho t}\left\{(p_d-c)[(1-\mu)U-\alpha p_d+\beta p_r+\lambda_1 Q]+(w-c+\varphi p_r)(\mu U-\right.$$

$$\left.\alpha p_r+\beta p_d+\lambda_2 Q)-\frac{1}{2}k_1 S^2(t)\right\}dt$$

$$J_r = \int_0^T e^{-\rho t}\left\{[(1-\varphi)p_r-w](\mu U-\alpha p_r+\beta p_d+\lambda_2 Q)-\frac{1}{2}k_2 R^2(t)\right\}dt$$

(7.42)

$$V_{SG_2H_1} = \frac{(p_d-c)[(1-\mu)U-\alpha p_d+\beta p_r]+(w-c+\varphi p_r)(\mu U-\alpha p_r+\beta p_d)}{\rho} +$$

$$\frac{m^2 b_5^2}{2\rho k_1}+\frac{n^2 b_6}{\rho k_2}+\frac{(p_d-c)\lambda_1+(w-c)\lambda_2}{\rho+\eta}Q$$

$$V_{R\text{-}G_2H_1} = \frac{[(1-\varphi)p_r-w](\mu U-\alpha p_r+\beta p_d)}{\rho}-\frac{n^2 b_7^2}{2\rho k_2}+\frac{m^2 b_7 b_6}{\rho k_1}+$$

$$\frac{[(1-\varphi)p_r-w]\lambda_2}{\rho+\eta}Q$$

(4) 当供应商采用"$G_2$",零售商采用"$H_2$"时,双方的目标函数分别为

$$J_s = \int_0^T e^{-\rho t} \left\{ (p_d - c)[(1-\mu)U - \alpha p_d + \beta p_r + \lambda_1 Q] + (w-c)(\mu U - \alpha p_r + \beta p_d + \lambda_2 Q) - \frac{1}{2} k_1 S^2(t) \right\} dt$$

$$J_r = \int_0^T e^{-\rho t} \left\{ (p_r - w)(\mu U - \alpha p_r + \beta p_d + \lambda_2 Q) - \frac{1}{2} k_2 R^2(t) \right\} dt$$

$$V_{SG_2H_2} = \frac{(p_d-c)[(1-\mu)U - \alpha p_d + \beta p_r] + (w-c)(\mu U - \alpha p_r + \beta p_d)}{\rho} + \frac{m^2 b_7^2}{2\rho k_1} + \frac{n^2 b_8^2}{\rho k_2} + \frac{(p_d-c)\lambda_1 + (w-c)\lambda_2}{\rho + \eta} Q \quad (7.43)$$

$$V_{RG_2H_2} = \frac{(p_r-w)(\mu U - \alpha p_r + \beta p_d)}{\rho} - \frac{n^2 b_8^2}{2\rho k_2} + \frac{m^2 b_7 b_8}{\rho k_1} + \frac{(p_r-w)\lambda_2}{\rho + \eta} Q$$

在四种纯策略下,可以得到生鲜食品供应商和零售商相应的收益值函数,为了方便表示,将收益值函数表示为表 7.2 中的形式,其中:$a_i$、$b_i$,$i=1,2,\cdots,8$ 分别为四种纯策略下供应商和零售商的价值函数中关于 $Q$ 的线性函数的截距和斜率。

表 7.2 生鲜食品供应商和零售商收益值函数

| $V_{SG_1H_1} = a_1 + b_1Q, V_{RG_1H_1} = a_2 + b_2Q$ | $V_{SG_1H_2} = a_3 + b_3Q, V_{RG_1H_2} = a_4 + b_4Q$ |
| --- | --- |
| $V_{SG_2H_1} = a_5 + b_5Q, V_{RG_2H_1} = a_6 + b_6Q$ | $V_{SG_2H_2} = a_7 + b_7Q, V_{RG_2H_2} = a_8 + b_8Q$ |

### 7.3.3 演化稳定性判断与系统演化路径分析

假设生鲜食品供应商选择"$G_1$"和"$G_2$"策略的比例(即概率)分别为 $x$ 和 $1-x$,生鲜食品零售商选择"$H_1$"和"$H_2$"策略的比例(即概率)分别为 $y$ 和 $1-y$,则对于供应商而言,采取"$G_1$"和"$G_2$"策略的期望收益 $E(G_1)$、$E(G_2)$ 分别为

$$\begin{aligned} E(G_1) &= yV_{SG_1H_1} + (1-y)V_{SG_1H_2}; \\ E(G_2) &= yV_{SG_2H_1} + (1-y)V_{SG_2H_2} \end{aligned} \quad (7.44)$$

则供应商选择"$G_1$"和"$G_2$"策略的平均收益 $E(G)$ 为

$$E(G) = xE(G_1) + (1-x)E(G_2) \quad (7.45)$$

同理对于零售商而言,采取"$H_1$"和"$H_2$"策略的期望收益 $E(H_1)$、$E(H_2)$ 分别为

$$\begin{aligned} E(H_1) &= xV_{RG_1H_1} + (1-x)V_{RG_1H_2}; \\ E(H_2) &= xV_{RG_2H_1} + (1-x)V_{RG_2H_2} \end{aligned} \quad (7.46)$$

则零售商选择"$H_1$"和"$H_2$"策略的平均收益 $E(H)$ 为

$$E(H) = yE(H_1) + (1-y)E(H_2) \tag{7.47}$$

综上,可得生鲜食品供应商和零售商的复制动态方程如下:

$$\begin{aligned}\frac{\mathrm{d}x}{\mathrm{d}t} &= x[E(G_1) - E(G)] = x(1-x)[y(V_{SG_1H_1} - V_{SG_1H_2} - V_{SG_2H_1} + \\ & \quad V_{SG_2H_2}) - V_{SG_2H_2} + V_{SG_1H_2}] = F_1(x,y) \\ \frac{\mathrm{d}y}{\mathrm{d}t} &= y[E(H_1) - E(H)] = y(1-y)[x(V_{RG_1H_1} - V_{RG_1H_2} - V_{RG_2H_1} + \\ & \quad V_{RG_2H_2}) - V_{RG_2H_2} + V_{RG_1H_2}] = F_2(x,y)\end{aligned} \tag{7.48}$$

对复制动态方程组进行求解,令 $F_1(x,y)=0$, $F_2(x,y)=0$,解得

$$\begin{cases}x=0\\y=0\end{cases}, \begin{cases}x=0\\y=1\end{cases}, \begin{cases}x=1\\y=0\end{cases}, \begin{cases}x=1\\y=1\end{cases}, \begin{cases}x=\dfrac{a_8-a_4+(b_8-b_4)Q}{a_2-a_4-a_6+a_8+(b_2-b_4-b_6+b_8)Q}\\y=\dfrac{a_7-a_3+(b_7-b_3)Q}{a_1-a_3-a_5+a_7+(b_1-b_3-b_5+b_7)Q}\end{cases}$$

对于生鲜食品双渠道协调演化博弈中的复制动态方程所描述的情形,$M_1(0,0)$、$M_2(0,1)$、$M_3(1,0)$、$M_4(1,1)$ 是平衡点,记 $A = \dfrac{a_8-a_4+(b_8-b_4)Q}{a_2-a_4-a_6+a_8+(b_2-b_4-b_6+b_8)Q}$,$B = \dfrac{a_7-a_3+(b_7-b_3)Q}{a_1-a_3-a_5+a_7+(b_1-b_3-b_5+b_7)Q}$,则当 $A,B \in [0,1]$ 时,点 $M_5(A,B)$ 也是平衡点。根据 *Friedman* 提出的方法,通过计算关于 $F_1(x,y)$、$F_2(x,y)$ 的雅克比矩阵 $D$,得到:

$$D = \begin{bmatrix}\dfrac{\partial F_1(x,y)}{\partial x} & \dfrac{\partial F_1(x,y)}{\partial y}\\ \dfrac{\partial F_2(x,y)}{\partial x} & \dfrac{\partial F_2(x,y)}{\partial y}\end{bmatrix} = \begin{bmatrix}(y-B)(1-2x) & x(1-x)\\ y(1-y) & (x-A)(1-2y)\end{bmatrix} \tag{7.49}$$

将 $M_1(0,0)$、$M_2(0,1)$、$M_3(1,0)$、$M_4(1,1)$ 和 $M_5(A,B)$ 代入雅克比矩阵,可以得到:

$$D_1 = \begin{bmatrix}-B & 0\\ 0 & -A\end{bmatrix}, D_2 = \begin{bmatrix}1-B & 0\\ 0 & A\end{bmatrix}, D_3 = \begin{bmatrix}B & 0\\ 0 & 1-A\end{bmatrix}$$

$$D_4 = \begin{bmatrix}B-1 & 0\\ 0 & A-1\end{bmatrix}, D_5 = \begin{bmatrix}0 & A(1-A)\\ B(1-B) & 0\end{bmatrix}$$

可以发现在五个局部平衡点中,仅有 $M_1(0,0)$ 和 $M_4(1,1)$ 是稳定的,是进化稳定策略(ESS),分别对应于生鲜食品供应商和零售商采取的两种策略(成本不分担、收益不共享与成本分担、收益共享),$M_2(0,1)$、$M_3(1,0)$ 是不稳定点,$M_5(A,B)$

为鞍点。

图 7.3 描述了生鲜食品供应商和零售商博弈的动态演化过程。其中,折线 $M_2M_5M_3$ 是供应链收敛于不同状态的临界线,在折线上方($M_2M_5M_3M_4$ 部分)供应链将收敛于($G_1,H_1$),即生鲜食品供应商分担部分零售商的保鲜成本,而零售商将部分收益分享给供应商的策略。在折线下方($M_2M_5M_3M_1$ 部分)供应链将收敛于 ($G_2,H_2$),即生鲜食品供应商和零售商之间不采取合作协调策略。

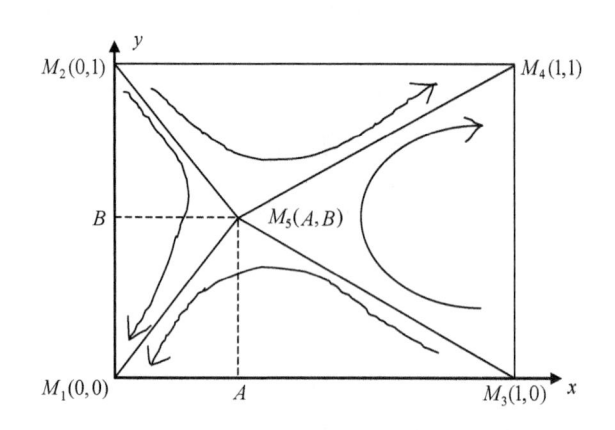

**图 7.3　生鲜食品供应商和零售商演化博弈相位图**

由此可见,生鲜食品供应链双渠道协调演化博弈的长期协调结果可能是"供应商成本分担,零售商收益共享",或者"供应商成本不分担,零售商收益不共享",究竟沿着哪一路径向哪一状态演化则取决于区域 $M_2M_5M_3M_4$ 的面积 $S_{M_2M_5M_3M_4}$ 和区域 $M_2M_5M_3M_1$ 的面积 $S_{M_2M_5M_3M_1}$ 的大小。

根据图 7.3,可得区域 $M_2M_5M_3M_1$ 的面积 $S_{M_2M_5M_3M_1}$ 如下:

$$S_{M_2M_5M_3M_1} = \frac{1}{2}(A+B) = \frac{a_8-a_4+(b_8-b_4)Q}{2(a_2-a_4-a_6+a_8)+2(b_2-b_4-b_6+b_8)Q} + \frac{a_7-a_3+(b_7-b_3)Q}{2(a_1-a_3-a_5+a_7)+2(b_1-b_3-b_5+b_7)Q} \tag{7.50}$$

## 7.4　算例仿真

为验证本文相关结论,对契约协调机制的效果和契约参数进行分析,以某生鲜食品二级供应链上的供应商和零售商为例,对上文模型进行数值算例分析,借助软件 Origin 9 进行数据绘图,模型具体参数设置如下:$\rho=0.04$;$\eta=0.02$;$m=0.3$;$n=0.4$;$\alpha=0.6$;$\beta=0.4$;$u=0.5$;$\lambda_1=0.4$;$\lambda_2=0.6$;$k_1=0.5$;$k_2=0.5$;$P_1(t)=-0.05t^2+t+15$;$P_2(t)=-0.05t^2+t+25$;$W(t)=-0.04t^2+0.9t+10$;$t\in[0,$

# 第 7 章  生鲜食品供应链双渠道质量安全控制与协调契约

30]；$\delta_1=0.45$；$\delta_2=0.55$；$\nu=0.1$；$q_0=0.9$；$E=100$；$G=22.4$；$T_e=26$；$T_0=4$；$\omega=0.2$；$S=60$；$\mu=100$；$b=10$；$U=80$；$p_r=45$；$w=15$；$p_d=30$；$m=0.45$；$n=0.55$；$T=144$；$c=8$。

以 Stackelberg 博弈情形为例，图 7.4 说明供应商最优利润随消费者对网络渠道接受程度的提高先减少后增加，并且当消费者对网络渠道接受程度较高时，其供应商的最优利润变化更敏感，可见供应商开拓网络渠道战略的后期，如果消费者对网络渠道的接受度较高，供应商的效益提升更为明显。由图 7.5 可见，供应商最优利润和自身保鲜温度水平呈正相关关系，和零售商保鲜温度设置水平呈负相关关系。因此在食品保鲜问题上供应商应当和零售商进行合作，进行协同保鲜，有利于双方效益的提升。

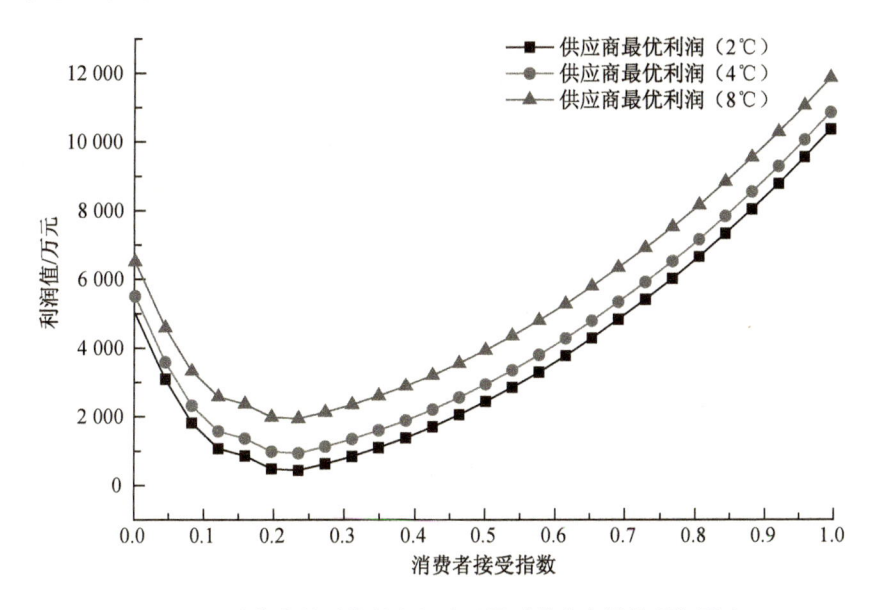

**图 7.4  消费者接受指数和温度设置对供应商最优利润影响**

从图 7.6 可见，供应商网络渠道的收益分享比例会随着消费者对网络渠道接受程度的增加呈现先提高后降低的趋势，而零售商传统渠道收益分享比例则随着消费者对网络渠道接受程度的增加而降低，供应商给零售商的批发价格折扣率也随着消费者对网络渠道接受程度的增加而降低。同时，零售商愿意分担供应商保鲜成本比例的上下限也会随着消费者对网络渠道接受程度的增加而降低。

由此可见，消费者对网络渠道的接受程度会影响联合契约参数的设计，在供应商建立网络渠道的初期，网络渠道的接受程度较低，应适当提高供应商在网络渠道的收益分享比例，以促进两个渠道的协调融合发展；但随着网络渠道接受程度的提高，供应商可以适当降低网络渠道的收益共享比例以及批发价格折扣，而零售商也会降低传统渠道收益分享比例以及保鲜成本分担比例来保证其自身收益。这充分

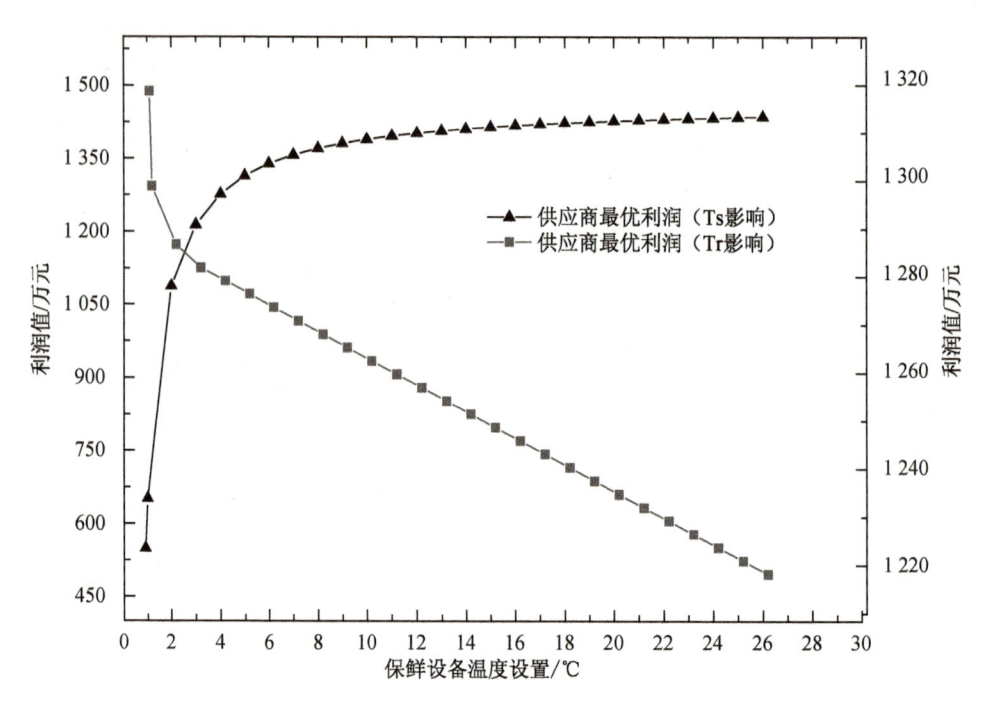

图 7.5　供应商和零售商温度设置对供应商最优利润影响

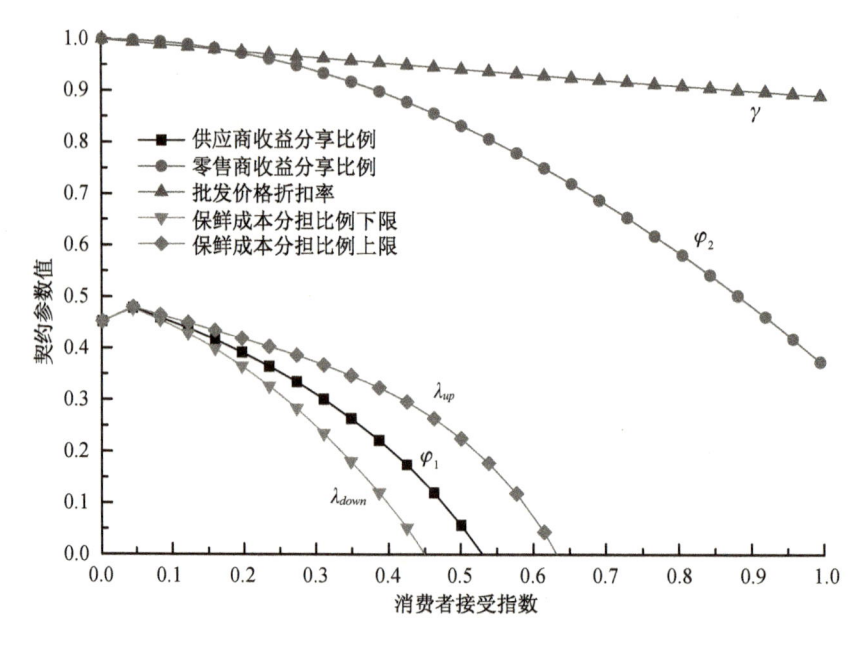

图 7.6　消费者接受指数对联合契约参数的影响(2℃情形)

体现了双渠道供应链在合作过程中存在渠道竞争的特点,即随着双方渠道控制能力的变化会导致契约参数的变化。因此,在实践当中可以根据消费者对网络渠道接受程度的不同设计不同的最优契约参数来促进供应链协调,表 6.3 给出了不同契约参数协调的供应商和零售商最优收益变化。

表 7.3 Stackelberg 博弈下不同契约参数协调的供应商和零售商最优收益变化

| $\theta$ | $\varphi_1$ | $\varphi_2$ | $\gamma$ | $\lambda\in(\lambda_{down},\lambda_{up})$ | $\pi_r$ | $\pi_s$ | $\pi_c^{M*}$ | $\Delta\pi_r$ | $\Delta\pi_s$ |
|---|---|---|---|---|---|---|---|---|---|
| 0.15 | 0.44 | 0.99 | 0.99 | (0.40,0.45) | 587.89 | 878.96 | 2 066.85 | 318.41 | 112.58 |
| 0.19 | 0.39 | 0.98 | 0.99 | (0.36,0.44) | 568.14 | 854.25 | 2 022.39 | 276.45 | 106.11 |
| 0.23 | 0.36 | 0.97 | 0.98 | (0.34,0.42) | 523.26 | 836.71 | 1 959.97 | 298.46 | 121.15 |
| 0.27 | 0.34 | 0.96 | 0.97 | (0.29,0.39) | 496.38 | 863.15 | 1 959.53 | 306.78 | 150.23 |
| 0.31 | 0.30 | 0.93 | 0.96 | (0.19,0.37) | 474.25 | 993.63 | 2 000.39 | 383.98 | 148.14 |
| 0.35 | 0.26 | 0.92 | 0.96 | (0.17,0.34) | 419.23 | 1 089.40 | 2 108.63 | 215.56 | 136.19 |
| 0.39 | 0.24 | 0.89 | 0.96 | (0.10,0.31) | 389.96 | 1 153.10 | 2 143.06 | 226.12 | 135.77 |
| 0.45 | 0.18 | 0.87 | 0.96 | (0.01,0.25) | 369.13 | 1 369.20 | 2 338.33 | 269.15 | 146.35 |

注:表中 $\Delta\pi_r$、$\Delta\pi_s$ 均为按照契约参数 $\lambda$ 的上限值进行计算。

由图 7.7 可知,契约协调机制下的供应链总收益高于分散状态下 Stackelberg 情形和 Nash 情形下的供应链总收益。除此之外,契约协调机制和分散状态下的供应链总收益在销售期内受生鲜食品质量变化的影响,其收益先增加后降低。可见,在生鲜食品销售后期,随着生鲜食品越来越接近保质期,其收益空间明显缩小。

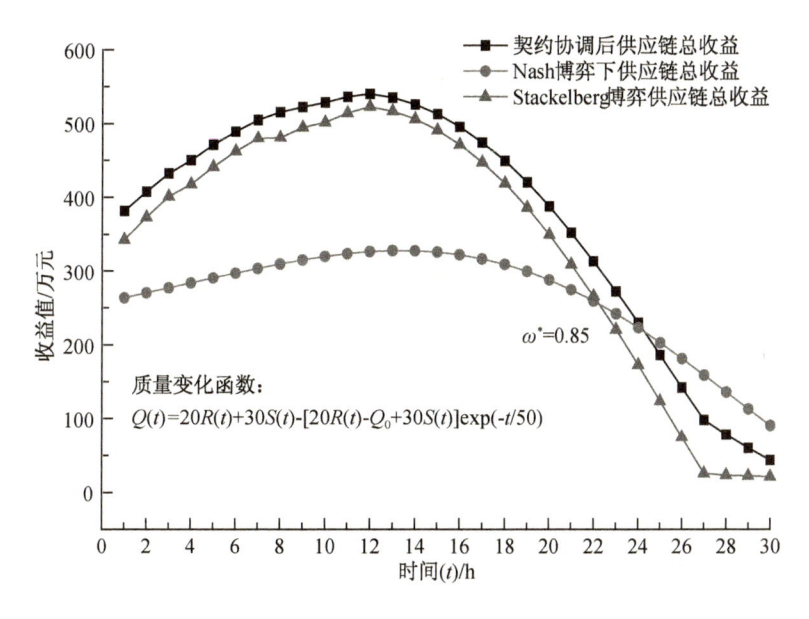

图 7.7 契约协调和分散状态下供应链总收益变化情况

由图 7.8、图 7.9、图 7.10 可知:供应商的电商渠道收益分享比例与价格折扣

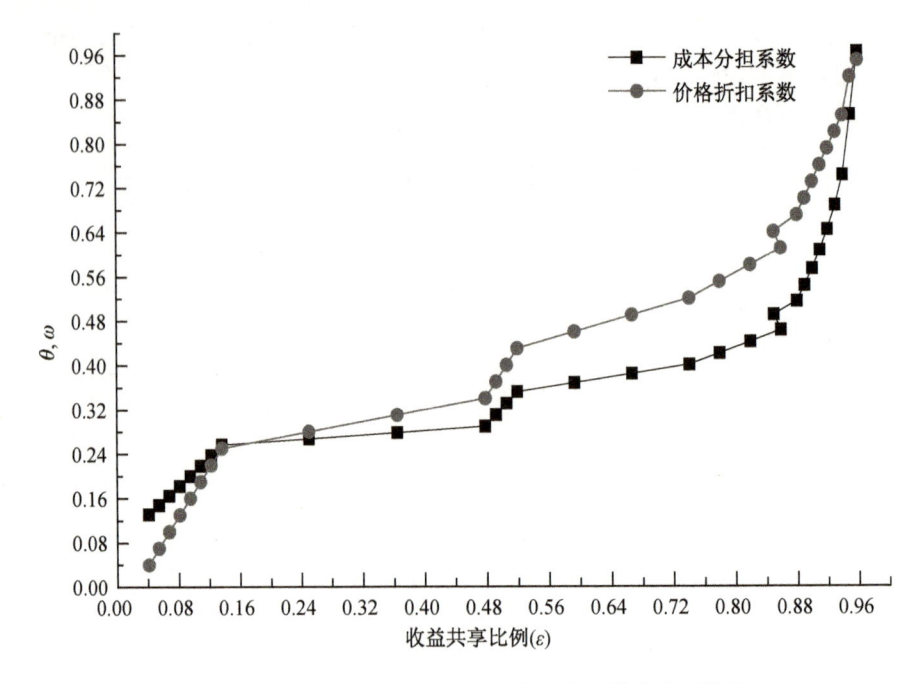

图7.8　成本分担系数、价格折扣系数与收益共享比例的关系

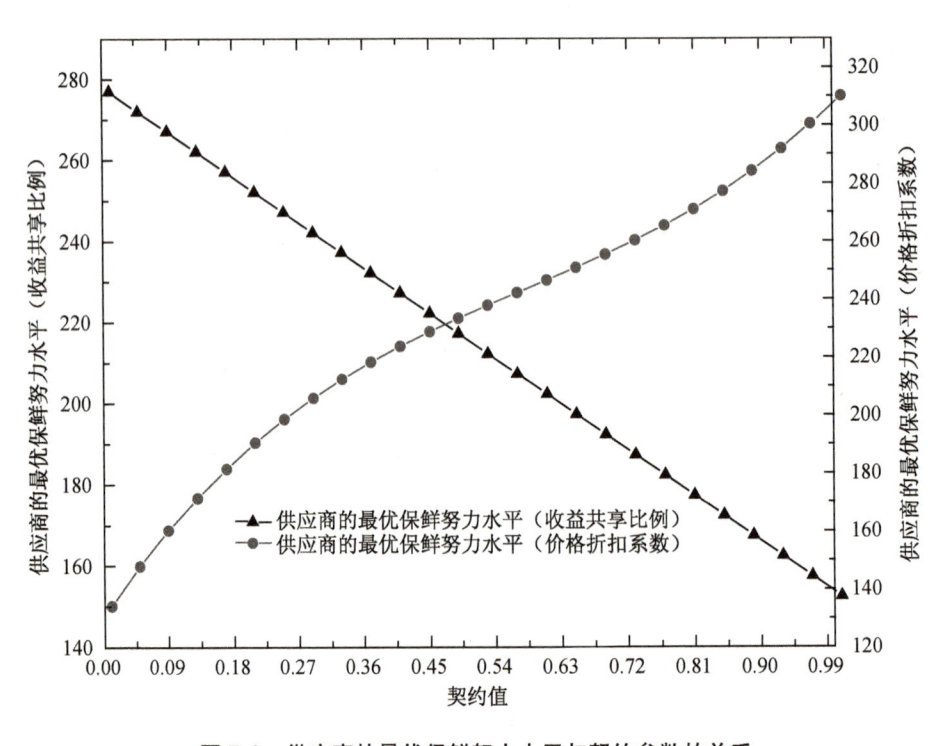

图7.9　供应商的最优保鲜努力水平与契约参数的关系

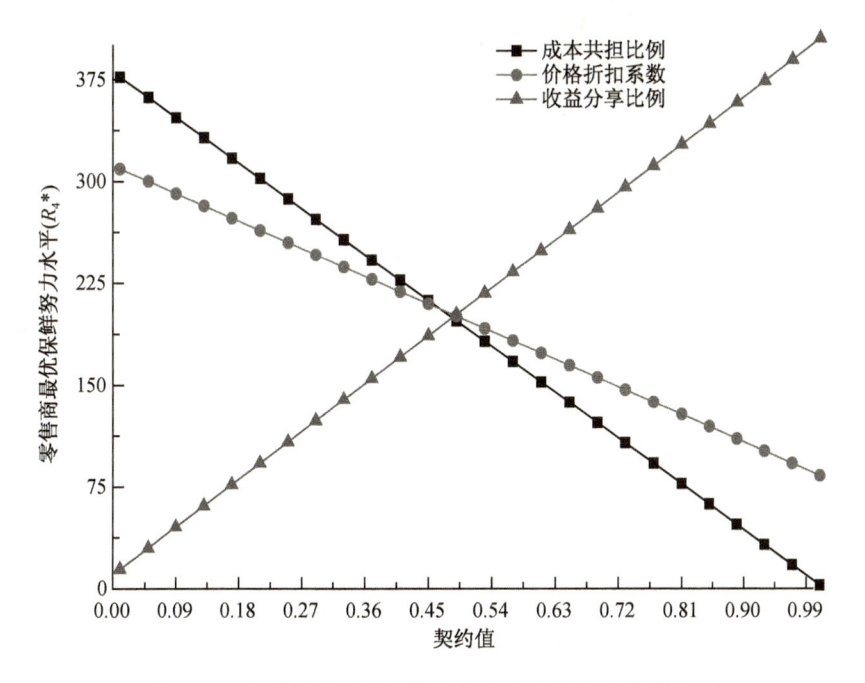

**图 7.10　零售商的最优保鲜努力水平与契约参数的关系**

率、成本共担系数成正相关关系,供应商的最优保鲜努力水平与电商渠道收益分享比例成负相关关系、与价格折扣系数负相关;零售商的最优保鲜努力水平与传统渠道价格折扣系数呈负相关关系,与成本共担系数呈负相关关系,与电商渠道的收益分享比例呈正相关关系。由此可见,在联合契约协调机制下,生鲜食品供应商和零售商的最优保鲜努力水平明显受到收益分享比例、价格折扣率以及成本共担系数的影响,并且契约参数之间存在密切关系。表 7.4 给出了微分博弈下不同契约参数协调下的供应商和零售商最优收益变化。

**表 7.4　微分博弈下不同契约参数协调下的供应商和零售商最优收益变化**

| $\theta$ | $\varepsilon$ | $\omega$ | $V_{s4}^*$ | $V_{r4}^*$ | $V_c^*$ | $\Delta V_s$ | $\Delta V_r$ |
|---|---|---|---|---|---|---|---|
| 0.95 | 0.18 | 0.28 | 299.53 | 120.85 | 420.38 | 26.52 | 24.58 |
| 0.90 | 0.20 | 0.31 | 284.84 | 135.54 | 420.38 | 24.43 | 31.23 |
| 0.85 | 0.21 | 0.34 | 277.57 | 142.81 | 420.38 | 23.54 | 44.78 |
| 0.80 | 0.31 | 0.36 | 262.56 | 157.82 | 420.38 | 19.87 | 22.54 |
| 0.75 | 0.37 | 0.41 | 247.33 | 173.05 | 420.38 | 17.65 | 12.34 |
| 0.70 | 0.42 | 0.45 | 228.45 | 191.93 | 420.38 | 12.85 | 5.26 |

/ 食品供应链安全控制与协调契约 /

由图 7.11(a)和图 7.11(b)可知,通过对演化博弈不同的混合策略概率值的复制动态方程进行不同初始边界条件求解,发现所建的生鲜食品双渠道协调的演化博弈模型具有两个稳定的演化稳定策略(ESS),分别对应于图 7.11(a)和图 7.11(b)

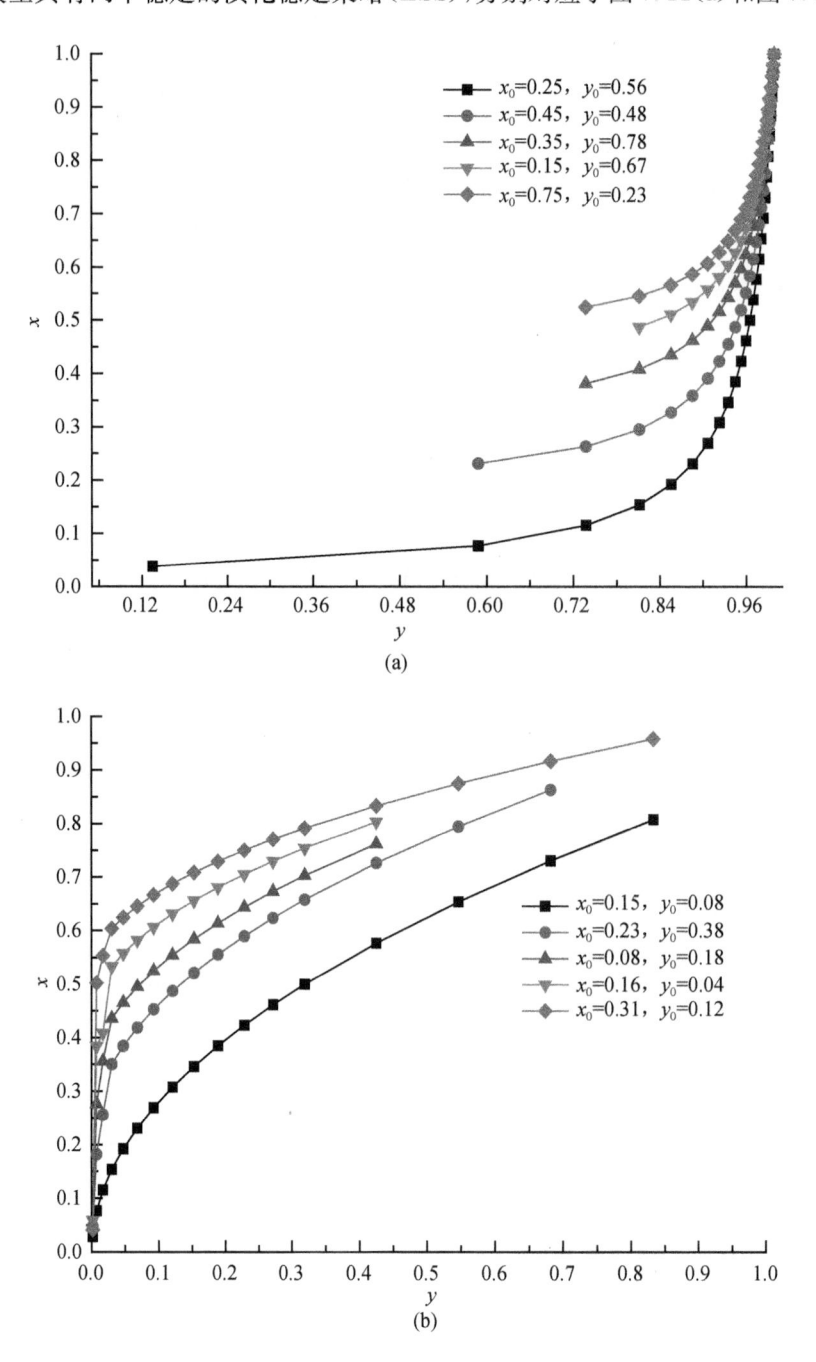

图 7.11 生鲜食品双渠道协调的演化博弈系统相位图

中的收敛部分。因此,生鲜食品供应商和零售商采取的两种策略(成本不分担、收益不共享与成本分担、收益共享),是演化稳定策略。

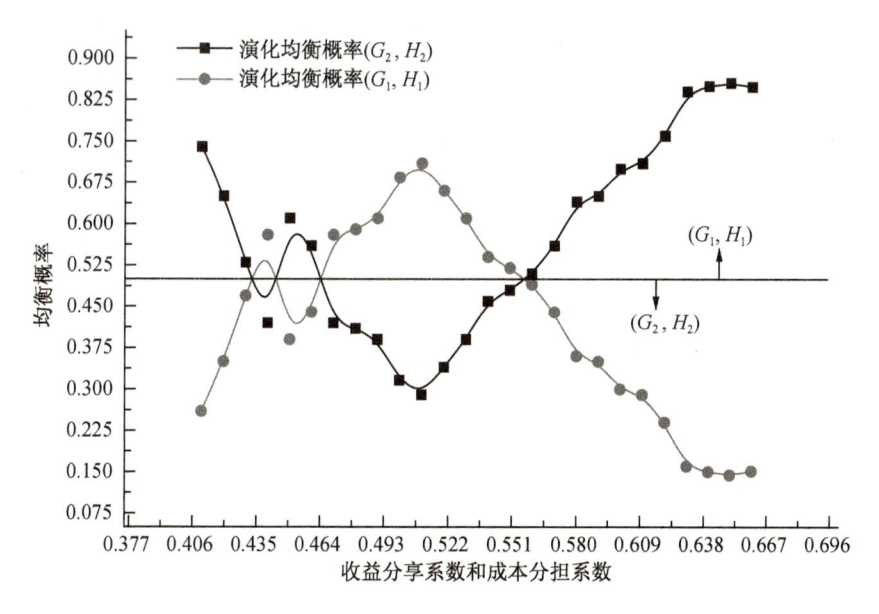

图 7.12　收益分享系数和成本分担系数对演化均衡概率的影响

通过对收益分享系数和成本分担系数对演化均衡概率的影响进行比较静态分析,可以发现,当采用生鲜食品双渠道演化博弈协调机制,收益分享系数和成本分担系数位于(0.43,0.56)之间时,采用($G_1$,$H_1$)策略的概率较大,而当收益分享系数和成本分担系数相对较小或者相对偏大时,生鲜食品双渠道协调机制采取($G_2$,$H_2$)策略的概率较大。由此可见,对于生鲜食品企业进行双渠道协调时,采取合理的收益分享系数和成本分担系数至关重要,过高或者过低的值都会导致双渠道之间合作较少,不利于双渠道的协调发展。

## 7.5　考虑质量损失的生鲜食品双渠道市场出清策略

本节在 7.1 节—7.4 节研究的关于生鲜食品双渠道下质量安全控制协调契约的基础上,除了考虑到渠道自身价格、渠道间交叉价格弹性等因素的影响,还考虑到生鲜食品随着时间变化的质量损失因素,构建了生鲜食品的市场需求函数,并在此基础上建立模型。通过比较分析不打折、单次折扣以及多次折扣的情形,分别得出供应链成员分散决策和集中决策模式时的最优折扣率及其市场出清策略。然后进一步分析传统渠道市场份额、渠道价格敏感度、渠道交叉价格弹性系数对供应链成员最优折扣率以及供应链利润的影响,并通过算例仿真给出相应的管理建议。

近年来,随着各地农业合作社的快速发展,农产品的规模化种植成为现代农业发展的新趋势,随着产量规模的扩大,一些生鲜食品迫切需要寻求更广阔的市场空间,很多合作社和大型超市之间开展农超对接试点,以期减少生鲜食品流通环节、降低流通成本,直接惠利消费者[96];同时随着互联网电商的发展,越来越多的农业合作社也自行开辟网络渠道进行直销。超市分销和网络直销的双渠道销售模式已经成为很多农业合作社产品营销的新选择。由于生鲜食品的保质期较短且产量受天气等不确定性因素的影响较大,当季产品丰收却出现滞销的情况常有发生,生鲜食品一旦出现滞销变质,将会直接导致农户收入下降,农民种植的积极性必将受到严重伤害,进而影响农业的产业化发展,因此生鲜食品供应链的双渠道市场出清策略问题非常重要。

## 7.5.1　问题描述与假设

某农民专业合作社和某大型超市事前签订了农超对接协议,销售该合作社种植的特色生鲜食品,当年气候条件适宜使得该农产品获得大丰收,超市按照协议价收购一部分特色生鲜食品进入柜台销售,剩余部分由合作社通过自营电商渠道进行销售,双渠道的结构框架见图 7.13。由于生鲜食品的保鲜期较短,因此超市在销售的过程中往往会视情况进行打折促销,使产品在保鲜期内能够出清。同时由于合作社的电商渠道和超市渠道之间存在竞争关系,且消费者对电商渠道的接受程度相对超市渠道低一些,故在超市打折时合作社的电商渠道也有必要进行降价促销,以便在生鲜保质期内出清存货。因此,在合作社和超市进行市场出清的打折决策时,最优折扣率就成为决策的关键。

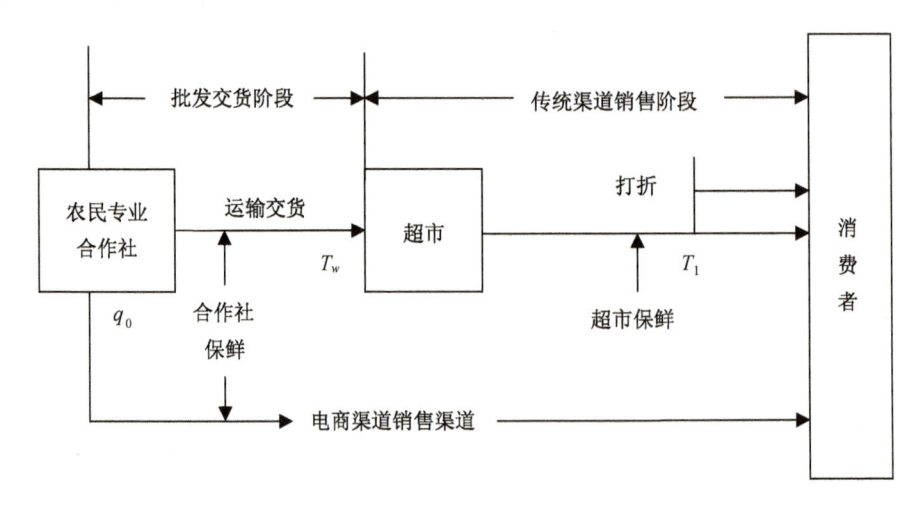

图 7.13　双渠道结构框架

本节以文献[91]中的 Arrhenius 方程为基础,构建服从指数形式的变质率函数并作如下假设。

**假设 1** $T$ 时刻的生鲜食品质量为 $q_0 e^{-\lambda_1(T_w-T_0)} e^{-\lambda_2(T-T_w)}$，$\lambda_1$ 为合作社保鲜的农产品变质率，$\lambda_2$ 为超市保鲜的农产品变质率，$q_0$($q_0<1$)表示农产品的初始质量，$e^{-\lambda_1(T_w-T_0)}$ 表示生鲜食品经 $T_0$ 到 $T_w$ 时刻后的产品质量水平。

**假设 2** 生鲜食品通过打折能实现市场出清，如果不打折则会有部分农产品滞销变质后废弃，废弃农产品的残值为零且需要一定的处理成本。

**假设 3** 农业合作社和超市都进行打折决策，合作社电商渠道的折扣率为 $\eta_d$，超市传统渠道的折扣率为 $\eta_r$；$T_w$ 表示生鲜食品从合作社运送到超市的时刻，$T$ 表示销售折扣促销时刻（本文按照打折次数的不同，$T$ 分别取 $T_1$、$T_2$、$T_3$ 等），生鲜食品的保质期表示为 $T_F$。

文中其他符号说明：

$c$：合作社生产生鲜食品的单位生产成本；

$g$：不进行打折出现变质废弃后产品的单位损失，考虑到产品废弃后不仅造成生产浪费，还需一定的废弃处理成本，$g>c$；

$\alpha$：渠道自身的价格敏感系数；

$\beta$：渠道之间的交叉价格弹性系数，一般来说，渠道自身的价格弹性对需求的影响要大于渠道交叉价格弹性，即 $\alpha>\beta$；

$H$：超市店面固定成本；

$U$：市场潜在规模；

$Q$：超市对合作社的订货量；

$w$：超市的订购批发价；

$\gamma$：生鲜食品质量对需求的影响系数；

$D_r$：传统渠道市场需求；

$D_d$：电商渠道市场需求；

$\theta$：传统渠道所占市场份额；

$p_r$：超市传统渠道定价；

$p_d$：合作社电商渠道定价。

## 7.5.2 模型建立

### 7.5.2.1 不打折促销情形

由于合作社和超市两个渠道之间存在一定的竞争关系，并且消费者对产品的质量（生鲜程度）较为偏好，因此考虑渠道需求 $D_r$ 和 $D_d$ 受传统渠道所占的市场份额 $\theta$、市场潜在规模 $U$、传统渠道定价 $p_r$、电商渠道定价 $p_d$ 以及产品质量 $q_0 e^{-\lambda_1(T_w-T_0)} e^{-\lambda_2(T-T_w)}$ 的影响，借鉴但斌[92]、Lei[98]等采用的双渠道供应链线性加法需求函数，同时结合 Wang[97]、Rong[23]等对易腐品变质率的研究结果，构建以下需求函数公式：

传统渠道需求：$D_r(t) = \theta U - \alpha p_r + \beta p_d + \gamma q_0 e^{-\lambda_1(T_w - T_0)} e^{-\lambda_2(T - T_w)}$ (7.51)

电商渠道需求：$D_d(t) = (1-\theta)U - \alpha p_d + \beta p_r + \gamma q_0 e^{-\lambda_1 T}$ (7.52)

下面将分别从分散决策和集中决策的角度讨论供应链的利润情况，由于双渠道不开展任何折扣活动，所以生鲜食品大丰收后会出现部分产品滞销变质的现象。

(1) 分散决策。

根据渠道需求函数式(7.51)和式(7.52)，可构建超市的利润函数为

$$\begin{aligned}\pi_r &= p_r \int_{T_w}^{T_F} D_r(t)dt - wQ - g\Big[Q - \int_{T_w}^{T_F} D_r(t)dt\Big] - H = \\ &\quad (\theta U - \alpha p_r + \beta p_d)(T_F - T_w)(p_r + g) + \frac{\gamma q_0(p_r + g)e^{-\lambda_1 T_w}[1 - e^{-\lambda_2(T_F - T_w)}]}{\lambda_2} - \\ &\quad (w+g)Q - H\end{aligned}$$ (7.53)

其中：$Q - \int_{T_w}^{T_F} D_r(t)dt$ 为产品的滞销变质废弃量，$g\Big[Q - \int_{T_w}^{T_F} D_r(t)dt\Big]$ 为变质产品的废弃损失。

合作社的利润函数为

$$\begin{aligned}\pi_d &= p_d \int_0^{T_F} D_d(t)dt + wQ - cQ - c(\theta^{-1} - 1)Q - g\Big[(\theta^{-1} - 1)Q - \int_0^{T_F} D_d(t)dt\Big] = \\ &\quad (p_d + g)\Big\{[(1-\theta)U - \alpha p_d + \beta p_r]T_F + \frac{\gamma q_0(1 - e^{-\lambda_1 T_F})}{\lambda_1}\Big\} + \\ &\quad Q\Big(w - \frac{c+g}{\theta} + g\Big)\end{aligned}$$ (7.54)

其中：等式右边第一部分表示合作社通过电商渠道销售获得的收入，第二部分表示合作社将产品批发给超市获得的收入，第三部分是合作社批发给超市产品的生产成本，第四部分表示合作社电商渠道产品的生产成本，第五部分表示电商渠道产品滞销所导致的废弃损失。

(2) 集中决策。

合作社和超市在集中决策的情况下，无需考虑合作社供货给超市的中间批发价，则供应链的总利润为

$$\begin{aligned}\pi_c &= p_r \int_{T_w}^{T_F} D_r(t)dt + p_d \int_0^{T_F} D_d(t)dt - g\Big[Q - \int_{T_w}^{T_F} D_r(t)dt\Big] - g\Big[(\theta^{-1} - 1)Q - \\ &\quad \int_0^{T_F} D_d(t)dt\Big] - cQ - c(\theta^{-1} - 1)Q - H = \\ &\quad (p_r + g)(T_F - T_w)(\theta U - \alpha p_r + \beta p_d) + \frac{\gamma q_0(p_r + g)[1 - e^{-\lambda_2(T_F - T_w)}]}{\lambda_2} + \\ &\quad (p_d + g)\Big\{T_F[(1-\theta)U - \alpha p_d + \beta p_r] + \frac{\gamma q_0(1 - p_d e^{-\lambda_1 T_F})}{\lambda_1}\Big\} - \end{aligned}$$

$$(c+g)\theta^{-1}Q - H \tag{7.55}$$

其中：式(7.55)的第一部分 $p_r\int_{T_w}^{T_F}D_r(t)\mathrm{d}t + p_d\int_0^{T_F}D_d(t)\mathrm{d}t$ 表示供应链双渠道的销售收入，第二部分 $g[Q-\int_{T_w}^{T_F}D_r(t)\mathrm{d}t]+g[(\theta^{-1}-1)Q-\int_0^{T_F}D_d(t)\mathrm{d}t]$ 表示处理滞销农产品的废弃损失，第三部分 $cQ+c(\theta^{-1}-1)Q$ 表示农产品的生产成本，第四部分 $H$ 为超市的店面固定成本。

#### 7.5.2.2 单次折扣情形

假设超市和合作社在 $T_1$ 时刻进行打折，超市的折扣率为 $\eta_r$，合作社的折扣率为 $\eta_d$；经过单次折扣之后，合作社的农产品价格可表示为 $\eta_d p_d$，超市的农产品价格可表示为 $\eta_r p_r$，如图7.14所示：

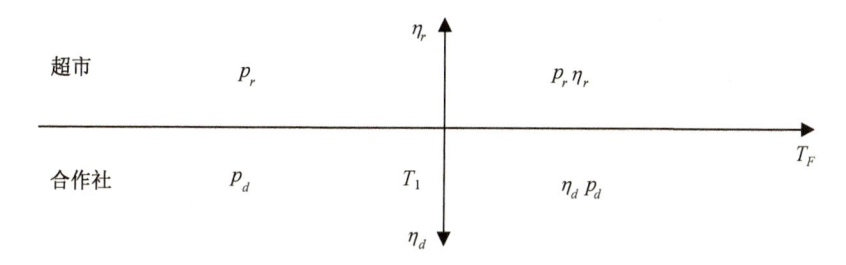

**图7.14 生鲜农产品双渠道单次折扣定价决策**

由于渠道价格变动引起需求的变化，打折前后两阶段的需求会有所不同，因此每个渠道都可以分为打折前和打折后两个阶段，可构建如下需求函数：

传统渠道的两阶段需求：

$$D_{r1}(t) = \theta U - \alpha p_r + \beta p_d + \gamma q_0 e^{-\lambda_1 T_w} e^{-\lambda_2 (T-T_w)} \tag{7.56}$$

$$D_{r2}(t) = \theta U - \alpha \eta_r p_r + \beta \eta_d p_d + \gamma q_0 e^{-\lambda_1 T_w} e^{-\lambda_2 (T-T_w)} \tag{7.57}$$

电商渠道的两阶段需求：

$$D_{d1}(t) = (1-\theta)U - \alpha p_d + \beta p_r + \gamma q_0 e^{-\lambda_1 T} \tag{7.58}$$

$$D_{d2}(t) = (1-\theta)U - \alpha \eta_d p_d + \beta \eta_r p_r + \gamma q_0 e^{-\lambda_1 T} \tag{7.59}$$

第一阶段为打折前两个渠道的各自市场需求，分别如式(7.56)和式(7.58)所示，第二阶段为打折后两个渠道的各自市场需求，如式(7.57)和式(7.59)所示。从以上两渠道的需求函数可以看出，与不打折的情形相比，在单阶段折扣情形下，渠道需求函数除了受渠道价格、渠道交叉价格和产品质量(生鲜度)的影响外，还受到渠道价格折扣率的影响。

(1) 分散决策。

由于打折促销能够实现市场出清,因此超市的利润函数主要由销售收入、批发进货成本和店面成本构成,考虑到打折前后的需求函数不同,超市的利润函数可表示为:

$$\pi_r = p_r \int_0^{T_1} D_{r1}(t) dt + \eta_r p_r \int_{T_1}^{T_F} D_{r2}(t) dt - Qw - H =$$
$$p_r T_1(\theta U - \alpha p_r + \beta p_d) + \frac{\gamma q_0 p_r e^{T_w(\lambda_2 - \lambda_1) - \lambda_2 T_1}(\eta_r - 1)}{\lambda_2} + \eta_r p_r(\theta U - \alpha \eta_r p_r +$$
$$\beta \eta_d p_d)(T_F - T_1) - \frac{\gamma q_0 p_r e^{T_w(\lambda_2 - \lambda_1)}(\eta_r e^{-\lambda_2 T_F} - 1)}{\lambda_2} - Qw - H \quad (7.60)$$

合作社的利润函数主要由销售收入、批发收入和生产成本构成,因此合作社的利润函数可表示为

$$\pi_d = p_d \int_0^{T_1} D_{d1}(t) dt + \eta_d p_d \int_{T_1}^{T_F} D_{d2}(t) dt + Qw - Qc - (\theta^{-1} - 1)Qc =$$
$$T_1 p_d [(1-\theta)U - \alpha p_d + \beta p_r] + \frac{\gamma p_d q_0 (1 - e^{-\lambda_1 T_1})}{\lambda_1} + \eta_d p_d [(1-\theta)U -$$
$$\alpha \eta_d p_d + \beta \eta_r p_r](T_F - T_1) + \frac{\gamma q_0 \eta_d p_d (e^{-\lambda_1 T_1} - e^{-\lambda_1 T_F})}{\lambda_1} + Q(w - \theta^{-1}c)$$
$$(7.61)$$

**定理 1** 在分散决策模式下,合作社的最优折扣率为

$$\eta_d^* = \frac{\gamma q_0 (e^{-\lambda_1 T_F} - e^{-\lambda_1 T_1})}{\lambda_1 (T_F - T_1) p_d (\beta^2 - 2\alpha^2)} + \frac{\alpha(1-\theta)U}{2\alpha^2 p_d - \beta^2 p_d}$$

超市的最优折扣率为

$$\eta_r^* = \frac{\theta U}{2\alpha p_r} + \frac{\gamma q_0 e^{T_w(\lambda_2 - \lambda_1)}(e^{-\lambda_2 T_1} - e^{-\lambda_2 T_F})}{2\alpha p_r \lambda_2 (T_F - T_1)} + \frac{\beta p_d}{2\alpha p_r} \Big[ \frac{\gamma q_0 (e^{-\lambda_1 T_F} - e^{-\lambda_1 T_1})}{\lambda_1 (T_F - T_1) p_d (\beta^2 - 2\alpha^2)} +$$
$$\frac{\alpha(1-\theta)U}{2\alpha^2 p_d - \beta^2 p_d} \Big]$$

证明:首先由式(7.60)超市的利润函数对 $\eta_r$ 求偏导:

$$\frac{\partial \pi_r}{\partial \eta_r} = (\theta U p_r - 2\alpha \eta_r p_r^2 + \beta \eta_d p_r p_d)(T_F - T_1) + \frac{\gamma q_0 p_r e^{T_w(\lambda_2 - \lambda_1) - \lambda_2 T_1}}{\lambda_2} -$$
$$\frac{\gamma q_0 p_r e^{T_w(\lambda_2 - \lambda_1) - \lambda_2 T_F}}{\lambda_2},$$

由于 $\frac{\partial^2 \pi_r}{\partial \eta_r^2} = -2\alpha p_r^2 (T_F - T_1) < 0$,说明 $\pi_r$ 是关于 $\eta_r$ 的凹函数,由 $\pi_r$ 关于 $\eta_r$ 的一阶导数等于 0 可得到超市传统渠道折扣率的反应函数如下:

$$\eta_r = \frac{\beta p_d}{2\alpha p_r}\eta_d + \frac{\theta U}{2\alpha p_r} + \frac{\gamma q_0 e^{T_w(\lambda_2-\lambda_1)}(e^{-\lambda_2 T_1}-e^{-\lambda_2 T_F})}{2\alpha p_r \lambda_2(T_F-T_1)}$$

将上式($\eta_r$)代入合作社的利润函数并对$\eta_d$求一阶条件,可得:

$$\frac{\partial \pi_d}{\partial \eta_d} = \left[p_d(1-\theta)U - 2\alpha p_d^2 \eta_d + \frac{\beta^2 p_d^2}{\alpha}\eta_d\right](T_F-T_1) + \frac{p_d \gamma q_0(e^{-\lambda_1 T_1}-e^{-\lambda_1 T_F})}{\lambda_1}$$

易证$\frac{\partial^2 \pi_d}{\partial \eta_d^2} = \frac{(\beta^2-2\alpha^2)p_d^2(T_F-T_1)}{\alpha} < 0$,同理可求得生鲜食品合作社电商渠道的最优折扣率如下:

$$\eta_d^* = \frac{\gamma q_0(e^{-\lambda_1 T_F}-e^{-\lambda_1 T_1})}{\lambda_1(T_F-T_1)p_d(\beta^2-2\alpha^2)} + \frac{\alpha(1-\theta)U}{2\alpha^2 p_d - \beta^2 p_d}$$

将$\eta_d^*$代入$\eta_r$的反应函数,可以得到生鲜食品超市传统渠道的最优折扣率为

$$\eta_r^* = \frac{\theta U}{2\alpha p_r} + \frac{\gamma q_0 e^{T_w(\lambda_2-\lambda_1)}(e^{-\lambda_2 T_1}-e^{-\lambda_2 T_F})}{2\alpha p_r \lambda_2(T_F-T_1)} + \frac{\beta p_d}{2\alpha p_r}\left[\frac{\gamma q_0(e^{-\lambda_1 T_F}-e^{-\lambda_1 T_1})}{\lambda_1(T_F-T_1)p_d(\beta^2-2\alpha^2)} + \frac{\alpha(1-\theta)U}{2\alpha^2 p_d - \beta^2 p_d}\right]$$

。因此,定理1得证。

通过在分散决策模式下分别以合作社和超市利润最大化为目标进行求解分析可知,合作社和超市存在最优折扣率$\eta_d$和$\eta_r$,且当$\eta_d$和$\eta_r$满足定理1时,合作社和超市的利润可达到最大化并能实现市场出清,因此合作社和超市可以按照最优折扣率$\eta_d$和$\eta_r$进行决策。

(2)集中决策。

在集中决策模式下,合作社和超市作为一个整体,以供应链的整体利润最大化为目标进行决策,因此对于单阶段折扣情形,供应链的总利润函数如下:

$$\pi_c = p_r\int_0^{T_1}D_{r1}(t)dt + \eta_r p_r\int_{T_1}^{T_F}D_{r2}(t)dt + p_d\int_0^{T_1}D_{d1}(t)dt + \eta_d p_d\int_{T_1}^{T_F}D_{d2}(t)dt -$$
$$\theta^{-1}Qc - H = \theta U p_r T_1 - \alpha p_r^2 T_1 + \beta p_d p_r T_1 + \frac{\gamma q_0 p_r e^{T_w(\lambda_2-\lambda_1)-\lambda_2 T_1}(\eta_r-1)}{\lambda_2} + (\theta U \eta_r p_r -$$
$$\alpha \eta_r^2 p_r^2 + \beta \eta_r \eta_d p_r p_d)(T_F-T_1) - \frac{\gamma q_0 p_r e^{T_w(\lambda_2-\lambda_1)-\lambda_2 T_F}(\eta_r e^{-\lambda_2 T_F}-1)}{\lambda_2} + (1-\theta)U p_d T_1 -$$
$$\alpha p_d^2 T_1 + \beta p_r p_d T_1 + (1-\theta)U\eta_d p_d(T_F-T_1) - \alpha \eta_d^2 p_d^2(T_F-T_1) + 2\beta \eta_r \eta_d p_r p_d(T_F-$$
$$T_1) + \frac{p_d \gamma q_0(1-e^{-\lambda_1 T_1})}{\lambda_1} + \frac{p_d \gamma q_0 \eta_d(e^{-\lambda_1 T_1}-e^{-\lambda_1 T_F})}{\lambda_1} - \theta^{-1}Qc - H \quad (7.62)$$

**命题2** 供应链的总利润函数$\pi_c$是关于$\eta_r$和$\eta_d$的联合凹函数。

证明:对式(7.62)$\pi_c$关于$\eta_r$和$\eta_d$求二阶导数和一阶偏导,可得到$\pi_c$关于$\eta_r$和$\eta_d$的二阶海塞矩阵$S$,如下:

$$S=\begin{bmatrix} \dfrac{\partial^2 \pi_c}{\partial \eta_r^2} & \dfrac{\partial^2 \pi_c}{\partial \eta_r \eta_d} \\ \dfrac{\partial^2 \pi_c}{\partial \eta_d \eta_r} & \dfrac{\partial^2 \pi_c}{\partial \eta_d^2} \end{bmatrix} = \begin{bmatrix} -2\alpha p_r^2 (T_F - T_1) & 2\beta p_r p_d (T_F - T_1) \\ 2\beta p_r p_d (T_F - T_1) & -2\alpha p_d^2 (T_F - T_1) \end{bmatrix}$$

由于$|S|=4(\alpha^2-\beta^2)p_r^2 p_d^2 (T_F-T_1)^2$,$\alpha>\beta$,$T_F>T_1$,所以$|S|>0$,$-2\alpha p_r^2 (T_F-T_1)<0$,故$\pi_c$关于$\eta_r$和$\eta_d$的二阶海塞矩阵$S$负定。因此,$\pi_c$是关于$\eta_r$和$\eta_d$的联合凹函数得证。

根据前文中提出的假设2"生鲜食品通过打折能实现市场出清",超市在$T_1$时刻进行打折,打折前的市场需求表示为$\int_0^{T_1} D_{r1}(t)dt$,打折后的市场需求表示为$\int_{T_1}^{T_F} D_{r2}(t)dt$,因此$\int_0^{T_1} D_{r1}(t)dt + \int_{T_1}^{T_F} D_{r2}(t)dt$应与超市的初始订购量$Q$相等,于是可得公式(7.63)。同理,合作社的供需平衡约束条件可表示为公式(7.64):

超市:$\int_0^{T_1} D_{r1}(t)dt + \int_{T_1}^{T_F} D_{r2}(t)dt = Q$

$$\int_0^{T_1}[\theta U - \alpha p_r + \beta p_d + \gamma q_0 e^{-\lambda_1 T_w} e^{-\lambda_2 (T-T_w)}]dt + \int_{T_1}^{T_F}[\theta U - \alpha \eta_r p_r + \beta \eta_d p_d + \gamma q_0 e^{-\lambda_1 T_w} e^{-\lambda_2 (T-T_w)}]dt = Q \tag{7.63}$$

合作社:$\int_0^{T_1} D_{d1}(t)dt + \int_{T_1}^{T_F} D_{d2}(t)dt = (\theta^{-1}-1)Q$

$$\int_0^{T_1}[(1-\theta)U - \alpha p_d + \beta p_r + \gamma q_0 e^{-\lambda_1 T}]dt + \int_{T_1}^{T_F}[(1-\theta)U - \alpha \eta_d p_d + \beta \eta_r p_r + \gamma q_0 e^{-\lambda_1 T}]dt = (\theta^{-1}-1)Q \tag{7.64}$$

**定理2** 集中决策模式下,合作社的最优折扣率为

$$\eta_r^* = \frac{\gamma q_0 e^{T_w(\lambda_2-\lambda_1)}(e^{-\lambda_2 T_F} - e^{-\lambda_2 T_1})}{4p_r \lambda_2 (T_F - T_1)(\beta-\alpha)} - \frac{\gamma q_0 (e^{-\lambda_1 T_1} - e^{-\lambda_1 T_F})}{4p_r \lambda_1 (T_F - T_1)(\beta-\alpha)} + \frac{c}{2p_r} - \frac{U}{4p_r(\beta-\alpha)} - \frac{\gamma q_0 (e^{-\lambda_1 T_1} - e^{-\lambda_1 T_F})}{4p_r \lambda_1 (T_F - T_1)(\beta+\alpha)} + \frac{\gamma q_0 e^{T_w(\lambda_2-\lambda_1)}(e^{-\lambda_2 T_F} - e^{-\lambda_2 T_1})}{4p_r \lambda_2 (T_F - T_1)(\beta+\alpha)} + \frac{(2\theta-1)U}{4p_r(\beta+\alpha)}$$

超市的最优折扣率为:

$$\eta_d^* = \frac{\gamma q_0 e^{T_w(\lambda_2-\lambda_1)}(e^{-\lambda_2 T_F} - e^{-\lambda_2 T_1})}{4p_d \lambda_2 (T_F - T_1)(\beta-\alpha)} - \frac{\gamma q_0 (e^{-\lambda_1 T_1} - e^{-\lambda_1 T_F})}{4p_d \lambda_1 (T_F - T_1)(\beta-\alpha)} + \frac{c}{2p_r} - \frac{U}{4p_d(\beta-\alpha)} + \frac{\gamma q_0 (e^{-\lambda_1 T_1} - e^{-\lambda_1 T_F})}{4p_d \lambda_1 (T_F - T_1)(\beta+\alpha)} - \frac{\gamma q_0 e^{T_w(\lambda_2-\lambda_1)}(e^{-\lambda_2 T_F} - e^{-\lambda_2 T_1})}{4p_d \lambda_2 (T_F - T_1)(\beta+\alpha)} - \frac{(2\theta-1)U}{4p_d(\beta+\alpha)}$$

证明:将约束条件式(7.63)和式(7.64)联立求解,可得传统渠道订货量$Q$:

$Q = (\beta-\alpha)\theta(p_r + p_d)T_1 + (\beta-\alpha)\theta(\eta_r p_r + \eta_d p_d)(T_F - T_1) + T_F \theta U +$

$$\theta\left[\frac{\gamma q_0 e^{T_w(\lambda_2-\lambda_1)}(1-e^{-\lambda_2 T_F})}{\lambda_2}+\frac{\gamma q_0(1-e^{-\lambda_1 T_F})}{\lambda_1}\right] \tag{7.65}$$

将 $Q$ 代入供应链的总利润函数,并令 $\frac{\partial \pi_c}{\partial \eta_r}=0, \frac{\partial \pi_c}{\partial \eta_d}=0$,可得到在单阶段打折情形下的集中决策模式下,合作社和超市的最优折扣率 $\eta_r^*$ 和 $\eta_d^*$ 分别为

$$\eta_r^* = \frac{\gamma q_0 e^{T_w(\lambda_2-\lambda_1)}(e^{-\lambda_2 T_F}-e^{-\lambda_2 T_1})}{4p_r\lambda_2(T_F-T_1)(\beta-\alpha)} - \frac{\gamma q_0(e^{-\lambda_1 T_1}-e^{-\lambda_1 T_F})}{4p_r\lambda_1(T_F-T_1)(\beta-\alpha)} + \frac{c}{2p_r} - \frac{U}{4p_r(\beta-\alpha)} - \\ \frac{\gamma q_0(e^{-\lambda_1 T_1}-e^{-\lambda_1 T_F})}{4p_r\lambda_1(T_F-T_1)(\beta+\alpha)} + \frac{\gamma q_0 e^{T_w(\lambda_2-\lambda_1)}(e^{-\lambda_2 T_F}-e^{-\lambda_2 T_1})}{4p_r\lambda_2(T_F-T_1)(\beta+\alpha)} + \frac{(2\theta-1)U}{4p_r(\beta+\alpha)}$$

$$\eta_d^* = \frac{\gamma q_0 e^{T_w(\lambda_2-\lambda_1)}(e^{-\lambda_2 T_F}-e^{-\lambda_2 T_1})}{4p_d\lambda_2(T_F-T_1)(\beta-\alpha)} - \frac{\gamma q_0(e^{-\lambda_1 T_1}-e^{-\lambda_1 T_F})}{4p_d\lambda_1(T_F-T_1)(\beta-\alpha)} + \frac{c}{2p_r} - \frac{U}{4p_d(\beta-\alpha)} + \\ \frac{\gamma q_0(e^{-\lambda_1 T_1}-e^{-\lambda_1 T_F})}{4p_d\lambda_1(T_F-T_1)(\beta+\alpha)} - \frac{\gamma q_0 e^{T_w(\lambda_2-\lambda_1)}(e^{-\lambda_2 T_F}-e^{-\lambda_2 T_1})}{4p_d\lambda_2(T_F-T_1)(\beta+\alpha)} - \frac{(2\theta-1)U}{4p_d(\beta+\alpha)}$$

因此,定理 2 得证。

在集中决策模式下,合作社和超市进行打折促销决策,当其折扣率 $\eta_r$ 和 $\eta_d$ 分别满足定理 2 时,供应链的整体利润达到最大化并能实现市场出清。

#### 7.5.2.3 多阶段打折情形

在多阶段打折情形下,$T_1$ 时刻第一次打折,$T_2$ 时刻第二次打折,以此类推 $T_{n-1}$ 时刻第 $n-1$ 次打折。以超市为例,第一次采取的折扣率为 $\eta_r$,第一次打折后的生鲜食品价格表示为 $\eta_r p_r$,后面每次打折都在前一次价格的基础上再次打同样幅度的折扣,则第二次打折后的生鲜食品价格表示为 $\eta_r^2 p_r$,第 $n-1$ 次打折后的价格表示为 $\eta_r^{n-1} p_r$,具体如图 7.15 所示:

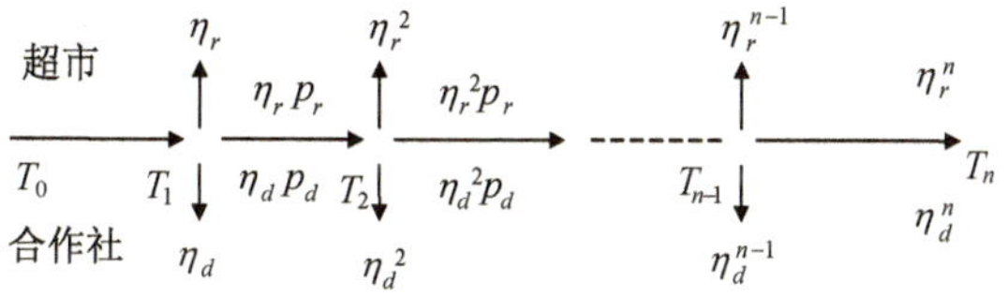

**图 7.15** 生鲜农产品双渠道多阶段折扣定价决策

根据多阶段打折的具体情形,构建双渠道的需求函数,则超市的传统渠道第 $n$ 阶段的市场需求为

$$D_m(t)=\theta U-\alpha\eta_r^{n-1}p_r+\beta\eta_d^{n-1}p_d+\gamma q_0 e^{-\lambda_1 T_w}e^{-\lambda_2(T-T_w)} \tag{7.66}$$

合作社的电商渠道第 $n$ 阶段的市场需求为

$$D_{dn}(t)=(1-\theta)U-\alpha\eta_d^{n-1}p_d+\beta\eta_r^{n-1}p_r+\gamma q_0 e^{-\lambda_1 T} \tag{7.67}$$

(1) 分散决策。

超市的利润函数由销售收入、进货成本和店面成本构成,其中销售收入由 $n$ 阶段不同折扣情况下的销售收入累加得到,因此超市的利润函数可表示为

$$\pi_r = \sum_{n=1}^{n} \eta_r^{n-1} p_r \int_{T_{n-1}}^{T_n} D_{rn}(t) \mathrm{d}t - Qw - H =$$

$$\sum_{n=1}^{n} \eta_r^{n-1} p_r \int_{T_{n-1}}^{T_n} [\theta U - \alpha \eta_r^{n-1} p_r + \beta \eta_d^{n-1} p_d + \gamma q_0 e^{-\lambda_1 T_w} e^{-\lambda_2 (T-T_w)}] \mathrm{d}t - Qw - H =$$

$$\sum_{n=1}^{n} \Big[ (T_n - T_{n-1}) \eta_r^{n-1} p_r (\theta U - \alpha \eta_r^{n-1} p_r + \beta p_d \eta_d^{n-1}) +$$

$$\frac{\gamma q_0 \eta_r^{n-1} p_r e^{T_w(\lambda_2 - \lambda_1)} (e^{-\lambda_2 T_{n-1}} - e^{-\lambda_2 T_n})}{\lambda_2} \Big] - Qw - H \tag{7.68}$$

同理,合作社利润中的销售收入也由 $n$ 阶段不同折扣情况下的销售收入累加得到,因此合作社的利润函数为

$$\pi_d = \sum_{n=1}^{n} \eta_d^{n-1} p_d \int_{T_{n-1}}^{T_n} D_{dn}(t) \mathrm{d}t + Qw - Qc - (\theta^{-1} - 1)Qc =$$

$$\sum_{n=1}^{n} \eta_d^{n-1} p_d \int_{T_{n-1}}^{T_n} [(1-\theta)U - \alpha \eta_d^{n-1} p_d + \beta \eta_r^{n-1} p_r + \gamma q_0 e^{-\lambda_1 T}] \mathrm{d}t + Q(w - \theta^{-1} c) =$$

$$\sum_{n=1}^{n} \Big\{ (T_n - T_{n-1}) \eta_d^{n-1} p_d [(1-\theta)U - \alpha \eta_d^{n-1} p_d + \beta p_r \eta_r^{n-1}] +$$

$$\frac{\gamma q_0 \eta_d^{n-1} p_d (e^{-\lambda_1 T_{n-1}} - e^{-\lambda_1 T_n})}{\lambda_1} \Big\} + Q(w - \theta^{-1} c) \tag{7.69}$$

其中:$n=1,2,3,\cdots,n,n \in N$,$n=1$ 表示不进行打折,$n=2$ 表示打折 1 次,$n=3$ 表示打折 2 次,以此类推。

根据市场出清规则,通过打折可将产品全部售完,故构建供需约束条件如下:

对于超市,有 $\sum_{n=1}^{n} \int_{T_{n-1}}^{T_n} D_{rn}(t) \mathrm{d}t = Q$,即 $\sum_{n=1}^{n} \int_{T_{n-1}}^{T_n} [\theta U - \alpha \eta_r^{n-1} p_r + \beta \eta_d^{n-1} p_d + \gamma q_0 e^{-\lambda_1 T_w} e^{-\lambda_2 (T-T_w)}] \mathrm{d}t = Q$。

经化简可得:

$$\sum_{n=1}^{n} \Big[ (\theta U - \alpha \eta_r^{n-1} p_r + \beta \eta_d^{n-1} p_d)(T_n - T_{n-1}) + \frac{\gamma q_0 e^{T_w(\lambda_2 - \lambda_1)} (e^{-\lambda_2 T_{n-1}} - e^{-\lambda_2 T_n})}{\lambda_2} \Big] = Q$$

对于供应商,有 $\sum_{n=1}^{n} \int_{T_{n-1}}^{T_n} D_{dn}(t) \mathrm{d}t = (\theta^{-1} - 1)Q$,即 $\sum_{n=1}^{n} \int_{T_{n-1}}^{T_n} [(1-\theta)U - \alpha \eta_d^{n-1} p_d + \beta \eta_r^{n-1} p_r + \gamma q_0 e^{-\lambda_1 T}] \mathrm{d}t = (\theta^{-1} - 1)Q$。

经化简可得:$\sum_{n=1}^{n} \Big\{ (T_n - T_{n-1})[(1-\theta)U - \alpha \eta_d^{n-1} p_d + \beta \eta_r^{n-1} p_r] +$

$$\left.\frac{\gamma q_0 (e^{-\lambda_1 T_{n-1}} - e^{-\lambda_1 T_n})}{\lambda_1}\right\} = (\theta^{-1} - 1)Q$$

由于第 $n$ 阶段的折扣率为 $\eta_{r,d}^{n-1}$，因此 $\pi_r$ 对 $\eta_r^{n-1}$ 求一阶偏导，可得

$$\frac{\partial \pi_r}{\partial \eta_r^{n-1}} = \sum_{n=1}^{n} \left\{ (T_n - T_{n-1})(\theta U p_r - 2\alpha \eta_r^{n-1} p_r^2 + \beta p_r p_d \eta_d^{n-1}) + \frac{\gamma q_0 p_r e^{T_w(\lambda_2 - \lambda_1)}(e^{-\lambda_2 T_{n-1}} - e^{-\lambda_2 T_n})}{\lambda_2} \right\}$$

由 $\dfrac{\partial^2 \pi_r}{\partial (\eta_r^{n-1})^2} = -2\alpha p_r^2 \sum_{n=1}^{n}(T_n - T_{n-1}) < 0$，可知超市利润函数 $\pi_r$ 为关于 $\eta_r^{n-1}$ 的凹函数，其存在最值，因此得到生鲜食品零售商传统渠道折扣率的反应函数如下：

$$\sum_{n=1}^{n} \eta_r^{n-1} = \sum_{n=1}^{n} \left( \frac{\theta U}{2\alpha p_r} + \frac{\beta p_d \eta_d^{n-1}}{2\alpha p_r} \right) + \sum_{n=1}^{n} \frac{\gamma q_0 e^{T_w(\lambda_2 - \lambda_1)}(e^{-\lambda_2 T_{n-1}} - e^{-\lambda_2 T_n})}{2\alpha p_r \lambda_2 (T_n - T_{n-1})}$$

假设上式的解为 $\eta_r^* = \eta_r(\eta_d)$，将上式 ($\eta_r^*$) 代入供应商的利润函数，并对 $\eta_d^{n-1}$ 求一阶条件，可得

$$\frac{\partial \pi_d}{\partial \eta_d^{n-1}} = \sum_{n=1}^{n} \left\{ (T_n - T_{n-1}) \left[ (1-\theta) U p_d - 2\alpha \eta_d^{n-1} p_d^2 + \frac{\beta^2 p_r p_d^2 \eta_d^{n-1}}{\alpha p_r} \right] + \frac{\gamma q_0 p_d e^{T_w(\lambda_2 - \lambda_1)}(e^{-\lambda_1 T_{n-1}} - e^{-\lambda_1 T_n})}{\lambda_1} \right\}$$

由于 $\alpha > \beta$，易证 $\dfrac{\partial^2 \pi_d}{\partial (\eta_d^{n-1})^2} = \sum_{n=1}^{n} \dfrac{(T_n - T_{n-1})(\beta^2 - 2\alpha^2) p_d^2}{\alpha} < 0$，于是可求得生鲜食品合作社的电商渠道最优折扣率 $\eta_d^*$：

$$\sum_{n=1}^{n} (\eta_d^{n-1})^* = \sum_{n=1}^{n} \left[ \frac{\gamma q_0 (e^{-\lambda_1 T_n} - e^{-\lambda_1 T_{n-1}}) \alpha}{\lambda_1 (T_n - T_{n-1})(\beta^2 - 2\alpha^2) p_d} - \frac{(1-\theta) U \alpha}{(\beta^2 - 2\alpha^2) p_d} \right] \quad (7.70)$$

将 $\eta_d^*$ 代入 $\eta_r^* = \eta_r(\eta_d)$ 的反应函数，可以得到生鲜食品超市传统渠道的最优折扣率 $\eta_r^*$：

$$\sum_{n=1}^{n}(\eta_r^{n-1})^* = \sum_{n=1}^{n} \frac{\theta U}{2\alpha p_r} + \frac{\gamma q_0 e^{T_w(\lambda_2-\lambda_1)}(e^{-\lambda_2 T_{n-1}} - e^{-\lambda_2 T_n})}{2\alpha p_r \lambda_2 (T_n - T_{n-1})} + \frac{\beta p_d}{2\alpha p_r}\left[\frac{\gamma q_0 (e^{-\lambda_1 T_n} - e^{-\lambda_1 T_{n-1}})\alpha}{\lambda_1 (T_n - T_{n-1})(\beta^2 - 2\alpha^2)p_d} - \frac{(1-\theta)U\alpha}{(\beta^2 2\alpha^2)p_d}\right] \quad (7.71)$$

在多阶段打折的分散决策模式下，以供应链成员自身利润最大化为原则进行求解分析可知，合作社和超市存在最优折扣率 $\eta_d$ 和 $\eta_r$，且当 $\eta_d$ 和 $\eta_r$ 满足式(7.70)和式(7.71)时，在供应链成员各自利润达到最优的同时能够实现市场出清。

（2）集中决策。

对于多阶段折扣情形，合作社和超市在集中决策模式下，供应链的总利润函数

如下：

$$\pi_c = \sum_{n=1}^{n} \eta_r^{n-1} p_r \int_{T_{n-1}}^{T_n} D_{rn}(t) \mathrm{d}t + \sum_{n=1}^{n} \eta_d^{n-1} p_d \int_{T_{n-1}}^{T_n} D_{dn}(t) \mathrm{d}t - Q - (\theta^{-1} - 1)Q - H =$$

$$\sum_{n=1}^{n} \left[ (T_n - T_{n-1}) \eta_r^{n-1} p_r (\theta U - \alpha \eta_r^{n-1} p_r + \beta p_d \eta_d^{n-1}) + \frac{\gamma q_0 \eta_r^{n-1} p_r e^{T_w(\lambda_2 - \lambda_1)} (e^{-\lambda_2 T_{n-1}} - e^{-\lambda_2 T_n})}{\lambda_2} \right] +$$

$$\sum_{n=1}^{n} \left\{ (T_n - T_{n-1}) \eta_d^{n-1} p_d [(1-\theta)U - \alpha \eta_d^{n-1} p_d + \beta p_r \eta_r^{n-1}] + \frac{\gamma q_0 \eta_d^{n-1} p_d (e^{-\lambda_1 T_{n-1}} - e^{-\lambda_1 T_n})}{\lambda_1} \right\} - Q\theta^{-1} c - H \tag{7.72}$$

对式(7.72) $\pi_c$ 关于 $\eta_r^{n-1}$ 和 $\eta_d^{n-1}$ 求二阶导数和一阶偏导，可得到 $\pi_c$ 关于 $\eta_r^{n-1}$ 和 $\eta_d^{n-1}$ 的二阶海塞矩阵 $S$，如下：

$$S = \begin{bmatrix} \dfrac{\partial^2 \pi_c}{\partial (\eta_r^{n-1})^2} & \dfrac{\partial^2 \pi_c}{\partial \eta_r^{n-1} \eta_d^{n-1}} \\ \dfrac{\partial^2 \pi_c}{\partial \eta_d^{n-1} \eta_r^{n-1}} & \dfrac{\partial^2 \pi_c}{\partial (\eta_d^{n-1})^2} \end{bmatrix} = \begin{bmatrix} -2\alpha p_r^2 \sum_{n=1}^{n}(T_n - T_{n-1}) & 2\beta p_r p_d \sum_{n=1}^{n}(T_n - T_{n-1}) \\ 2\beta p_r p_d \sum_{n=1}^{n}(T_n - T_{n-1}) & -2\alpha p_d^2 \sum_{n=1}^{n}(T_n - T_{n-1}) \end{bmatrix}$$

由于 $|S| = 4(\alpha^2 - \beta^2) p_r^2 p_d^2 \left[\sum_{n=1}^{n}(T_n - T_{n-1})\right]^2$，$\alpha > \beta$，$T_n > T_{n-1}$，所以 $|S| > 0$，并且矩阵 $S$ 中 $-2\alpha p_r^2 \sum_{n=1}^{n}(T_n - T_{n-1}) < 0$，故 $\pi_c$ 关于 $\eta_r^{n-1}$ 和 $\eta_d^{n-1}$ 的二阶海塞矩阵 $S$ 负定，因此 $\pi_c$ 是关于 $\eta_r^{n-1}$ 和 $\eta_d^{n-1}$ 的联合凹函数。

由多阶段折扣情形下的约束条件可得

$$Q = \sum_{n=1}^{n} \theta(T_n - T_{n-1})[U + (\beta - \alpha)(\eta_d^{n-1} p_d + \eta_r^{n-1} p_r)] +$$

$$\sum_{n=1}^{n} \frac{\theta \gamma q_0 (e^{-\lambda_1 T_{n-1}} - e^{-\lambda_1 T_n})}{\lambda_1} + \sum_{n=1}^{n} \frac{\theta \gamma q_0 e^{T_w(\lambda_2 - \lambda_1)} (e^{-\lambda_2 T_{n-1}} - e^{-\lambda_2 T_n})}{\lambda_2} \tag{7.73}$$

将 $Q$ 代入集中决策模式下的供应链总利润函数 $\pi_c$，并令 $\dfrac{\partial \pi_c}{\partial \eta_r^{n-1}} = 0$，$\dfrac{\partial \pi_c}{\partial \eta_d^{n-1}} = 0$，求解可得

$$\sum_{n=1}^{n}(\eta_r^{n-1})^* = \sum_{n=1}^{n} \frac{\gamma q_0 e^{T_w(\lambda_2 - \lambda_1)} (e^{-\lambda_2 T_n} - e^{-\lambda_2 T_{n-1}})}{4 p_r \lambda_2 (T_n - T_{n-1})(\beta - \alpha)} - \frac{\gamma q_0 (e^{-\lambda_1 T_{n-1}} - e^{-\lambda_1 T_n})}{4 p_r \lambda_1 (T_n - T_{n-1})(\beta - \alpha)} +$$

$$\frac{c}{2 p_r} - \frac{U}{4 p_r (\beta - \alpha)} - \frac{\gamma q_0 (e^{-\lambda_1 T_{n-1}} - e^{-\lambda_1 T_n})}{4 p_r \lambda_1 (T_n - T_{n-1})(\beta + \alpha)} +$$

$$\frac{\gamma q_0 e^{T_w(\lambda_2-\lambda_1)}(e^{-\lambda_2 T_n}-e^{-\lambda_2 T_{n-1}})}{4p_r\lambda_2(T_n-T_{n-1})(\beta+\alpha)}+\frac{(2\theta-1)U}{4p_r(\beta+\alpha)} \quad (7.74)$$

$$\sum_{n=1}^{n}(\eta_d^{r-1})^* = \sum_{n=1}^{n}\frac{\gamma q_0 e^{T_w(\lambda_2-\lambda_1)}(e^{-\lambda_2 T_n}-e^{-\lambda_2 T_{n-1}})}{4p_d\lambda_2(T_n-T_{n-1})(\beta-\alpha)}-\frac{\gamma q_0(e^{-\lambda_1 T_{n-1}}-e^{-\lambda_1 T_n})}{4p_d\lambda_1(T_n-T_{n-1})(\beta-\alpha)}+$$

$$\frac{c}{2p_r}-\frac{U}{4p_d(\beta-\alpha)}+\frac{\gamma q_0(e^{-\lambda_1 T_{n-1}}-e^{-\lambda_1 T_n})}{4p_d\lambda_1(T_n-T_{n-1})(\beta+\alpha)}-$$

$$\frac{\gamma q_0 e^{T_w(\lambda_2-\lambda_1)}(e^{-\lambda_2 T_n}-e^{-\lambda_2 T_{n-1}})}{4p_d\lambda_2(T_n-T_{n-1})(\beta+\alpha)}-\frac{(2\theta-1)U}{4p_d(\beta+\alpha)} \quad (7.75)$$

在多阶段打折集中决策模式下,以供应链整体利润最大化为目标进行求解分析可知,合作社和超市存在最优折扣率 $\eta_d$ 和 $\eta_r$,且当 $\eta_d$ 和 $\eta_r$ 满足式(7.74)和式(7.75)时,在供应链整体利润达到最优的同时能够实现市场出清。

### 7.5.3 算例分析

本节以山东烟台大樱桃的双渠道销售为例进行仿真分析。为了提高产品的市场竞争力,当地政府鼓励农户建立樱桃种植合作社,对樱桃树的种植采用统一供应树苗、化肥农药和田间管理的模式,以提高大樱桃的质量和产量,实现合作社和农民的双赢,并且牵线由某大型连锁超市与该合作社签订农超对接协议销售大樱桃,同时合作社自身也通过电商渠道进行销售。

算例所设参数具体取值如下:大樱桃的传统渠道(超市)初始市场份额 $\theta=0.6$,市场的潜在需求规模 $U=90$ 公斤/时,渠道价格影响系数 $\alpha=0.8$,交叉价格弹性系数 $\beta=0.25$,大樱桃的质量(生鲜度)对需求的影响系数 $\gamma=40$(主要考虑到产品的生鲜度取值很小),超市的订购量 $Q=15\,000$ 公斤,超市出售樱桃的价格 $p_r=75$ 元/公斤,合作社网上销售樱桃的价格 $p_d=65$ 元/公斤,合作社库存的樱桃变质率 $\lambda_1=0.006$,超市由于保鲜措施较好,其樱桃的变质率 $\lambda_2=0.005$,樱桃采摘后的初始质量 $q_0=0.9$,$T_0=0$ 小时,$T_1=300$ 小时,$T_2=330$ 小时,$T_3=350$ 小时,由于运输路途较远,樱桃由合作社采摘和包装后配送至超市的时刻 $T_w=100$ 小时,樱桃的生命周期 $T_F=380$ 小时,合作社种植樱桃的单位生产成本 $c=24$ 元,超市向合作社订购樱桃的单位批发价 $w=30$ 元,樱桃如果滞销变质后废弃的单位损失 $g=35$ 元,超市的店面固定成本 $H=10\,000$ 元。

#### 7.5.3.1 市场出清的最优折扣策略

为了探究大樱桃在电商渠道和传统渠道能够实现市场出清并取得最大化利润的策略,本节按照算例的以上参数取值,对合作社和超市的打折促销模型进行数值仿真,分别以单次折扣、两次折扣和三次折扣为例,根据前文中的定理1、定理2和式7.61—式7.62、式7.64—式7.65,计算不同决策模式下的最优折扣率和利润情况,具体计算结果如表7.5和表7.6所示。

表7.5　大樱桃打折次数与不同决策模式下的最优折扣率

|  | 分散决策折扣率 |  | 集中决策折扣率 |  |
| --- | --- | --- | --- | --- |
|  | $\eta_r^*$ | $\eta_d^*$ | $\eta_r^*$ | $\eta_d^*$ |
| 单次折扣 | 0.428 1 | 0.286 7 | 0.764 6 | 0.755 8 |
| 打折两次 | 0.427 7 | 0.198 3 | 0.797 1 | 0.798 1 |
| 打折三次 | 0.578 8 | 0.392 0 | 0.854 1 | 0.850 0 |

表7.6　大樱桃打折次数与不同决策模式下的最优利润比较

|  | 分散决策利润/元 ||| 集中决策利润/元 ||| 利润差/元（集中决策－分散决策） |||
| --- | --- | --- | --- | --- | --- | --- | --- | --- | --- |
|  | $\pi_r$ | $\pi_d$ | $\pi_c$ | $\pi_r$ | $\pi_d$ | $\pi_c$ | $\Delta\pi_r$ | $\Delta\pi_d$ | $\Delta\pi_c$ |
| 单次折扣 | 99 883 | 195 650 | 295 533 | 143 185 | 162 975 | 306 160 | 43 302 | −32 675 | 10 627 |
| 打折两次 | 75 939 | 169 570 | 245 509 | 146 050 | 165 560 | 311 610 | 70 111 | −4 010 | 66 101 |
| 打折三次 | 86 435 | 184 510 | 270 945 | 142 565 | 163 785 | 306 350 | 56 130 | −20 725 | 35 405 |

根据仿真结果(表7.6)可以发现，在分散决策模式下，采取单次折扣方式时供应链的总利润最高，但在集中决策模式下，反而是采取两次打折的方式供应链的总利润最高；并且从集中决策和分散决策模式下供应链总利润的差异值 $\Delta\pi_c$ 均大于零可以看出，集中决策模式下的供应链利润均高于分散决策模式。因此，在此算例当中，合作社和超市的最优市场出清策略为采取集中决策并打折两次的方式，且由表1数据可知，合作社采取的最优折扣率为0.798 1，超市采取的最优折扣率为0.797 1。

另外，通过分析集中决策和分散决策模式下超市利润的差异值 $\Delta\pi_r$ 和合作社利润的差异值 $\Delta\pi_d$ 可以发现，超市在集中决策模式下的利润总是高于分散决策模式下的利润，合作社却因为参与集中决策后其利润反而降低，但供应链的总利润增加了。因此，从激励相容的角度来说，要想使得合作社参与集中决策，超市必须通过收益共享机制给予合作社一定程度的利益补偿，根据合作社的参与约束条件，在采取集中决策并两次打折情形下，其最低补偿额度应该大于等于其在分散决策模式下采取最优决策方案能够多获得的 4 010 元利润，考虑到集中决策模式下供应链总利润的增加值为 66 101 元，因此合作社获得利益补偿的取值区间为[4 010，66 101]，具体补偿数值取决于双方在合作过程中的地位和谈判能力。

#### 7.5.3.2　双渠道特征参数敏感性分析

为了更好地理解传统渠道所占市场份额、渠道价格敏感系数、渠道交叉价格弹性系数对合作社和超市最优折扣率以及利润的影响，本节我们将以单次折扣（打折时间点 $T_1=300$ 小时）为例分析这三个参数对最优折扣率和利润的影响规律。

由图 7.16 可知,从市场出清的角度来看,在双渠道竞争存在的情况下,传统渠道的最优折扣率会随着传统渠道市场份额的增加而增加,电商渠道的最优折扣率则反之。其实对于生鲜食品来说,传统渠道在初期的市场份额要远大于电商渠道,因此在这种情况下,从利润最大化的角度考虑,超市的最优策略是降低优惠力度(即折扣率的取值较大),而合作社则应加大优惠力度,通过采取低价策略来吸引顾客、增加销量;而随着电商渠道的不断发展,电商渠道市场份额逐渐扩大,合作社则要适当降低优惠力度以便增加利润,超市反而要加大优惠力度以减少顾客流失,稳固市场份额。

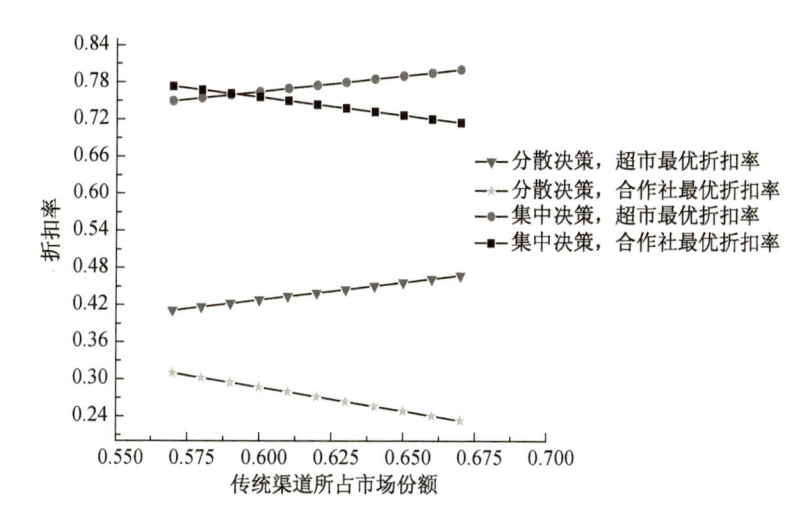

图 7.16 传统渠道所占市场份额对最优折扣率的影响

由图 7.17、图 7.18 可以看出,随着渠道价格敏感度的增加,电商渠道和传统渠

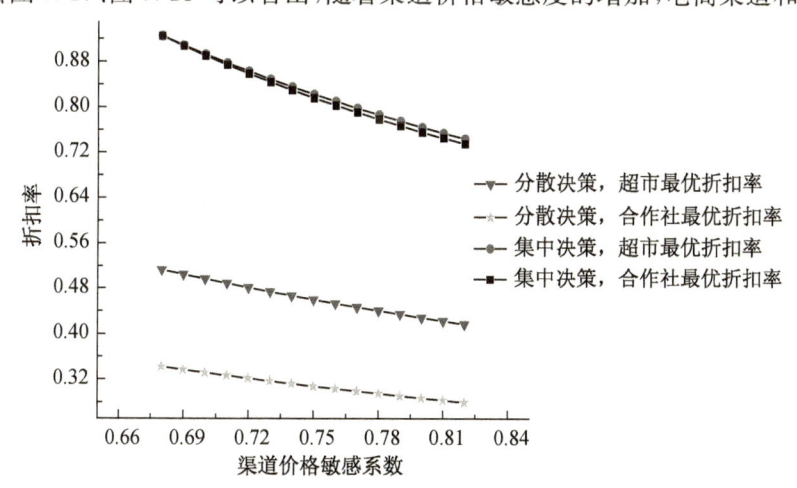

图 7.17 渠道价格敏感系数对最优折扣率的影响

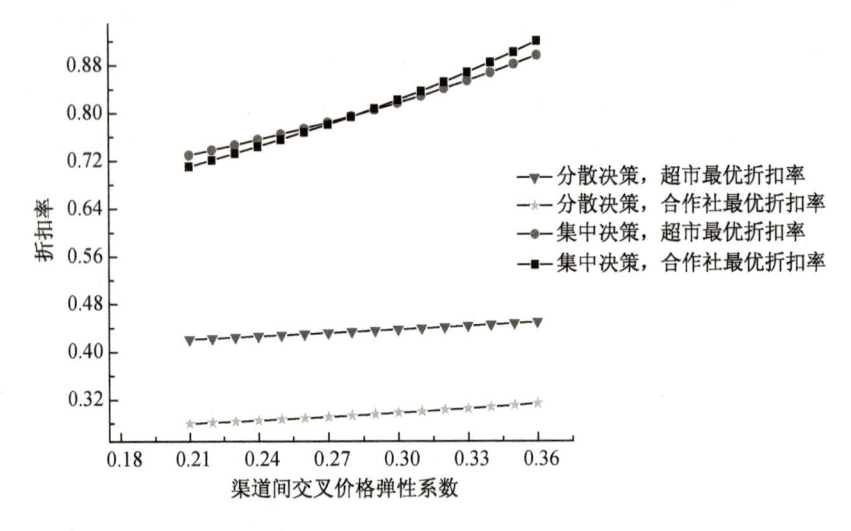

图 7.18 渠道间交叉价格弹性系数对最优折扣率的影响

道的最优折扣率均会减小；而随着渠道间交叉价格弹性系数的增加，电商渠道和传统渠道的最优折扣率增大。也就是说，如果消费者对价格的变化敏感，此时适当提高价格的优惠力度可保证实现市场出清，薄利多销为最优的市场策略；如果两个渠道之间的竞争激烈，传统渠道和电商渠道应通过集中决策或者达成协议降低打折优惠力度，避免恶性竞争，以减少渠道分化和需求转移带来的损失。

由图 7.19、图 7.20 和图 7.21 可以看出，不管双渠道的特征参数如何变化，打折情形下供应链的总利润总是高于不打折情形，且打折时集中决策模式下的总利润总是高于分散决策模式。由此可见，就双渠道供应链的整体收益而言，集中决策

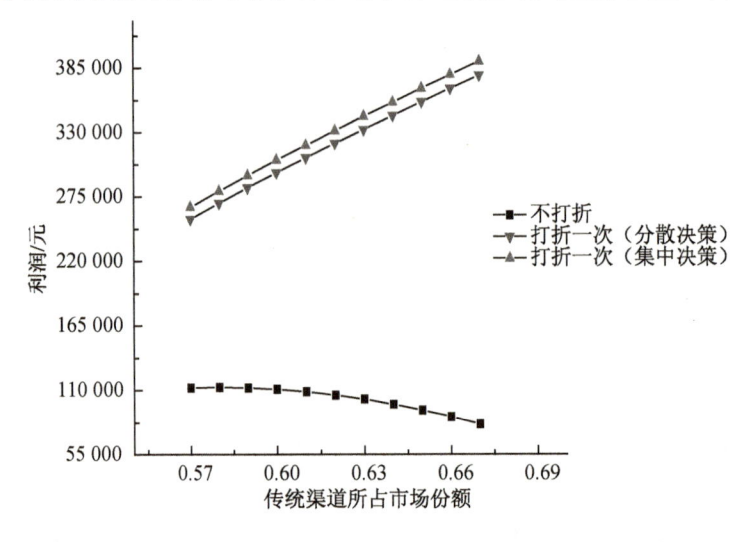

图 7.19 传统渠道所占市场份额对供应链总利润的影响

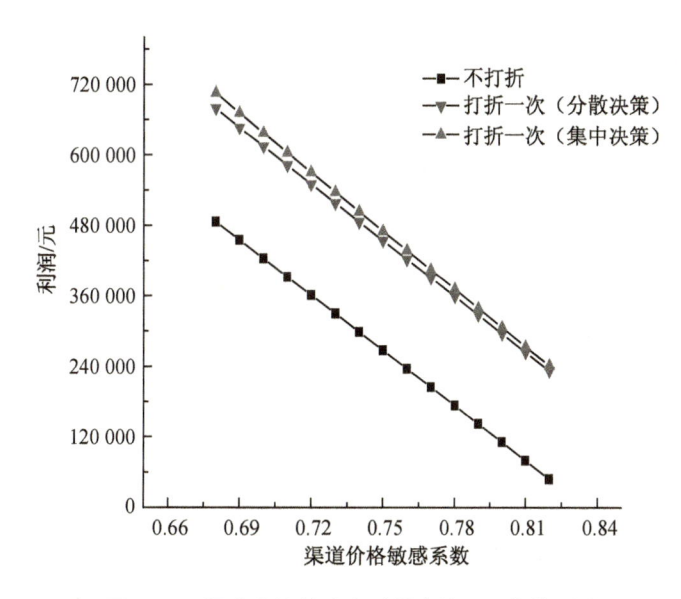

图 7.20　渠道价格敏感度对供应链总利润的影响

并打折是市场出清策略的最优选择,能够提升供应链的整体利润。同时,由图 7.19 可以看出,采取打折情形下的传统渠道所占的市场份额与供应链的总利润呈正相关。根据算例的参数取值,在传统渠道市场份额小于 0.7 的情况下,供应链的总利润会随着市场份额的增大而上升,不打折情形下则反之,这也在一定程度上解释了现实中如果产品滞销则通过采取超市实体店打折促销的方式往往效果会比较好的现象。因此农业合作社既不要完全依赖超市渠道以免受制于人,也不要轻易放弃超市的传统渠道而选择完全依靠自身的电商渠道,采取双渠道并存是比较好的销售模式。由图 7.20 可知,供应链的总利润随着渠道价格敏感度的增加而降低,当渠道价格敏感度较低,即渠道价格对渠道需求影响较弱时,此时采取的打折优惠力度没有必要太大反而能保证供应链的总利润相对较高。由图 7.21 可以看出,随着渠道间交叉价格弹性系数的增加,供应链的总利润将提高,同时发现集中决策与分散决策下供应链总利润的差距也随着渠道间交叉价格弹性系数的增大而不断变大,也就是说,随着渠道间的竞争越来越激烈,打折时采取集中决策模式的优势也越来越明显。

#### 7.5.3.3　多阶段打折情形下供应链的利润分析

鉴于打折两次、打折三次与打折一次情形下双渠道特征参数对最优折扣率的影响趋势相同,限于篇幅不再赘述,下文将着重分析多阶段打折情形下供应链的利润变化情况。假设合作社和超市分别采取单次打折、两次打折和三次打折的情形,同时按照前文的算例取值,打折的时间点 $T_1=300$ 小时、$T_2=330$ 小时、$T_3=350$ 小时、$T_F=380$ 小时、$T_w=100$ 小时。

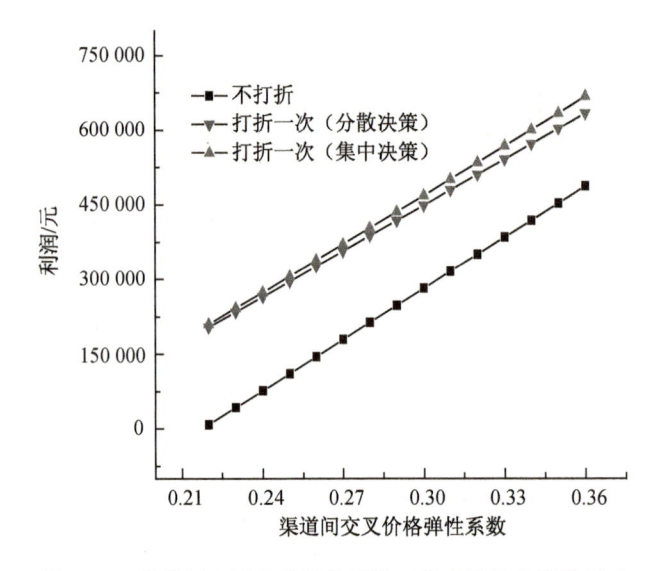

图 7.21　渠道间交叉价格弹性系数对供应链总利润的影响

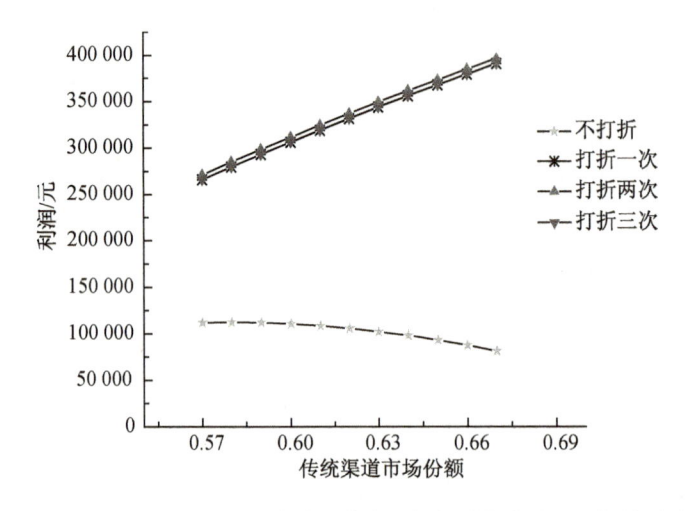

图 7.22　不同打折次数下传统渠道市场份额对供应链总利润的影响

由 7.5.3.2 节渠道供应链特征参数对利润的敏感性分析可知,集中决策下的供应链利润总是高于分散决策下的供应链利润,因此,分析分散决策模式下打折次数对供应链利润的影响意义不大,故本节只对集中决策模式下打折次数对供应链利润的影响进行探讨。

对于打折次数对供应链总利润的影响,根据本小节的仿真结果可知,集中决策模式下的打折次数对供应链总利润有一定程度的影响,但影响的显著性不强。鉴于在现实中每次改变价格时本身需要花费一定的成本,因此折扣次数并非越多越好,在实际操作的过程中可以在有限的几次折扣计算结果中进行供应链的总利润

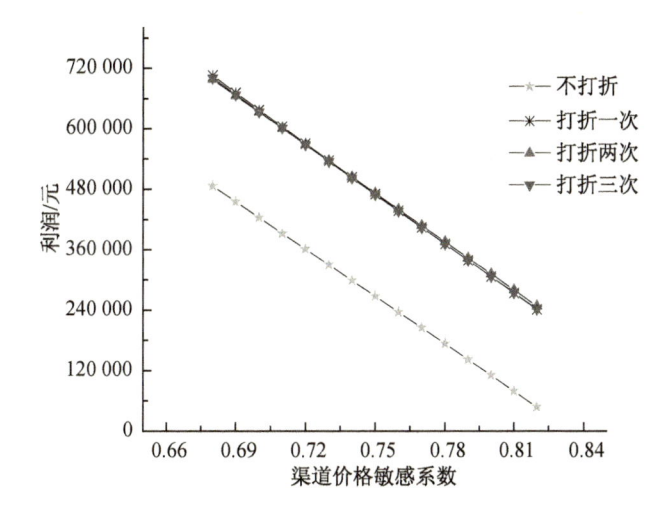

图 7.23　不同打折次数下渠道价格敏感系数对供应链总利润的影响

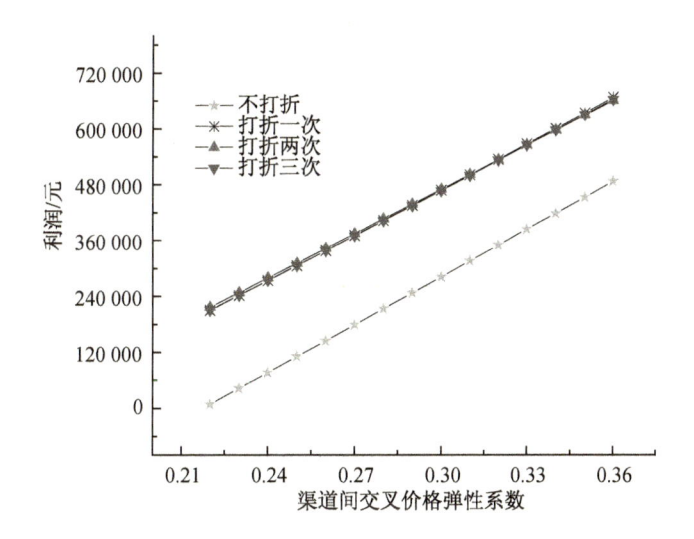

图 7.24　不同打折次数下渠道间交叉价格弹性系数对供应链总利润的影响

比较分析,然后选择总利润最高的折扣次数及其折扣率即可。即使随着传统渠道份额、渠道价格敏感系数、渠道间交叉价格弹性系数的增加,打折次数也不会影响各参数对供应链总利润的影响趋势;由于打折次数不会影响各参数对利润的影响规律,因此以上关于各参数的敏感性分析结果对超过三次以上打折的情形依然适用。

# 第8章 生鲜农产品供应链数量安全控制契约

作为生鲜食品供应链的源头,生鲜农产品市场的稳定与生鲜食品供应链后续环节的质量息息相关,因此关于其控制与协调也广泛受到关注。然而近年来,我国的农产品价格波动较为剧烈,这不仅会挫伤农民的生产积极性,更会影响我国居民的基本生活。受到自然、价格波动等诸多因素的影响,使得生鲜农产品的供求具有随机性。由于难以准确地预测生鲜农产品的供求量,在销售季节来临之际则极有可能出现供求不均衡的情况,最终导致交易的稳定性较差。基于此,本章引入期权理论与收益共享理论,构建"期权契约+收益共享契约"决策方法,对生鲜农产品供应链中的数量安全问题进行研究。

## 8.1 生鲜农产品供应链"期权契约"协调研究

### 8.1.1 期权契约问题的提出

期权从本质上来说是一种契约,具体而言,期权购买者通过向期权出售者支付相应的费用购买期权,从而获得了在一定的时间内以事先协定的价格向期权出售者购买或出售一定数量的某种商品的权利,即买方与卖方之间签订的一种远期合约。零售商通过购买远期期权,即通过现货订购和期权订购相结合的方式,可以在一定程度上降低供应商因一次供货量不足导致的供货压力。同时,供应商通过向零售商出售期权,二者之间建立了一种柔性合同,使得零售商能够根据实际需求合理地执行期权订货量,从而降低零售商的缺货风险,提高供应链的整体服务水平。期权契约能够规避因自然因素、人为因素等导致的供需不均衡问题,是实现供应链协调的有效途径,比较符合生鲜农产品供应链供需协调的需求。本章将通过建立期权契约的定量模型,以解决随机需求下生鲜农产品供应链上下游之间的产品数量供求问题。

### 8.1.2 问题描述与基本假设

本节将一个农产品供应商 $s$ 和一个零售商 $r$ 组成的生鲜农产品两级供应链单周期销售模型作为研究对象,分别对零售商的订货策略以及供应商的运货策略和定价策略进行研究,即零售商根据以前的销售数据及市场需求向供应商确定生鲜农产品的订货量,供应商根据零售商的订购量确定产品的运送量以及订购价格。

为刻画生鲜农产品的特性,这里引入生鲜农产品的新鲜度 $\theta(0<\theta<1)$ 描述其质量特性,同时引入产品的流通损耗率 $\beta(0<\beta<1)$ 刻画生鲜农产品在流通过程中的数量损耗。具体来说,$\theta$ 描述的是生鲜农产品的质量,该值越大,表示对农产品在流通过程中采取的保鲜措施越好,其质量方面的损耗越小,产品越新鲜。与此同时,生鲜农产品的新鲜度最终还会影响其市场需求,产品越新鲜,其市场的需求越大。此外,$\beta$ 表示在零售商向供应商订货的初始时刻到产品到达零售商的整个过程中,由于供应商的装卸、包装、挤压、运输等自然因素或人为影响所造成的产品数量方面的损耗。生鲜农产品的损耗率 $\beta$ 越大,表示产品在流通过程中越容易被损耗,最终到达零售商的有效数量越少。

此外,由于生鲜农产品具有生产周期长、销售周期短的特点,因此在期权契约决策状态下,零售商不仅会与供应商进行现货交易,即在现货市场中订购一部分生鲜农产品,这里称之为生鲜农产品的现货订购量。同时,零售商还会向供应商预定一部分货物,即订购生鲜农产品的期权,这部分货物则称为生鲜农产品的期权订购量。通过订购期权,零售商可以获得以约定的价格购买预定的这部分生鲜农产品的权利。与此同时,零售商向供应商购买这项权利需要支付一定的成本,即期权的订购价格,而购买期权后对应的期权订购产品的约定购买价格被称为期权的执行价格。这类似于金融市场中的现货交易和期货交易。在签订了期权契约的条件下,若供应商承诺零售商的生鲜农产品订购数量未能够得到满足,供应商必须及时将所缺货物补齐,此时供应商将会承担一个非常大的缺货处罚(这里的缺货处罚可以理解为供应商在向零售商补齐货物时的加急生产费用、采购费、二次运输费以及信誉损失等)。当零售商在将生鲜农产品销售给消费者时,由于产品供不应求所带来的损失称之为零售商的缺货成本;又由于生鲜农产品的特性,当产品供过于求时,剩余的产品不可回收,其残值为零。这里假设零售商的订货提前期为零,且零售商的初始库存量也为零。为方便问题的讨论与分析,具体的符号定义如下:

$c$ 为单位生鲜农产品的生产成本;$\omega$ 为现货市场中单位生鲜农产品的批发价格(其中:$\omega_a^*$ 为无期权契约时现货市场中单位生鲜农产品的最优批发价格,$\omega_b^*$ 为期权契约决策时现货市场中单位生鲜农产品的最优批发价格);$p$ 为单位生鲜农产品的零售价格;$h$ 为供应商的供货量未满足零售商订货量时所承受的单位缺货处罚;$g$ 为零售商销售生鲜农产品过程中的单位缺货损失;$\omega_0$ 为单位生鲜农产品的期权订购价格;$\omega_e$ 为单位生鲜农产品的期权执行价格;$Q_{ar}^d$ 为无期权契约时分散决策下零售商的生鲜农产品订货量;$Q_{as}^d$ 为无期权契约时分散决策下供应商的生鲜农产品运货量;$Q_a$ 为无期权契约时集中决策下共同确定的生鲜农产品订货量;$Q_{br1}$ 为期权契约下零售商的期权订货量;$Q_{br2}$ 为期权契约下零售商的现货订货量;$Q_{br}$ 为期权契约下零售商的总订货量,且 $Q_{br}=Q_{br1}+Q_{br2}$;$Q_{bs}$ 为期权契约下供应商的生鲜农产品运货量;$\Pi_{ar}^{d}$ 和 $\Pi_{as}^{d}$ 分别表示无期权契约分散决策下零售商和供应商的利润;$\Pi_{ar}^{c}$ 和 $\Pi_{as}^{c}$ 分别表示无期权契约集中决策下零售商和供应商的利润;$\Pi_{a}^{c}$ 表示无期权契约集中决策下供应链的整体利润;$\Pi_{br}$ 和 $\Pi_{bs}$ 分别表示期权契约下零售商和供应商的利润。

由于生鲜农产品的新鲜度会对其市场需求产生影响,同时借鉴肖勇波[40]、陈军[92]在相关文献中的研究,对传统的需求函数进行改进,具体采用如下的市场需求函数:

$$D(\theta)=\theta(a-bp)\varepsilon$$

其中:$a$ 表示消费者对生鲜农产品的初始需求规模;$b$ 为消费者市场需求对生鲜农产品价格的敏感系数;$\varepsilon$ 表示一个均值为1,且连续分布的随机因子,其概率密度函数以及累计分布函数分别为 $f(x)$ 和 $F(x)$。与此同时,定义 $[x]^{+}=\max(0,x)$,并假定 $\omega > \frac{c}{1-\beta}$。该假定是供应商愿意提供生鲜农产品的基本前提,若 $\omega \leqslant \frac{c}{1-\beta}$,说明供应商在考虑了运输过程中的损耗之后,其销售给零售商一单位的生鲜农产品所获得的收入不大于单位成本,此时供应商不会向零售商提供产品。

### 8.1.3 无期权契约时生鲜农产品供应链管理决策模型

#### 8.1.3.1 供应链分散决策模型

(1) 零售商订货策略。

当供应商与零售商之间不签订期权合同时,此时不考虑零售商向供应商提前预定期权订货量的情形,仅考虑二者在现货市场上的交易。首先考虑分散决策的情形。在该分散式决策模型中,供应商和零售商分别根据自身利润最大化原则进行决策。这里我们考虑由生鲜农产品供应商和零售商构成的 Stackelberg 博弈。在该博弈过程中,假设供应商占据主导地位,供应商的决策变量为生鲜农产品的批发价格 $\omega$,零售商的决策变量为生鲜农产品的订货量 $Q_{ar}^{d}$。零售商先根据以前的销售数据及市场需求向供应商确定生鲜农产品的订货量 $Q_{ar}^{d}$,供应商再根据零售商的订购量确定产品的批发价格 $\omega$。具体可得无期权契约分散决策时,零售商的利润函数为

$$\Pi_{ar}^{d}(Q_{ar}^{d})=p\times\min[D(\theta),Q_{ar}^{d}]-\omega Q_{ar}^{d}-g[D(\theta)-Q_{ar}^{d}]^{+}$$

上式右侧的第一项表示零售商的实际销售利润,第二项表示零售商向供应商支付的订货成本,第三项表示零售商在销售过程中的缺货成本。将市场需求函数 $D(\theta)=\theta(a-bp)\varepsilon$ 代入,可得

$$\Pi_{ar}^d(Q_{ar}^d) = \begin{cases} p\theta(a-bp)\varepsilon - \omega Q_{ar}^d, & \varepsilon \leqslant \dfrac{Q_{ar}^d}{\theta(a-bp)} \\ (p+g-\omega)Q_{ar}^d - g\theta(a-bp)\varepsilon, & \varepsilon > \dfrac{Q_{ar}^d}{\theta(a-bp)} \end{cases}$$

对上述利润函数求期望,可得零售商的期望利润为

$$E\Pi_{ar}^d(Q_{ar}^d) = \int_0^{\frac{Q_{ar}^d}{\theta(a-bp)}} (p+g)[\theta(a-bp)x - Q_{ar}^d]f(x)\mathrm{d}x + (p+g-\omega)Q_{ar}^d - g\theta(a-bp) \tag{8.1}$$

**命题 1** 在无期权契约分散状态下,生鲜农产品零售商有且仅有唯一的最优订货量 $Q_{ar}^{d*}$,且最优订货量 $Q_{ar}^{d*}$ 是新鲜度 $\theta$ 的增函数,是批发价格 $\omega$ 的减函数,是零售商缺货成本 $g$ 的增函数。

证明:根据式(8.1)表示的无期权契约分散状态下零售商的期望利润函数,求该函数对零售商订货量 $Q_{ar}^d$ 的一阶偏导以及二阶偏导,可得

$$\frac{\partial E\Pi_{ar}^d(Q_{ar}^d)}{\partial Q_{ar}^d} = (p+g-\omega) - (p+g)F\left[\frac{Q_{ar}^d}{\theta(a-bp)}\right]$$

令 $\dfrac{\partial E\Pi_{ar}^d(Q_{ar}^d)}{\partial Q_{ar}^d} = 0$,可得

$$Q_{ar}^{d*} = \theta(a-bp)F^{-1}\left(1-\frac{\omega}{p+g}\right) \tag{8.2}$$

又由 $\dfrac{\partial^2 E\Pi_{ar}^d(Q_{ar}^d)}{\partial Q_{ar}^{d2}} = -(p+g)f\left[\dfrac{Q_{ar}^d}{\theta(a-bp)}\right] \times \dfrac{1}{\theta(a-bp)} < 0$ 可知:零售商期望利润 $E\Pi_{ar}^d(Q_{ar}^d)$ 是关于其生鲜农产品订货量 $Q_{ar}^d$ 的凹函数,存在唯一的极大值,即 $Q_{ar}^{d*}$ 为无期权契约分散状态下使得生鲜农产品零售商利润最大的唯一最优订货量。将 $Q_{ar}^{d*}$ 代入式(8.1),可得出对应条件下的零售商最大期望利润:

$$E\Pi_{ar}^{d*} = \theta(a-bp)\left[(p+g)\int_0^{\frac{Q_{ar}^{d*}}{\theta(a-bp)}} xf(x)\mathrm{d}x - g\right] \tag{8.3}$$

由 $Q_{ar}^{d*} = \theta(a-bp)F^{-1}\left(1-\dfrac{\omega}{p+g}\right)$,且 $a-bp>0$,$F^{-1}\left(1-\dfrac{\omega}{p+g}\right)>0$,可得 $Q_{ar}^{d*}$ 是新鲜度 $\theta$ 的增函数。再结合反函数的单调性原理,即反函数的单调性应与其原函数相同,可得 $y = F^{-1}\left(1-\dfrac{\omega}{p+g}\right)$ 关于 $(\omega,g)$ 的单调性应与 $x = 1-\dfrac{\omega}{p+g}$ 关于 $(\omega,g)$ 的单调性相同。因 $x = 1-\dfrac{\omega}{p+g}$ 关于 $\omega$ 递减,关于 $g$ 递增,可知 $y =$

$F^{-1}\left(1-\dfrac{\omega}{p+g}\right)$ 同样关于 $\omega$ 递减，关于 $g$ 递增，即 $Q_{ar}^{d*}=\theta(a-bp)F^{-1}\left(1-\dfrac{\omega}{p+g}\right)$ 是关于 $\omega$ 的减函数，同时也是关于 $g$ 的增函数。命题1得证。

由命题1可知，$\theta$ 越大，$Q_{ar}^{d*}$ 则越大，这比较容易理解，即供应商运送至零售商处的生鲜农产品越新鲜，零售商越会提高其最优订货量；又由 $\omega$ 越大，$Q_{ar}^{d*}$ 越小，可知供应商向零售商提供生鲜农产品时的批发价格越高，零售商所订购的货物量则会越少；最后，由 $g$ 越大，$Q_{ar}^{d*}$ 越小，可知零售商在销售过程中的缺货成本越大，其向供应商订购的生鲜农产品的数量则会越多，从而规避因缺货导致的较大的利益损失。

（2）供应商定价策略。

零售商在向供应商确定了其最优的生鲜农产品的订货量 $Q_{ar}^{d*}$ 以后，供应商则需要根据零售商的订货量运送货物，并确定订购价格 $\omega$。根据上文的假设条件，生鲜农产品在流通过程中的数量损耗用流通损耗率 $\beta$ 表示。由于运至零售商处的生鲜农产品数量为 $Q_{ar}^{d*}$，并考虑运输过程中的数量损耗，因此供应商所需提供的最优产品数量 $Q_{as}^{d*}=\dfrac{Q_{ar}^{d*}}{1-\beta}$。具体可得无期权契约时，供应商的利润函数为

$$\Pi_{as}^{d}=\omega Q_{ar}^{d*}-\dfrac{cQ_{ar}^{d*}}{1-\beta} \tag{8.4}$$

式(8.4)右侧的第一项表示供应商将生鲜农产品批发给零售商获得的收入，第二项表示供应商的生产成本。

**命题2** 在无期权契约分散状态下，生鲜农产品供应商存在唯一的最优批发价格 $\omega_a^*$ 以及最大期望利润 $E\Pi_{as}^{d*}$。

证明：由于无期权契约时供应商的利润函数并非为分段函数的形式，因此供应商的期望利润函数即利润函数，将 $Q_{ar}^{d*}$ 代入式(8.4)，具体可得

$$E\Pi_{as}^{d}(\omega)=\theta(a-bp)\left(\omega-\dfrac{c}{1-\beta}\right)\times F^{-1}\left(1-\dfrac{\omega}{p+g}\right) \tag{8.5}$$

将上式对批发价格 $\omega$ 求偏导，可得

$$\dfrac{\partial E\Pi_{as}^{d}(\omega)}{\partial \omega}=\theta(a-bp)\left\{F^{-1}\left(1-\dfrac{\omega}{p+g}\right)-\left(\omega-\dfrac{c}{1-\beta}\right)\times\dfrac{1}{p+g}\times\dfrac{1}{f\left[F^{-1}\left(1-\dfrac{\omega}{p+g}\right)\right]}\right\}$$

又因为

$$\frac{\partial^2 E\Pi_{as}^d(\omega)}{\partial \omega^2} = -\frac{\theta(a-bp)}{(p+g)f\left[F^{-1}\left(1-\frac{\omega}{p+g}\right)\right]} \times$$

$$\left\{2+\frac{[\omega(1-\beta)-c]f'\left[F^{-1}\left(1-\frac{\omega}{p+g}\right)\right]}{(1-\beta)(p+g)\left[f\left[F^{-1}\left(1-\frac{\omega}{p+g}\right)\right]\right]^2}\right\} < 0$$

所以，供应商存在唯一的批发价 $\omega_a^*$，使得供应商利润达到最大，即 $\omega_a^*$ 为无期权分散状态下使得供应商的利润达到最大的最优批发价。令 $\frac{\partial E\Pi_{as}^d(\omega)}{\partial \omega}=0$，可求出无期权分散决策时使得供应商利润最大的批发价 $\omega_a^*$，具体满足如下关系：

$$\omega_a^* \in \left\{\omega_a^* \mid (p+g)f\left[F^{-1}\left(1-\frac{\omega_a^*}{p+g}\right)\right] \times F^{-1}\left(1-\frac{\omega_a^*}{p+g}\right) = \left(\omega_a^* - \frac{c}{1-\beta}\right)\right\} \tag{8.6}$$

将其代入式(8.5)，可得到无期权分散状态下供应商的最优利润：

$$E\Pi_{as}^{d^*} = \theta(a-bp)\left(\omega_a^* - \frac{c}{1-\beta}\right) \times F^{-1}\left(1-\frac{\omega_a^*}{p+g}\right) \tag{8.7}$$

至此，命题2得证。

#### 8.1.3.2 供应链集中决策模型

在生鲜农产品供应链集中决策模型中，供应商和零售商作为一个利益共同体进行共同决策，从而实现供应链的整体利润最大化。具体而言，集中决策时零售商和供应商的期望利润函数分别为

$$E\Pi_{ar}^c(Q_a^c) = \int_0^{\frac{Q_a^c}{\theta(a-bp)}}(p+g)[\theta(a-bp)x - Q_a^c]f(x)\mathrm{d}x + (p+g-\omega)Q_a^c - g\theta(a-bp)$$

$$E\Pi_{as}^c(Q_a^c) = \omega Q_a^c - \frac{cQ_a^c}{1-\beta}$$

将二者相加，可得到集中决策时供应链整体期望利润函数如下：

$$E\Pi_a^c(Q_a^c) = \int_0^{\frac{Q_a^c}{\theta(a-bp)}}(p+g)[\theta(a-bp)x - Q_a^c]f(x)\mathrm{d}x + \left(p+g-\frac{c}{1-\beta}\right)Q_a^c - g\theta(a-bp) \tag{8.8}$$

**命题3** 在无期权契约集中状态下，生鲜农产品供应链存在唯一的最优订货量 $Q_a^{c^*}$ 和最大期望利润 $E\Pi_a^{c^*}$，且供应链期望利润与批发价格 $\omega$ 无关。

证明：根据供应链整体期望利润函数[式(8.8)]，求该函数对订货量 $Q_a^c$ 的一阶

## 第 8 章 生鲜农产品供应链数量安全控制契约

和二阶偏导,可得

$$\frac{\partial E\Pi_a^c}{\partial Q_a^c} = (p+g)\left\{1 - F\left[\frac{Q_a^c}{\theta(a-bp)}\right]\right\} - \frac{c}{1-\beta},$$

$$\frac{\partial^2 E\Pi_a^c}{\partial Q_a^{c\,2}} = -(p+g)f\left[\frac{Q_a^c}{\theta(a-bp)}\right]$$

由于 $\frac{\partial^2 E\Pi_a^c}{\partial Q_a^{c\,2}} < 0$,因此供应链整体利润函数是关于订货量 $Q_a^c$ 的凹函数,即有且仅有一个最优订货量,使得供应链整体利润达到最大。令 $\frac{\partial E\Pi_a^c}{\partial Q_a^c} = 0$,可以求出最优订货量为

$$Q_a^{c\,*} = \theta(a-bp)F^{-1}\left[1 - \frac{c}{(1-\beta)(p+g)}\right] \tag{8.9}$$

将其代入式(8.8),可得供应链整体最优期望利润为

$$E\Pi_a^{c\,*} = \theta(a-bp)\left\{(p+g)\int_0^{F^{-1}\left[1-\frac{c}{(1-\beta)(p+g)}\right]} xf(x)\mathrm{d}x - g\right\} \tag{8.10}$$

由式(8.8)和式(8.10)可以看出:无期权集中决策时供应链的整体期望利润及整体最优期望利润均与批发价格无关,这与现实情况是相符的。因为此时生鲜农产品供应链作为一个整体进行决策,不考虑供应商向零售商所展开的批发等中间环节,因此其整体期望利润与批发价格无关。至此,命题 3 得证。

**命题 4** 在无期权契约状态下,集中决策时生鲜农产品供应链的最优订货量 $Q_a^{c\,*}$ 大于分散决策时零售商的最大订货量 $Q_{ar}^{d\,*}$,且集中决策时供应链的整体最优期望利润 $E\Pi_a^{c\,*}$ 大于分散决策时供应链的整体最优期望利润 $E\Pi_{ar}^{d\,*} + E\Pi_{as}^{d\,*}$。

证明:由式(8.2)和式(8.9)可得

$$Q_a^{c\,*} - Q_{ar}^{d\,*} = \theta(a-bp)\left\{F^{-1}\left[1 - \frac{c}{(1-\beta)(p+g)}\right] - F^{-1}\left(1 - \frac{\omega}{p+g}\right)\right\}.$$

$\left[1 - \frac{c}{(1-\beta)(p+g)}\right] - \left(1 - \frac{\omega}{p+g}\right) = \frac{1}{p+g}\left(\omega - \frac{c}{1-\beta}\right)$,且根据命题 2 可知:

$\omega(1-\beta) - c > 0$,因此 $1 - \frac{\omega}{p+g} > 0$,即 $\left[1 - \frac{c}{(1-\beta)(p+g)}\right] - \left(1 - \frac{\omega}{p+g}\right) > 0$。

由此可得 $F^{-1}\left[1 - \frac{c}{(1-\beta)(p+g)}\right] > F^{-1}\left(1 - \frac{\omega}{p+g}\right)$,即 $Q_a^{c\,*} > Q_{ar}^{d\,*}$。

又由式(8.3)、式(8.7)及式(8.10),可得

$$E\Pi_a^{c\,*} - (E\Pi_{ar}^{d\,*} + E\Pi_{as}^d) = \theta(a-bp)(p+g)\int_{\frac{Q_{ar}^{d\,*}}{\theta(a-bp)}}^{\frac{Q_a^{c\,*}}{\theta(a-bp)}} xf(x)\mathrm{d}x - \theta(a-$$

$bp)\left(\omega_a^* - \dfrac{c}{1-\beta}\right) \times F^{-1}\left(1 - \dfrac{\omega_a^*}{p+g}\right)$,再将式(8.2)代入,可得

$$E\Pi_a^{c^*} - (E\Pi_{ar}^{d^*} + E\Pi_{as}^d) = \theta(a-bp)(p+g)\int_{\frac{Q_{ar}^{d^*}}{\theta(a-bp)}}^{\frac{Q_a^{c^*}}{\theta(a-bp)}} xf(x)\mathrm{d}x - \left(\omega_a^* - \dfrac{c}{1-\beta}\right)Q_{ar}^{d^*}.$$

根据分部积分法,可知:$\theta(a-bp)(p+g)\int_{\frac{Q_{ar}^{d^*}}{\theta(a-bp)}}^{\frac{Q_a^{c^*}}{\theta(a-bp)}} xf(x)\mathrm{d}x = Q_a^{c^*}\left(p+g-\dfrac{c}{1-\beta}\right) -$

$Q_{ar}^{d^*}(p+g-\omega_a^*) - \int_{\frac{Q_{ar}^{d^*}}{\theta(a-bp)}}^{\frac{Q_a^{c^*}}{\theta(a-bp)}} F(x)\mathrm{d}x$。

因此,$E\Pi_a^{c^*} - (E\Pi_{ar}^{d^*} + E\Pi_{as}^d) = Q_a^{c^*}\left(p+g-\dfrac{c}{1-\beta}\right) - Q_{ar}^{d^*}(p+g-\omega_a^*) -$

$Q_{ar}^{d^*}\left(\omega_a^* - \dfrac{c}{1-\beta}\right) - \int_{\frac{Q_{ar}^{d^*}}{\theta(a-bp)}}^{\frac{Q_a^{c^*}}{\theta(a-bp)}} F(x)\mathrm{d}x = (Q_a^{c^*} - Q_{ar}^{d^*})\left(p+g-\dfrac{c}{1-\beta}\right) - \int_{\frac{Q_{ar}^{d^*}}{\theta(a-bp)}}^{\frac{Q_a^{c^*}}{\theta(a-bp)}} F(x)\mathrm{d}x =$
$(Q_a^{c^*} - Q_{ar}^{d^*})(p+g-\omega) > 0$

$E\Pi_a^{c^*} > E\Pi_{ar}^{d^*} + E\Pi_{as}^d$,命题 4 得证。

命题 4 表明,集中决策时生鲜农产品供应链的最优订货量 $Q_a^{c^*}$ 大于分散决策时零售商的最大订货量 $Q_{ar}^{d^*}$,并且集中决策时供应链的整体最优期望利润 $E\Pi_a^{c^*}$ 大于分散决策时供应商和零售商的最优期望利润之和($E\Pi_{ar}^{d^*} + E\Pi_{as}^{d^*}$)。因此,分散决策下的供应链仍存在一定的利润改进空间,可以通过设计相应的契约从而促进双方的合作,实现供应链利润的帕累托改进。

### 8.1.4 期权契约决策下生鲜农产品供应链管理模型

#### 8.1.4.1 期权契约决策下零售商订货策略

由问题描述及基本假设可知:期权契约决策下零售商的订货总量 $Q_{br}$ 为零售商的期权订货量 $Q_{br1}$ 与现货订货量 $Q_{br2}$ 之和,即 $Q_{br} = Q_{br1} + Q_{br2}$。由于生鲜农产品具有生产周期长、销售周期短的特点,因此,零售商为了满足销售需要,同时降低由于一次订货给供应商带来的供货压力,零售商除了在现货市场中订购一定的生鲜农产品现货,还会提前向供应商订购一定数量的期权 $Q_{br1}$,这里相当于预定供应商的一部分生产力,该部分期权订货交接时的单位执行价格为零售商与供应商约定的期权执行价格 $\omega_e$。零售商通过购买期权,拥有以一定的期权执行价格进行支付的权利,而该项权利的执行需要付出一定的成本,针对每单位产品零售商要额外向供应商支付一定的价格,即期权的购买价格 $\omega_0$。此外,零售商向供应商所订购的生鲜农产品现货量为 $Q_{br2}$,该部分产品执行的订购价格为普通的生鲜农产品订购价

格 $\omega$。在期权契约决策下,供应商需要满足零售商的订货总量 $Q_{br}$。因期权执行成本表达式较为复杂,具体作如下讨论。

当市场需求量 $D(\theta)$ 小于现货订货量 $Q_{br2}$ 时,零售商无需向供应商提前订购生产力,即不用订购期权,此时零售商的期权执行成本为 0;当市场需求量 $D(\theta)$ 大于期权订货量 $Q_{br1}$ 与现货订货量 $Q_{br2}$ 之和时,零售商的期权执行成本为期权订购价格 $\omega_e$ 与期权订货量 $Q_{br1}$ 的乘积;当市场需求量 $D(\theta)$ 介于现货订货量 $Q_{br2}$ 与期权订货量及现货订货量之和 $(Q_{br1}+Q_{br2})$ 之间时,零售商所需要执行的期权订货量为实际订购的期权订货量 $Q_{br1}$ 与市场需求与现货订货量的差值 $[D(\theta)-Q_{br2}]$ 二者之间的较小者,即零售商的期权执行成本为 $\omega_e \times \min[D(\theta)-Q_{br2}, Q_{br1}]$。因此,零售商的利润函数表示如下:

$$\Pi_{br}(Q_{br1}, Q_{br2}) = p \times \min[D(\theta), Q_{br1}+Q_{br2}] - \omega_0 Q_{br1} - \omega_e \times \min\{[D(\theta)-Q_{br2}]^+, Q_{br1}\} - \omega Q_{br2} - g[D(\theta)-(Q_{br1}+Q_{br2})]^+$$

上述等式右侧的第一项表示零售商的实际销售利润,第二项表示零售商向供应商支付的期权购买成本,第三项表示零售商的期权执行成本,第四项表示零售商的现货购买成本,第五项表示零售商在销售过程中承受的缺货损失。将市场需求函数 $D(\theta)=\theta(a-bp)\varepsilon$ 代入,可得

$$\Pi_{br}(Q_{br1}, Q_{br2}) = \begin{cases} p\theta(a-bp)\varepsilon - \omega_0 Q_{br1} - \omega Q_{br2} & \varepsilon \leqslant \dfrac{Q_{br2}}{\theta(a-bp)} \\ (p-\omega_e)\theta(a-bp)\varepsilon - \omega_0 Q_{br1} + (\omega_e-\omega)Q_{br2} & \dfrac{Q_{br2}}{\theta(a-bp)} < \varepsilon \leqslant \dfrac{Q_{br1}+Q_{br2}}{\theta(a-bp)} \\ (p+g-\omega_0-\omega_e)Q_{br1} + (p+g-\omega)Q_{br2} - g\theta(a-bp)\varepsilon & \varepsilon > \dfrac{Q_{br1}+Q_{br2}}{\theta(a-bp)} \end{cases}$$

对上述利润函数求期望,可得零售商的期望利润为

$$E\Pi_{br}(Q_{br1}, Q_{br2}) = \int_0^{\frac{Q_{br2}}{\theta(a-bp)}} \omega_e[\theta(a-bp)x - Q_{br2}]f(x)dx + \int_0^{\frac{Q_{br1}+Q_{br2}}{\theta(a-bp)}} (p+g-\omega_e)[\theta(a-bp)x - (Q_{br1}+Q_{br2})]f(x)dx + (p+g-\omega_0-\omega_e)Q_{br1} + (p+g-\omega)Q_{br2} - g\theta(a-bp) \tag{8.11}$$

**命题 5** 在期权契约决策下,生鲜农产品零售商有且仅有唯一的最优期权订货量 $Q_{br1}^*$ 以及最优现货订货量 $Q_{br2}^*$,且均为新鲜度 $\theta$ 的增函数。

证明:根据式(8.11),先分别求期权契约下零售商的期望利润函数对总订货量和现货订货量的偏导,可得

$$\frac{\partial E\Pi_{br}}{\partial Q_{br}} = (p+g-\omega_0-\omega_e) - (p+g-\omega_e) \times F\left[\frac{Q_{br}}{\theta(a-bp)}\right]$$

$$\frac{\partial E\Pi_{br}}{\partial Q_{br2}} = (p+g-\omega) - \omega_e \times F\left[\frac{Q_{br2}}{\theta(a-bp)}\right] - (p+g-\omega_e) \times F\left[\frac{Q_{br}}{\theta(a-bp)}\right]$$

又因为

$$\frac{\partial^2 E\Pi_{br}}{\partial Q_{br}^2} = \frac{\partial^2 E\Pi_{br}}{\partial Q_{br}\partial Q_{br2}} = \frac{\partial^2 E\Pi_{br}}{\partial Q_{br2}\partial Q_{br}} = -(p+g-\omega_e) \times f\left[\frac{Q_{br}}{\theta(a-bp)}\right] \times \frac{1}{\theta(a-bp)} < 0$$

$$\frac{\partial^2 E\Pi_{br}}{\partial Q_{br2}^2} = -(p+g-\omega_e) \times f\left[\frac{Q_{br}}{\theta(a-bp)}\right] \times \frac{1}{\theta(a-bp)} - \omega_e \times f\left[\frac{Q_{br2}}{\theta(a-bp)}\right] \times \frac{1}{\theta(a-bp)} < 0$$

并令

$$A = (p+g-\omega_e) \times f\left[\frac{Q_{br}}{\theta(a-bp)}\right] \times \frac{1}{\theta(a-bp)}$$

$$B = \omega_e \times f\left[\frac{Q_{br2}}{\theta(a-bp)}\right] \times \frac{1}{\theta(a-bp)}$$

可得零售商的期望利润 $E\Pi_{br}$ 关于 $Q_{br1}$ 和 $Q_{br2}$ 的二阶海森矩阵为

$$H = \begin{bmatrix} \frac{\partial^2 E\Pi_{br}}{\partial Q_{br}^2} & \frac{\partial^2 E\Pi_{br}}{\partial Q_{br}\partial Q_{br2}} \\ \frac{\partial^2 E\Pi_{br}}{\partial Q_{br2}\partial Q_{br}} & \frac{\partial^2 E\Pi_{br}}{\partial Q_{br2}^2} \end{bmatrix} = \begin{bmatrix} -A & -A \\ -A & -A-B \end{bmatrix}$$

且一阶主子式 $|D_1| = -A < 0$，二阶主子式 $|D_2| = (-A) \times (-A-B) - (-A)^2 = AB > 0$。因此，该二阶海森矩阵为负定，零售商的期望利润函数为关于期权订购量和现货订购量的凹函数，存在唯一极大值。再令 $\frac{\partial E\Pi_{br}}{\partial Q_{br}} = 0$, $\frac{\partial E\Pi_{br}}{\partial Q_{br2}} = 0$，可得出订货总量和现货订货量：$Q_{br}^* = \theta(a-bp) F^{-1}\left(1 - \frac{\omega_0}{p+g-\omega_e}\right)$, $Q_{br2}^* = \theta(a-bp) F^{-1}\left(1 - \frac{\omega-\omega_0}{\omega_e}\right)$，二者相减，可得到最优期权订货量 $Q_{br1}^* = \theta(a-bp)\left[F^{-1}\left(1 - \frac{\omega_0}{p+g-\omega_e}\right) - F^{-1}\left(1 - \frac{\omega-\omega_0}{\omega_e}\right)\right]$。由表达式可以看出，$Q_{br1}^*$ 和 $Q_{br2}^*$ 均为新鲜度 $\theta$ 的增函数，命题5得证。

再将 $Q_{br1}^*$ 和 $Q_{br2}^*$ 代入零售商的期望利润函数[式(8.11)]，可得期权契约决策下零售商的最优期望利润为

$$E\Pi_{br}^* = \int_0^{\frac{Q_{br2}^*}{\theta(a-bp)}} \omega_e \theta(a-bp) x f(x) \mathrm{d}x + \int_0^{\frac{Q_{br}^*}{\theta(a-bp)}} (p+g-\omega_e)[\theta(a-bp)x - Q_{br}^*]f(x)\mathrm{d}x + (p+g-\omega_0-\omega_e)Q_{br}^* - g\theta(a-bp) =$$

$$\int_0^{\frac{Q_{br2}^*}{\theta(a-bp)}} \omega_e \theta(a-bp) x f(x) \mathrm{d}x + \int_0^{\frac{Q_{br}^*}{\theta(a-bp)}} (p+g-\omega_e)\theta(a-bp) x f(x) \mathrm{d}x - g\theta(a-bp) \tag{8.12}$$

#### 8.1.4.2 期权契约决策下供应商运货策略

零售商在向供应商确定了其最优的生鲜农产品期权订货量 $Q_{br1}^*$ 以及现货订货量 $Q_{br2}^*$ 之后,供应商则需要根据零售商的订货量确定生鲜农产品的运送量 $Q_{bs}$、批发价格 $\omega$、期权订购价格 $\omega_0$ 以及期权执行价格 $\omega_e$。若供应商一开始运送至零售商处的生鲜农产品数量未能满足零售商的订货数量要求,那么供应商应该及时将货物补齐,否则供应商的信誉就会受到一定的损失,供应商需承担的处罚成本主要包括供应商补齐货物时的加急生产成本、订货成本、二次运送成本以及信誉损失等。根据上文的假设条件,可以得到期权契约决策时供应商的利润函数,具体表示如下:

$$\Pi_{bs} = \omega_0 Q_{br1}^* + \omega Q_{br2}^* + \omega_e \times \min\{[D(\theta) - Q_{br2}^*]^+, Q_{br1}^*\} - h[Q_{br1}^* + Q_{br2}^* - Q_{bs}(1-\beta)]^+ - cQ_{bs}$$

上述等式右侧的第一项表示供应商出售期权所获得的期权订购价格收入,第二项表示供应商获得的现货销售收入,第三项表示供应商获得的期权执行价格收入,第四项表示供应商的运送量未能满足零售商订货要求时所承担的处罚成本,第五项表示供应商的生产成本。将市场需求函数 $D(\theta) = \theta(a-bp)\varepsilon$ 代入,可得

$$\Pi_{bs} = \begin{cases} \omega_0 Q_{br1}^* + \omega Q_{br2}^* - h[Q_{br1}^* + Q_{br2}^* - Q_{bs}(1-\beta)]^+ - \\ cQ_{bs} & 0 < \varepsilon \leq \frac{Q_{br2}^*}{\theta(a-bp)} \\ \omega_0 Q_{br1}^* + (\omega - \omega_e)Q_{br2}^* + \omega_e \theta(a-bp)\varepsilon - \\ h[Q_{br1}^* + Q_{br2}^* - Q_{bs}(1-\beta)]^+ - cQ_{bs} & \frac{Q_{br2}^*}{\theta(a-bp)} < \varepsilon \leq \frac{Q_{br1}^* + Q_{br2}^*}{\theta(a-bp)} \\ (\omega_0 + \omega_e)Q_{br1}^* + \omega Q_{br2}^* - h[Q_{br1}^* + Q_{br2}^* - \\ Q_{bs}(1-\beta)]^+ - cQ_{bs} & \varepsilon > \frac{Q_{br1}^* + Q_{br2}^*}{\theta(a-bp)} \end{cases}$$

**命题 6** 若 $h(1-\beta) > c$,则当 $Q_{bs} \leq \frac{Q_{br1}^* + Q_{br2}^*}{1-\beta}$ 时, $E\Pi_{bs}$ 是关于 $Q_{bs}$ 的增函数;当 $Q_{bs} > \frac{Q_{br1}^* + Q_{br2}^*}{1-\beta}$ 时, $E\Pi_{bs}$ 是关于 $Q_{bs}$ 的减函数,此时存在使得供应商期望利润最大的最优运货量 $Q_{bs}^* = \frac{Q_{br1}^* + Q_{br2}^*}{1-\beta}$。若 $h(1-\beta) < c$,则 $E\Pi_{bs}$ 是 $Q_{bs}$ 的单调减函数,此时不存在最优运货量。

证明:对上述利润函数求期望,可得到期权契约决策下供应商的期望利润,具

体表达式如下：

$$E\Pi_{bs} = \begin{cases} \int_0^{\frac{Q_{br2}^*}{\theta(a-bp)}} \omega_e[Q_{br2}^* - \theta(a-bp)x]f(x)dx + \\ \int_0^{\frac{Q_{br1}^*+Q_{br2}^*}{\theta(a-bp)}} \omega_e[\theta(a-bp)x - (Q_{br1}^* + \\ Q_{br2}^*)]f(x)dx + (\omega_0+\omega_e-h)Q_{br1}^* + \\ (\omega-h)Q_{br2}^* + [h(1-\beta)-c]Q_{bs} & Q_{bs} \leq \frac{Q_{br1}^*+Q_{br2}^*}{1-\beta} \\ \int_0^{\frac{Q_{br2}^*}{\theta(a-bp)}} \omega_e[Q_{br2}^* - \theta(a-bp)x]f(x)dx + \\ \int_0^{\frac{Q_{br1}^*+Q_{br2}^*}{\theta(a-bp)}} \omega_e[\theta(a-bp)x - (Q_{br1}^* + \\ Q_{br2}^*)]f(x)dx + (\omega_0+\omega_e)Q_{br1}^* + \\ \omega Q_{br2}^* - cQ_{bs} & Q_{bs} < \frac{Q_{br1}^*+Q_{br2}^*}{1-\beta} \end{cases} \quad (8.13)$$

（1）$Q_{br1}^* + Q_{br2}^* \geq Q_{bs}(1-\beta)$，即 $Q_{bs} \leq \frac{Q_{br1}^*+Q_{br2}^*}{1-\beta}$ 时，$\frac{\partial E\Pi_{bs}}{\partial Q_{bs}} = h(1-\beta)-c$。此时，若 $h(1-\beta)>c$，$E\Pi_{bs}$ 随着 $Q_{bs}$ 的增加而递增；若 $h(1-\beta)<c$，$E\Pi_{bs}$ 随着 $Q_{bs}$ 的增加而递减。

（2）$Q_{br1}^* + Q_{br2}^* < Q_{bs}(1-\beta)$，即 $Q_{bs} > \frac{Q_{br1}^*+Q_{br2}^*}{1-\beta}$ 时，$\frac{\partial E\Pi_{bs}}{\partial Q_{bs}} = -c < 0$，此时 $E\Pi_{bs}$ 随着 $Q_{bs}$ 的增加而单调递减。

综上可得：若 $h(1-\beta)>c$，则当 $Q_{bs} \leq \frac{Q_{br1}^*+Q_{br2}^*}{1-\beta}$ 时，$E\Pi_{bs}$ 是关于 $Q_{bs}$ 的增函数；当 $Q_{bs} > \frac{Q_{br1}^*+Q_{br2}^*}{1-\beta}$ 时，$E\Pi_{bs}$ 是关于 $Q_{bs}$ 的减函数，此时使得供应商期望利润达到最大的最优运货量 $Q_{bs}^* = \frac{Q_{br1}^*+Q_{br2}^*}{1-\beta}$。若 $h(1-\beta)<c$，则 $E\Pi_{bs}$ 是 $Q_{bs}$ 的减函数，供应商不存在最优运货量。命题6得证。

再将 $Q_{bs}^*$ 代入供应商的期望利润函数[式(8.13)]中，可得期权契约决策下供应商的最优期望利润为

$$E\Pi_{bs}^* = \int_0^{\frac{Q_{br}^*}{\theta(a-bp)}} \omega_e[\theta(a-bp)x - Q_{br}^*]f(x)dx -$$

$$\int_0^{\frac{Q_{br2}^*}{\theta(a-bp)}} \omega_e\theta(a-bp)xf(x)dx + \left(\omega_0+\omega_e-\frac{c}{1-\beta}\right)Q_{br}^* \quad (8.14)$$

命题 6 表明：当供应商的运货量 $Q_{bs}$ 未能满足零售商的订货要求 $Q_{br1}^*+Q_{br2}^*$ 时，供应商要承担因加急生产、外购货物、二次运送以及声誉损失等带来的缺货处罚。然而，如果对于供应商的单位产品缺货处罚较小 $\left(即\ h<\dfrac{c}{1-\beta}时\right)$，随着供应商运送产品数量 $Q_{bs}$ 的减少，供应商的期望利润 $E\Pi_{bs}$ 反而会增加，即如果供应商承担的缺货处罚较小，供应商可能不会有动力去运送足够的货物；而当单位产品缺货处罚满足 $h>\dfrac{c}{1-\beta}$ 时，供应商存在使得自身期望利润 $E\Pi_{bs}$ 达到最大的最优运送量 $Q_{bs}^*$。因此，适当地提高供应商所承受的缺货处罚成本，能够有效地避免供应商供货不足的问题。

### 8.1.4.3 期权契约决策下的供应链协调策略

期权契约的目的是通过设定适当的契约值，使得供应链上各个成员均能在该契约引导的分散决策中达到集中决策的状态，从而实现供应链协调。生鲜农产品期权契约决策中的契约参数为期权订购价格、期权执行价格、期权订购量以及现货订货量，即 $(\omega_0,\omega_e,Q_{br1}^*,Q_{br2}^*)$。供应商和零售商在签订了该契约之后，供应商通过以期权订购价格 $\omega_0$ 出售期权，使得零售商获得了以期权执行价格 $\omega_e$ 购买期权订购量 $Q_{br1}^*$ 下的生鲜农产品的权利，从而有效降低了因生鲜农产品生产周期长所导致的供货不足问题。由于期权订购量 $Q_{br1}^*$ 与现货订货量 $Q_{br2}^*$ 均是关于期权订购价格 $\omega_0$ 以及期权执行价格 $\omega_e$ 的函数，因此，期权契约参数设定的本质是求解出 $\omega_0$ 和 $\omega_e$，其确定需要借助供应链协调的思想。具体而言，期权契约决策所需要满足的约束条件如下所示[100-101]：

$$\begin{cases} Q_{br}^*=Q_a^{c^*} \\ E\Pi_{br}^*+E\Pi_{bs}^*=E\Pi_{ar}^{c^*}+E\Pi_{as}^{c^*} \end{cases} \tag{8.15}$$

其中：第一个式子表示期权契约决策下的零售商总订货量与集中决策下的订货量保持一致，第二个式子表示期权契约决策以及集中决策两种情况下，零售商与供应商的最优期望利润之和相等，即期权决策下供应链整体最优利润等于集中决策时供应链的整体最优利润。因此，将上述各式代入并化简整理可得

$$\begin{cases} \dfrac{\omega_0}{p+q-\omega_e}=\dfrac{c}{(1-\beta)(p+g)} \\ \int_0^{F^{-1}\left(1-\frac{\omega-\omega_0}{\omega_e}\right)}\omega_e xf(x)\mathrm{d}x=\int_0^{F^{-1}\left[1-\frac{c}{(1-\beta)(p+g)}\right]}\omega_e xf(x)\mathrm{d}x+ \\ \left[\omega_0-\omega+\dfrac{c\omega_e}{(1-\beta)(p+g)}\right]F^{-1}\left[1-\dfrac{c}{(1-\beta)(p+g)}\right] \end{cases} \tag{8.16}$$

由式(8.16)可以看出：该约束条件中各个表达式均为 $\omega$、$\omega_0$、$\omega_e$ 的函数，即生鲜农产品现货市场批发价格每取一个值，均会有确定的期权订购价格以及期权执行

价格与之相对应。因此,可以根据现货市场中的生鲜农产品批发价格,进而求出期权契约参数的具体取值。

### 8.1.5 算例分析

根据本章节中供应链管理的三种决策模型,这里具体考虑由一个生鲜猪肉供应商和零售商组成的二级供应链,并分别将三种决策模型运用于该供应链管理过程。为进一步对上述模型的结论进行分析,验证契约协调的有效性,本节给出算例分析。为了讨论的简便且不失一般性,这里假设市场需求随机因子 $\varepsilon$ 服从 $[0,2]$ 的均匀分布,即 $\varepsilon \sim U[0,2]$。本文模型中涉及的其他参数赋值分别为:$c=1, g=2, \beta=0.2, a=100, b=0.4, \theta=0.9, p=6$。

在无期权现货交易模式的集中状态下,供应商和零售商根据供应链系统利润最大化的原则进行决策;在分散状态下,零售商和供应商分别根据自身利润最大化的原则进行决策。根据本节中的相关模型,可得到无期权契约决策时供应链中各成员的利润结果,具体如表 8.1 所示:

表 8.1 无期权契约时供应链各成员的利润

| $\omega$ | $Q_{ar}^{d*}$ | $Q_a^{*}$ | $E\Pi_{ar}^{d*}$ | $E\Pi_{as}^{d*}$ | $E\Pi_{ar}^{d*}+E\Pi_{as}^{d*}$ | $E\Pi_{ar}^{c*}$ | $E\Pi_{as}^{c*}$ | $E\Pi_a^{c*}$ |
|---|---|---|---|---|---|---|---|---|
| 1.5 | 148.10 | 152.46 | 591.28 | 62.03 | 653.31 | 630.46 | 133.85 | 764.32 |
| 2.0 | 139.39 | 152.46 | 547.72 | 129.54 | 677.26 | 585.27 | 179.05 | 764.32 |
| 2.5 | 130.68 | 152.46 | 504.16 | 188.35 | 692.51 | 540.08 | 224.24 | 764.32 |
| 3.0 | 121.97 | 152.46 | 460.60 | 238.44 | 699.04 | 494.88 | 269.43 | 764.32 |
| 3.5 | 113.26 | 152.46 | 417.04 | 279.83 | 696.87 | 449.69 | 314.63 | 764.32 |
| 4.0 | 104.54 | 152.46 | 373.48 | 312.50 | 685.98 | 404.50 | 359.82 | 764.32 |
| 4.5 | 95.83 | 152.46 | 329.92 | 336.45 | 666.37 | 359.30 | 405.01 | 764.32 |
| 5.0 | 87.12 | 152.46 | 286.36 | 351.70 | 638.06 | 314.11 | 450.21 | 764.32 |
| 5.5 | 78.41 | 152.46 | 242.80 | 358.23 | 601.03 | 268.92 | 495.40 | 764.32 |
| 6.0 | 69.70 | 152.46 | 199.24 | 356.06 | 555.30 | 223.72 | 540.59 | 764.32 |

由表 8.1 可知:无论批发价格取值如何变化,分散决策下零售商的最优订货量 $Q_{ar}^{d*}$ 均小于集中决策下共同确定的最优订货量 $Q_a^{c*}$。这说明在分散决策下,供应链参与方仅根据自身利润最大化进行决策所得到的最优订货量与集中决策下的最优订货量不匹配。并且,集中决策下二者共同确定的最优订货量 $Q_a^{c*}$ 是一个定值,不随批发价格的变化而变化,这也验证了命题 3 中的结论。同时,由图 8.1 可以更加直观地看出,分散决策下的供应链整体利润 $E\Pi_{ar}^{d*}+E\Pi_{as}^{d*}$ 始终小于集中决策下供应链的整体利润 $E\Pi_a^{c*}$,即分散决策下供应链的整体利润始终不能达到集中决策下的整体利润。而且,无论是集中决策还是分散决策,供应商的利润随着批发价格的

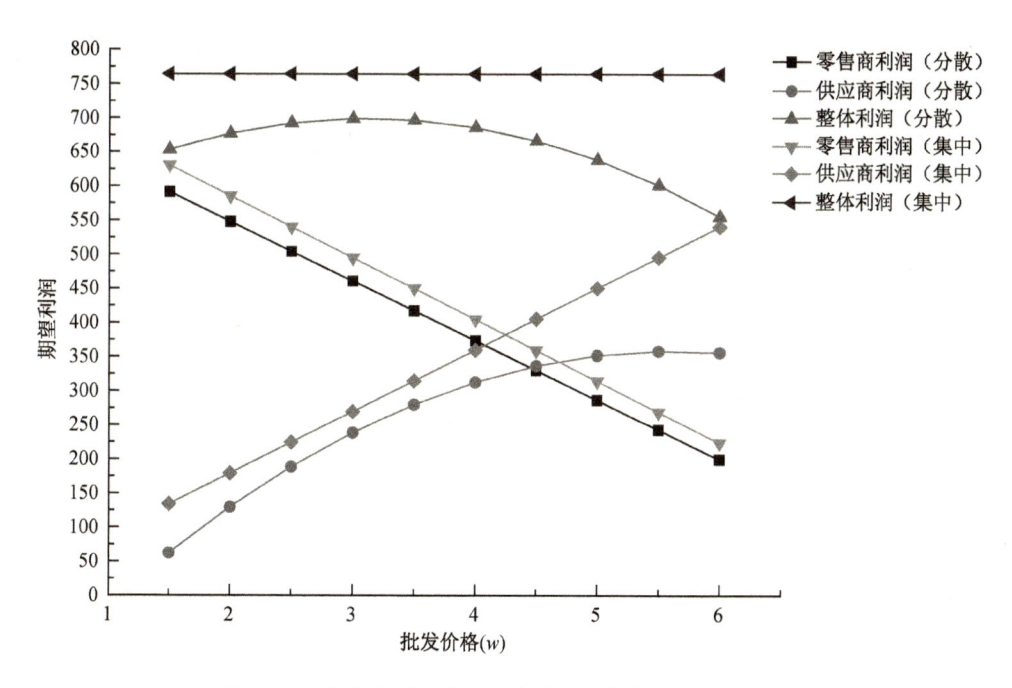

图 8.1 无期权契约时供应链各成员利润与批发价的关系图

提高而提高,而零售商的利润则随着批发价格的提高而降低,并且集中决策下二者的利润始终大于分散决策下各自的利润,参与双方均存在一定的利润改进空间。因此需要建立相应的契约机制,以使得供应链各参与者以及整体利润均得到提升。

要进一步考虑期权契约决策下的供应链管理模型,期权契约的目的是通过设定适当的契约值,使得供应链上各个成员均能在该契约引导的分散决策中达到集中决策的状态,从而实现供应链协调。具体而言,生鲜农产品期权契约决策中的契约参数为期权订购价格以及期权执行价格,即$(\omega_0, \omega_e)$。而与供应商的期权执行价格$\omega_e$以及现货批发价格$\omega$对应的是零售商的期权订货量$Q_{br1}^*$以及现货订货量$Q_{br2}^*$。根据本节中式(8.16)期权契约协调的约束条件可知,$\omega$、$\omega_0$、$\omega_e$满足一一对应的关系。具体来说,期权契约下订货量与价格的关系如表 8.2 以及图 8.2、图 8.3 所示:

表 8.2 期权契约下订货量与价格的关系

| $\omega$ | $\omega_0$ | $\omega_e$ | $Q_{br1}^*$ | $Q_{br2}^*$ | $Q_{br}^*$ |
| --- | --- | --- | --- | --- | --- |
| 1.5 | 0.20 | 4.39 | 5.19 | 147.27 | 152.46 |
| 2.0 | 0.25 | 4.02 | 16.34 | 136.12 | 152.46 |
| 2.5 | 0.30 | 3.61 | 28.66 | 123.80 | 152.46 |
| 3.0 | 0.35 | 3.23 | 42.35 | 110.11 | 152.46 |
| 3.5 | 0.40 | 2.86 | 57.65 | 94.81 | 152.46 |

续表

| $\omega$ | $\omega_0$ | $\omega_e$ | $Q_{br1}^*$ | $Q_{br2}^*$ | $Q_{br}^*$ |
|---|---|---|---|---|---|
| 4.0 | 0.45 | 2.40 | 74.87 | 77.59 | 152.46 |
| 4.5 | 0.50 | 2.01 | 94.38 | 58.08 | 152.46 |
| 5.0 | 0.55 | 1.58 | 116.68 | 35.78 | 152.46 |

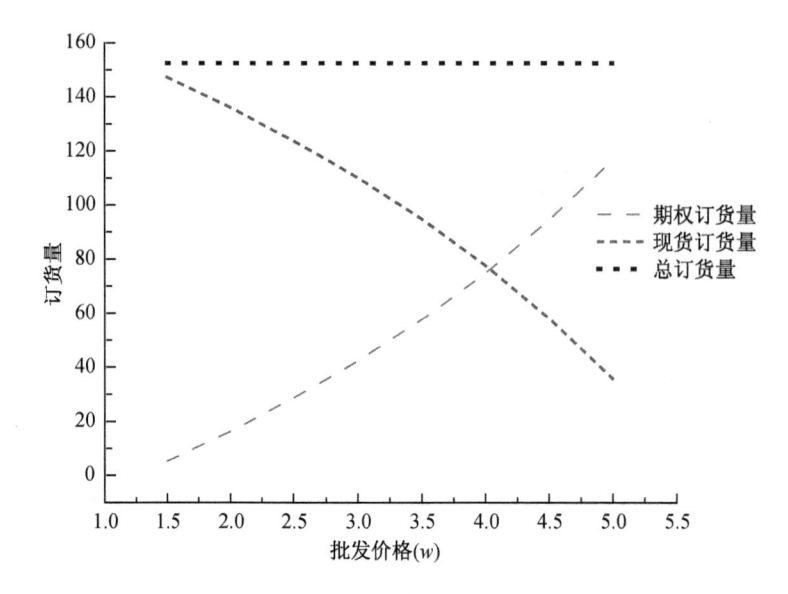

图 8.2 期权契约下订货量与现货批发价格关系图

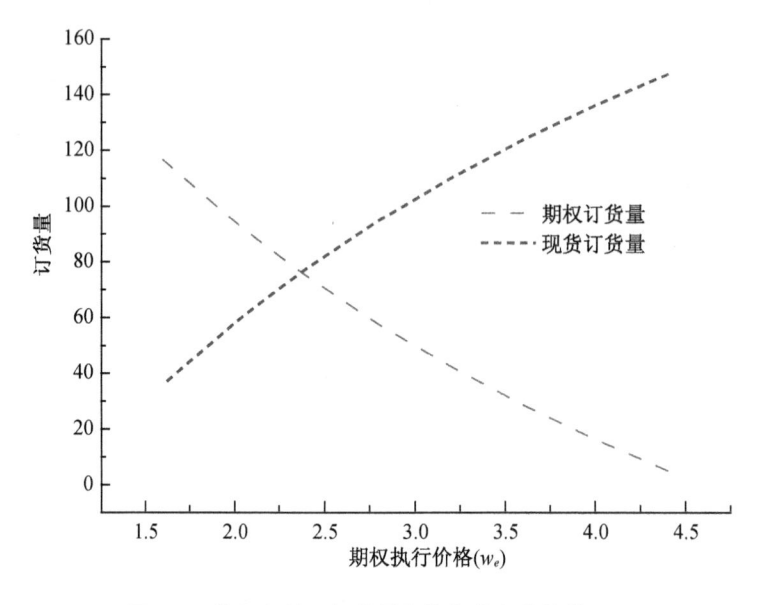

图 8.3 期权契约下订货量与期权执行价格关系图

## 第8章 生鲜农产品供应链数量安全控制契约

由表8.2可以得知：生鲜猪肉的期权订购价格与现货批发价格同向变动，而期权执行价格与期权订购价格呈反向变动关系。由图8.2可以更为直观地看出：生鲜猪肉的期权订货量随着现货批发价格的提高而提高，现货订货量随着现货批发价格的提高而降低，而总的订货量保持不变。这是因为现货批发价格越高，零售商就会随之减少现货的订购，转而提高期权订购数量，而期权契约下总的订货量等于集中决策下的最优订货量，因此与批发价格的变化无关。再由图8.3可知：期权订货量随着期权执行价格的提高而降低，而现货订货量却随着期权执行价格的提高而提高，这是因为随着期权执行价格的上升，零售商会相应地降低期权订货量，同时提高现货的订货量。

进一步分析期权契约决策下供应链中各成员的利润结果，具体如表8.3以及图8.4所示：

表8.3 期权契约决策下的供应链各成员利润

| $\omega$ | $\omega_0$ | $\omega_e$ | $E\Pi_{ar}^{d*}$ | $E\Pi_{as}^{d*}$ | $E\Pi_{ar}^{c*}$ | $E\Pi_{as}^{c*}$ | $E\Pi_{ar}^{c*}+E\Pi_{as}^{c*}$ | $E\Pi_{br}^{*}$ | $E\Pi_{bs}^{*}$ | $E\Pi_{br}^{*}+E\Pi_{bs}^{*}$ |
|---|---|---|---|---|---|---|---|---|---|---|
| 1.5 | 0.20 | 4.39 | 591.28 | 62.03 | 630.46 | 133.85 | 764.32 | 666.28 | 98.04 | 764.32 |
| 2.0 | 0.25 | 4.02 | 547.72 | 129.54 | 585.27 | 179.05 | 764.32 | 617.72 | 146.60 | 764.32 |
| 2.5 | 0.30 | 3.61 | 504.16 | 188.35 | 540.08 | 224.24 | 764.32 | 569.16 | 195.16 | 764.32 |
| 3.0 | 0.35 | 3.23 | 460.60 | 238.44 | 494.88 | 269.43 | 764.32 | 520.60 | 243.72 | 764.32 |
| 3.5 | 0.40 | 2.86 | 417.04 | 279.83 | 449.69 | 314.63 | 764.32 | 472.04 | 292.28 | 764.32 |
| 4.0 | 0.45 | 2.40 | 373.48 | 312.50 | 404.50 | 359.82 | 764.32 | 423.48 | 340.84 | 764.32 |
| 4.5 | 0.50 | 2.01 | 329.92 | 336.45 | 359.30 | 405.01 | 764.32 | 374.92 | 389.40 | 764.32 |
| 5.0 | 0.55 | 1.58 | 286.36 | 351.70 | 314.11 | 450.21 | 764.32 | 326.36 | 437.96 | 764.32 |

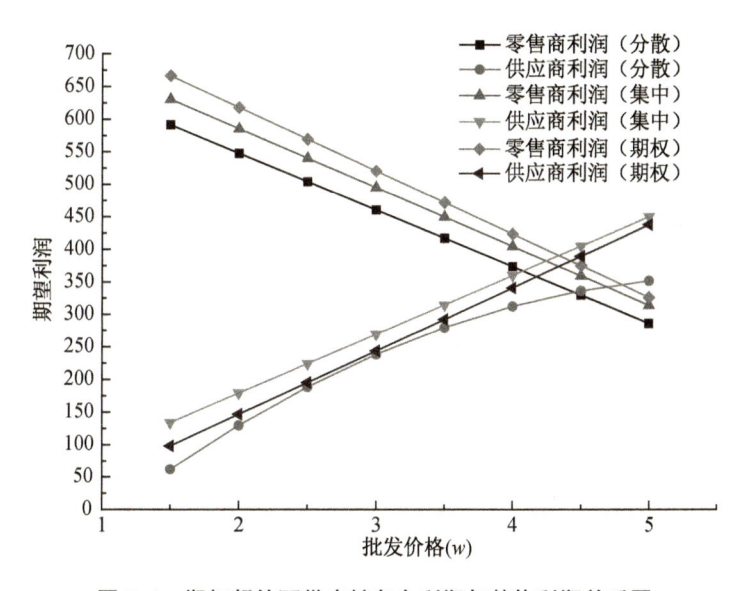

图8.4 期权契约下供应链各自利润与整体利润关系图

根据表 8.3 和图 8.4 可以看出:对于供应商和零售商而言,期权契约协调下各自的期望利润均大于分散决策下二者的期望利润,并且二者的整体利润均能够达到集中决策下供应链的整体利润,此时达到了供应链协调。具体而言,对于零售商来说,期权契约决策不仅能够使得其自身利润大于分散决策下的利润,而且能够大于集中决策下的利润;而对于供应商来说,期权契约决策下的利润介于分散决策利润与集中决策利润之间,这是因为在期权契约协调的过程中,为了使得供应链整体利润达到最大化,供应商做出了一定的让步。

### 8.1.6 小结

本节主要考虑了生鲜农产品生产周期长、生命周期短的特点,为避免因该特点导致的缺货损失,提出了期权契约决策方法,对生鲜农产品供应链协调展开了研究。首先根据生鲜农产品的具体特性,对传统市场需求函数进行了改进;然后分别对无期权契约决策中的分散决策以及集中决策进行了研究,得出了期权契约研究的必要性;接着对期权契约决策下的生鲜农产品供应链管理模型展开进一步分析,即运用供应链协调理论对期权契约参数进行求解;最后通过数例仿真,得出了不同现货批发价格下的最优契约取值,包括供应商的最优期权订购价格、期权执行价格,以及零售商的期权订货量、现货订货量。通过期权契约,能够使得供应链整体利润在该契约引导的分散决策中达到集中决策的状态,即期权契约决策下供应链的整体利润能够达到集中决策下供应链的整体利润,从而实现供应链协调。

## 8.2 考虑保鲜成本的生鲜农产品供应链"期权契约＋收益共享契约"协调研究

### 8.2.1 "期权契约＋收益共享契约"问题的提出

8.1 节分析了期权契约下的生鲜农产品供应链协调问题,通过引入期权契约,零售商可以通过购买期权获取相对柔性的订货量,而供应商通过出售期权获得了相应的补偿。由于采取了现货订货和期权订货相结合的方式,供应商的供货压力有所降低,同时零售商也获得了较为灵活的购买权,即期权契约为解决随机需求下的生鲜农产品供应链上下游参与者之间的产品数量供需平衡问题提供了相应的理论指导。然而,期权契约是一种远期合同,从签订契约到执行契约之间存在一定的时间间隔;生鲜农产品又是一类特殊的易变质产品,保质期较短,消费者对其新鲜度的要求更高。因此,在生鲜农产品的流通过程中,如果没有采取有效的保鲜措施,产品的新鲜度就会加速衰减,从而影响市场需求,而保证新鲜度的同时又会带来一定的保鲜成本。所以若要有效地激励保鲜措施的实施,保证生鲜农产品的新鲜度水平,就需要进一步建立相应的激励机制。

收益共享契约是指在销售周期开始前,供应商先以一个较低的批发价格将产品卖给零售商,待销售周期结束时零售商再将销售收益的一部分转移给供应商作为补偿的一种契约,属于激励机制的一种。这里考虑了供应商承担生鲜农产品流通过程中的保鲜成本。在该情况下,单一的期权契约在供应链协调的过程中具有一定的局限性。这是因为保鲜成本由供应商独立提供,其承担了整个供应链的保鲜成本,但却只获得部分收益。因此,供应商作为保鲜成本的承担者,在没有任何激励机制的情况下,若仅以自身的期望利润最大化为原则进行决策,则其提供的生鲜农产品新鲜度势必难以达到集中决策的效果。这时就需要进一步引入收益共享契约。具体而言,零售商与供应商签订契约,承诺在销售周期结束后,零售商将一部分销售利润分给供应商,以冲减供应商承担的保鲜成本,这里可以将其理解为成本共担契约的一种。然而,与普通的成本共担契约相比,由于零售商在销售周期结束时才向供应商转移合同约定比例的销售收益,因此,收益共享契约的约束机制更强,能够有效地避免投机行为,更有利于合同签订双方的长期合作。

## 8.2.2 问题描述与基本假设

本节继续将一个供应商 $s$ 和一个零售商 $r$ 组成的生鲜农产品两级供应链单周期销售模型作为研究对象,在研究零售商的订货策略以及供应商的运货策略和定价策略的基础上,引入生鲜农产品的保鲜成本函数,进一步对生鲜农产品的质量控制策略展开研究。由上文可知,期权契约本质上是对订货量的决策,属于数量契约。与期权契约类似,我们可以将收益共享契约理解为一种为保证生鲜农产品新鲜度的质量契约。这里采取供应商保鲜管理的策略,即生鲜农产品供应链各个环节中保鲜成本主要由供应商承担。如何保证供应商愿意承担该保鲜成本,从而能够对生鲜农产品新鲜度进行有效的控制,就需要引入收益共享契约。因此,本文对传统的期权数量契约进行改进,在满足最优订货量的前提下,进一步考虑供应商承担的保鲜成本,通过引入收益共享契约以建立供应商保鲜激励机制,并结合期权契约,从而既保证生鲜农产品的数量供应要求,又满足其质量要求。为方便问题的讨论与分析,在考虑了生鲜农产品保鲜成本的情况下,具体的符号定义如下：

$c$ 为单位生鲜农产品的生产成本;$\omega^m$ 为现货市场中单位生鲜农产品的批发价格(其中:$\omega_a^m$ 为无契约时现货市场中单位生鲜农产品的最优批发价格,$\omega_b^m$ 为"期权契约＋收益共享契约"决策时现货市场中单位生鲜农产品的最优批发价格);$\omega_o^m$ 为"期权契约＋收益共享契约"决策时单位生鲜农产品的期权订购价格;$\omega_e^m$ 为"期权契约＋收益共享契约"决策时单位生鲜农产品的期权执行价格;$Q_{ar}^{bm}$ 为无契约时分

---
\* 右上角的 $m$ 代表引入了保鲜成本,即考虑了生鲜农产品质量变化的情况。

散决策下零售商的生鲜农产品订货量;$Q_{as}^{dm}$为无契约时分散决策下供应商的生鲜农产品运货量;$Q_{a}^{m}$为无契约时集中决策下共同确定的生鲜农产品订货量;$Q_{br1}^{m}$为"期权契约+收益共享契约"决策下零售商的期权订货量;$Q_{br2}^{m}$为"期权契约+收益共享契约"决策下零售商的现货订货量;$Q_{br}^{m}$为"期权契约+收益共享契约"决策下零售商的总订货量,且$Q_{br}^{m}=Q_{br1}^{m}+Q_{br2}^{m}$;$Q_{bs}^{m}$为"期权契约+收益共享契约"决策下供应商的生鲜农产品运货量;$\theta^{m}$表示考虑生鲜农产品保鲜成本时,供应商运至零售商处的生鲜农产品新鲜度(其中:$\theta_{as}^{dm}$表示无契约分散决策时供应商所提供的生鲜农产品的新鲜度,$\theta_{a}^{m}$表示无契约集中决策时供应商与零售商共同决定的生鲜农产品新鲜度,$\theta_{bs}^{m}$表示"期权契约+收益共享契约"决策时供应商提供的生鲜农产品新鲜度)。$\Pi_{ar}^{dm}$和$\Pi_{as}^{dm}$分别表示无契约分散决策下零售商和供应商的利润;$\Pi_{ar}^{m}$和$\Pi_{as}^{m}$分别表示无契约集中决策下零售商和供应商的利润;$\Pi_{a}^{m}$表示无契约集中决策下供应链的整体利润;$\Pi_{br}^{m}$和$\Pi_{bs}^{m}$分别表示"期权契约+收益共享契约"决策下零售商和供应商的利润。

此外,借鉴颜波等[99]的做法,引入新鲜度成本控制函数:$C(\theta) = \dfrac{k\theta^{2}}{2}(k>0)$,即随着生鲜农产品新鲜度的增加,保鲜成本也在不断地增加,并呈现边际成本递增趋势。$\lambda$表示收益共享契约参数,且$\lambda \in [0,1]$。

### 8.2.3 无契约时生鲜农产品供应链管理决策模型

#### 8.2.3.1 供应链分散决策模型

当供应商与零售商之间不签订契约时,此时既不考虑零售商向供应商提前预定期权订货量的情形,也不考虑零售商与供应商之前利润共享的情形。在分散决策模型中,供应商和零售商分别根据自身利润最大化原则进行决策,这是一个动态博弈的过程。此时仍然假设供应商占据主导地位,其决策变量为生鲜农产品的批发价格$\omega^{m}$以及到达零售商处时的新鲜度$\theta_{as}^{dm}$,零售商的决策变量为生鲜农产品的订货量$Q_{ar}^{dm}$。零售商首先根据以前的销售数据及市场需求向供应商确定生鲜农产品的订货量$Q_{ar}^{dm}$,供应商再根据零售商的订购量确定产品的批发价格$\omega^{m}$以及相应的保鲜措施,该保鲜措施下的生鲜农产品新鲜度$\theta_{as}^{dm}$能够使得自身利润达到最大。推导过程与8.1节类似,具体还应考虑生鲜农产品新鲜度情况,即质量因素。无契约决策时零售商的期望利润函数为

$$E\Pi_{ar}^{dm} = \int_{\theta^{m}(a-bp)}^{Q_{ar}^{dm}} (p+g)[\theta^{m}(a-bp)x - Q_{ar}^{dm}]f(x)\mathrm{d}x + (p+g-\omega^{m})Q_{ar}^{dm} - g\theta^{m}(a-bp) \tag{8.17}$$

**命题 7** 考虑生鲜农产品保鲜成本时,在无契约分散决策下,零售商的期望利

润函数 $E\Pi_{ar}^{dm}$ 是生鲜农产品新鲜度 $\theta^m$ 的增函数，而供应商存在一个最优的新鲜度 $\theta_{as}^{dm*}$，使得供应商的期望利润达到最大。

证明：由 $\frac{\partial E\Pi_{ar}^{dm}}{\partial Q_{ar}^{dm}}=0$，可得此时零售商的最优订货量为

$$Q_{ar}^{dm*}=\theta^m(a-bp)F^{-1}\left(1-\frac{\omega^m}{p+g}\right).$$

将其代入式(8.17)，可得

$$E\Pi_{ar}^{dm}=\theta^m(a-bp)\left[(p+g)\int_0^{F^{-1}\left(1-\frac{\omega^m}{p+g}\right)}xf(x)\mathrm{d}x-g\right]>0$$

又由 $\frac{\partial E\Pi_{ar}^{dm}}{\partial \theta^m}=(a-bp)\left[(p+g)\int_0^{F^{-1}\left(1-\frac{\omega^m}{p+g}\right)}xf(x)\mathrm{d}x-g\right]$，可得

$\frac{\partial E\Pi_{ar}^{dm}}{\partial \theta^m}>0$，即零售商的期望利润函数 $E\Pi_{ar}^{dm}$ 是生鲜农产品新鲜度 $\theta^m$ 的增函数。

与此同时，在考虑供应商保鲜成本的因素下，无契约决策时供应商的期望利润函数为

$$E\Pi_{as}^{dm}=\omega^m Q_{ar}^{dm*}-\frac{c}{1-\beta}Q_{ar}^{dm*}-\frac{k\theta_{as}^{dm^2}}{2} \qquad(8.18)$$

将 $Q_{ar}^{dm*}$ 代入式(8.18)，可得

$$E\Pi_{as}^{dm}=\left(\omega^m-\frac{c}{1-\beta}\right)\theta_{as}^{dm}(a-bp)F^{-1}\left(1-\frac{\omega^m}{p+g}\right)-\frac{k\theta_{as}^{dm2}}{2} \qquad(8.19)$$

分别求式(8.19)对新鲜度 $\theta_{as}^{dm}$ 的一阶和二阶偏导，可得

$$\frac{\partial E\Pi_{as}^{dm}}{\partial \theta_{as}^{dm}}=(a-bp)\left(\omega^m-\frac{c}{1-\beta}\right)F^{-1}\left(1-\frac{\omega^m}{p+g}\right)-k\theta_{as}^{dm}$$

并且 $\frac{\partial^2 E\Pi_{as}^{dm}}{\partial \theta_{as}^{dm2}}=-k<0$。此时，令 $\frac{\partial E\Pi_{as}^{dm}}{\partial \theta_{as}^{dm}}=0$，可得出在考虑供应商保鲜成本的情形下，使得无契约决策时供应商利润最大的生鲜农产品新鲜度为

$$\theta_{as}^{dm*}=\frac{(a-bp)\left(\omega^m-\frac{c}{1-\beta}\right)F^{-1}\left(1-\frac{\omega^m}{p+g}\right)}{k} \qquad(8.20)$$

又由供应商的最优运货量 $Q_{as}^{dm*}=\frac{Q_{ar}^{dm*}}{1-\beta}$，将式(8.20)代入 $Q_{as}^{dm*}$，可得

$$Q_{as}^{dm*} = \frac{(a-bp)^2\left(\omega^m - \dfrac{c}{1-\beta}\right)\left[F^{-1}\left(1 - \dfrac{\omega^m}{p+g}\right)\right]^2}{k(1-\beta)} \tag{8.21}$$

至此,命题7得证。

**命题8** 考虑生鲜农产品保鲜成本因素时,无契约分散决策下供应商的最优批发价 $\omega_a^{m*}$ 小于不考虑生鲜农产品保鲜成本因素时无契约分散决策下供应商的最优批发价 $\omega_a^*$。

证明:求式(8.19)对批发价格 $\omega^m$ 的偏导,可得

$$\frac{\partial E\Pi_{as}^{dm}}{\partial \omega^m} = (1-\beta)Q_{as}^{dm*} + [\omega^m(1-\beta) - c] \times \frac{\partial Q_{as}^{dm*}}{\partial \omega^m} - k\theta_{as}^{dm*} \times \frac{\partial \theta_{as}^{dm*}}{\partial \omega^m}$$

将式(8.20)、式(8.21)代入,并令 $\dfrac{\partial E\Pi_{as}^{dm}}{\partial \omega^m} = 0$,可得到此时供应商的最优批发价格满足如下关系:

$$\omega_a^{m*} \in \left\{ \omega_a^{m*} \;\middle|\; (p+g)f\left[F^{-1}\left(1 - \dfrac{\omega_a^{m*}}{p+g}\right)\right] \times F^{-1}\left(1 - \dfrac{\omega_a^{m*}}{p+g}\right) = \right.$$
$$\left. (2+p+g)\left(\omega_a^{m*} - \dfrac{c}{1-\beta}\right) \right\} \tag{8.22}$$

将8.1节中的式(8.6)与上述式(8.22)相比,可得如下关系:

$$\frac{f\left[F^{-1}\left(1 - \dfrac{\omega_a^{m*}}{p+g}\right)\right] \times F^{-1}\left(1 - \dfrac{\omega_a^{m*}}{p+g}\right)}{\omega_a^{m*} - \dfrac{c}{1-\beta}} \Bigg/ \frac{f\left[F^{-1}\left(1 - \dfrac{\omega_a^{*}}{p+g}\right)\right] \times F^{-1}\left(1 - \dfrac{\omega_a^{*}}{p+g}\right)}{\omega_a^{*} - \dfrac{c}{1-\beta}} =$$

$$2+p+g > 1$$

令 $G(\omega) = \dfrac{f\left[F^{-1}\left(1 - \dfrac{\omega}{p+g}\right)\right] \times F^{-1}\left(1 - \dfrac{\omega}{p+g}\right)}{\omega - \dfrac{c}{1-\beta}}$,代入上式可得:$\dfrac{G(\omega_a^{m*})}{G(\omega_a^*)} > 1$

即 $G(\omega_a^{m*}) > G(\omega_a^*)$。又由 $G(\omega)$ 表达式可以看出 $G(\omega)$ 是关于 $\omega$ 的单调减函数,因此 $\omega_a^{m*} < \omega_a^*$。命题8得证。

再将其代入式(8.19),可得考虑保鲜成本时无契约分散状态下供应商的最优利润为

$$E\Pi_{as}^{dm} = \left(\omega_a^{m*} - \dfrac{c}{1-\beta}\right)\theta_{as}^{dm}(a-bp)F^{-1}\left(1 - \dfrac{\omega_a^{m*}}{p+g}\right) - \dfrac{k\theta_{as}^{dm2}}{2} \tag{8.23}$$

由命题7可知:零售商的期望利润函数 $E\Pi_{ar}^{dm}$ 是生鲜农产品新鲜度 $\theta^m$ 的增函数,即供应商提供给零售商的生鲜农产品新鲜度越高,零售商的期望利润也会越

大,这是符合零售商意愿的。然而在现实生活中,生鲜农产品新鲜度的提高需要供应商付出相应的保鲜成本,保鲜成本的付出则会相应地减少供应商的利润。又因为在无契约决策时,供应商存在一个最优的新鲜度 $\theta_{as}^{dm*}$ 使得其利润最大,因此,供应商最多愿意采取相应的保鲜措施,使得生鲜农产品能够保持在使得其自身利润最大的新鲜度水平 $\theta_{as}^{dm*}$。然而,该新鲜度并不一定能够使得供应链整体利润达到最大。与此同时,若零售商对产品的新鲜度有更高的要求,如果没有相应的激励机制,则供应商很难主动去采取合理的保鲜措施,以进一步提高生鲜农产品的新鲜度。

再由命题8可得:在考虑了生鲜农产品保鲜成本因素,即供应商采取了相应的保鲜措施之后,此时无契约分散决策下供应商的最优批发价大于未考虑生鲜农产品保鲜成本时无契约分散决策下供应商的最优批发价。这是因为供应商承担了生鲜农产品的保鲜,因此会相应地提高批发价格。而批发价格的提高与高额的保鲜成本相比仍会存在一定的差距,如何能够保证供应商在满足自身利益的前提下采取最优的保鲜措施,需要从供应链利润协调的角度进一步分析。

#### 8.2.3.2 供应链集中决策模型

在考虑了保鲜温度因素下的生鲜农产品供应链集中决策模型中,供应商和零售商作为一个利益共同体进行共同决策,从而实现供应链的整体利润最大化。具体而言,集中决策时零售商的期望利润函数为

$$E\Pi_{ar}^{an} = \int_{\theta_a^{an}(a-bp)}^{\frac{Q_a^{an}}{\theta_a^{an}(a-bp)}} (p+g)[\theta_a^{an}(a-bp)x - Q_a^{an}]f(x)\mathrm{d}x + (p+g-\omega^m)Q_a^{an} - g\theta_a^{an}(a-bp)$$

与此同时,集中决策时供应商的期望利润函数为

$$E\Pi_{as}^{an} = \omega^m Q_a^{an} - \frac{cQ_a^{an}}{1-\beta} - \frac{k\theta_a^{an2}}{2}$$

此时,供应链的整体利润函数为

$$E\Pi_a^{an} = \int_{\theta_a^{an}(a-bp)}^{\frac{Q_a^{an}}{\theta_a^{an}(a-bp)}} (p+g)[\theta_a^{an}(a-bp)x - Q_a^{an}]f(x)\mathrm{d}x + \left(p+g-\frac{c}{1-\beta}\right)Q_a^{an} - g\theta_a^{an}(a-bp) - \frac{k\theta_{as}^{dm*2}}{2} \tag{8.24}$$

**命题9** 在考虑保鲜成本的情形下,无契约集中状态时存在唯一的最优订货量 $Q_a^{an*}$ 和最优新鲜度 $\theta_a^{an*}$,并且集中决策时供应商与零售商共同确定的最优新鲜度 $\theta_a^{an*}$ 大于无契约分散决策时供应商确定的最优新鲜度 $\theta_{as}^{dm*}$。

证明:求式(8.24)对订货量 $Q_a^{an}$ 的一阶及二阶偏导,且二阶偏导 $\dfrac{\partial^2 E\Pi_a^{an}}{\partial Q_a^{an2}} =$

$$-\frac{(p+g)\times f\left(\frac{Q_a^{cm}}{\theta_a^{cm}(a-bp)}\right)}{\theta_a^{cm}(a-bp)}<0,因此该情形下存在唯一最优订货量。令\frac{\partial E\Pi_{ar}^{dm}}{\partial Q_{ar}^{dm}}=0,$$

可得到此时零售商的最优订货量为

$$Q_a^{cm*}=\theta_a^{cm}(a-bp)F^{-1}\left[1-\frac{c}{(1-\beta)(p+g)}\right]$$

将 $Q_a^{cm*}$ 代入式(8.24),可得

$$E\Pi_a^{cm}=\theta_a^{cm}(a-bp)\left\{(p+g)\int_0^{F^{-1}\left[1-\frac{c}{(1-\beta)(p+g)}\right]}xf(x)\mathrm{d}x-g\right\}-\frac{k\theta_a^{cm2}}{2}$$

对上式分别求新鲜度 $\theta_a^{cm}$ 的一阶和二阶偏导,可得

$$\frac{\partial E\Pi_a^{cm}}{\partial \theta_a^{cm}}=(a-bp)\left\{(p+g)\int_0^{F^{-1}\left[1-\frac{c}{(1-\beta)(p+g)}\right]}xf(x)\mathrm{d}x-g\right\}-k\theta_a^{cm},$$

且 $\frac{\partial^2 E\Pi_a^{cm}}{\partial \theta_a^{cm2}}=-k<0$。令 $\frac{\partial E\Pi_a^{cm}}{\partial \theta_a^{cm}}=0$,可得此时使得供应链整体利润最大的生鲜农产品新鲜度为

$$\theta_a^{cm*}=\frac{1}{k}(a-bp)\left\{(p+g)\int_0^{F^{-1}\left[1-\frac{c}{(1-\beta)(p+g)}\right]}xf(x)\mathrm{d}x-g\right\} \quad (8.25)$$

将式(8.25)代入 $Q_a^{cm*}$ 表达式,可得

$$Q_a^{cm*}=\frac{1}{k}(a-bp)^2 F^{-1}\left[1-\frac{c}{(1-\beta)(p+g)}\right]\left\{(p+g)\int_0^{F^{-1}\left[1-\frac{c}{(1-\beta)(p+g)}\right]}xf(x)\mathrm{d}x-g\right\}$$

(8.26)

再考虑式(8.7)以及式(8.10)。由于无期权契约时集中状态下供应链整体期望利润 $E\Pi_a^c$ 必定大于无期权契约分散状态下供应商的期望利润 $E\Pi_{as}^d$,因此可得

$$(p+g)\int_0^{F^{-1}\left[1-\frac{c}{(1-\beta)(p+g)}\right]}xf(x)\mathrm{d}x-g>\left(\omega_a^*-\frac{c}{1-\beta}\right)\times F^{-1}\left(1-\frac{\omega_a^*}{p+g}\right)$$

由命题8可知 $\omega_a^{m*}<\omega_a^*$,因此 $\omega_a^{m*}-\frac{c}{1-\beta}<\omega_a^*-\frac{c}{1-\beta}$,$F^{-1}\left(1-\frac{\omega_a^{m*}}{p+g}\right)>F^{-1}\left(1-\frac{\omega_a^*}{p+g}\right)$。令 $H(\omega)=\omega-\frac{c}{1-\beta}$,$I(\omega)=1-\frac{\omega}{p+g}$,$\omega$ 每增加一个单位,$H(\omega)$ 增加的幅度要远大于 $I(\omega)$ 减少的幅度,所以 $\left(\omega_a^{m*}-\frac{c}{1-\beta}\right)\times F^{-1}\left(1-\frac{\omega_a^{m*}}{p+g}\right)<\left(\omega_a^*-\frac{c}{1-\beta}\right)\times F^{-1}\left(1-\frac{\omega_a^*}{p+g}\right)$。结合上述关系可得:$(p+$

$$g)\int_0^{F^{-1}\left[1-\frac{c}{(1-\beta)(p+g)}\right]} xf(x)\mathrm{d}x - g > \left(\omega_a^{m*} - \frac{c}{1-\beta}\right) \times F^{-1}\left(1-\frac{\omega_a^{m*}}{p+g}\right).$$

再结合式(8.20)和式(8.25)中 $\theta_a^{m*}$ 以及 $\theta_{as}^{dm*}$ 的表达式：

$$\theta_a^{m*} = \frac{1}{k}(a-bp)\left[(p+g)\int_0^{F^{-1}\left[1-\frac{c}{(1-\beta)(p+g)}\right]} xf(x)\mathrm{d}x - g\right]$$

$$\theta_{as}^{dm*} = \frac{1}{k}(a-bp)\left(\omega_a^{m*} - \frac{c}{1-\beta}\right)F^{-1}\left(1-\frac{\omega_a^{m*}}{p+g}\right)$$

可知 $\theta_a^{m*} > \theta_{as}^{dm*}$。命题9得证。

由命题9可知：在考虑了保鲜成本因素的情况下，供应链成员进行集中决策时，其整体最优利润所对应的最优新鲜度 $\theta_a^{m*}$ 大于无契约分散决策时供应商单独确定的最优新鲜度 $\theta_{as}^{dm*}$。由此可知，供应商独立决策时所确定的新鲜度并不能使得供应链整体利润达到最优。因此，需要建立相应的激励机制，即引入收益共享契约，让零售商分享一部分收益给供应商，使得供应商在该契约决策状态下愿意进一步提高保鲜措施，确保所提供的生鲜农产品新鲜度能够使得供应链整体利润达到最优。

### 8.2.4 "期权契约+收益共享契约"下的供应链管理决策模型

生鲜农产品是一种生产周期长、生命周期短且易变质的产品。为了避免因供货不足产生的损失，供应商与零售商之间则需要建立相应的期权契约，以保证零售商的订货要求，其本质上是对订货量的决策，属于数量契约；在引入生鲜农产品的保鲜成本之后，为了对供应商运送至零售商处的生鲜农产品的新鲜度进行控制，需要在满足订货要求的基础上，进一步建立零售商与供应商之间的利润共享机制，即建立收益共享契约。通过"期权契约"与"收益共享契约"的结合，以期保证生鲜农产品的数量供应要求，同时满足其质量要求。这里假设零售商所保留的销售收益比例为 $\lambda$，供应商获得的销售收益比例则为 $1-\lambda$。与上一节的分析方法类似，"期权契约"与"收益共享契约"决策下的零售商利润函数如下：

$$\Pi_{br}^m = \lambda p \times \min[D(\theta_{bs}^m), Q_{br1}^m + Q_{br2}^m] - \omega_0 Q_{br1}^m - \omega_e \times \min\{[D(\theta_{bs}^m) - Q_{br2}^m]^+, Q_{br1}^m\} - \omega Q_{br2}^m - g[D(\theta_{bs}^m) - (Q_{br1}^m + Q_{br2}^m)]^+$$

对上式求期望，可得到其期望利润函数为

$$E\Pi_{br}^m = (\lambda p + g - \omega_e^m)\int_{\frac{Q_{br}^m}{\theta_{bs}^m(a-bp)}}^{\frac{Q_{br}^m}{\theta_{bs}^m(a-bp)}} [\theta_{bs}^m(a-bp)x - Q_{br}^m]f(x)\mathrm{d}x + \omega_e^m \int_0^{\frac{Q_{br2}^m}{\theta_{bs}^m(a-bp)}} [\theta_{bs}^m(a-bp)x - Q_{br2}^m]f(x)\mathrm{d}x + (\lambda p + g - \omega_0^m - \omega_0^m)Q_{br1}^m + (\lambda p + g - \omega^m)Q_{br2}^m - g\theta_{bs}^m(a-bp) \tag{8.27}$$

分别求式(8.27)对总订货量 $Q_{br}^m$ 和现货订货量 $Q_{br2}^m$ 的偏导,可得

$$\frac{\partial E\Pi_{br}^m}{\partial Q_{br}^m}=(\lambda p+g-\omega_0^m-\omega_e^m)-(\lambda p+g-\omega_e^m)\times F\left[\frac{Q_{br}^m}{\theta_{bs}^m(a-bp)}\right]$$

$$\frac{\partial E\Pi_{br}^m}{\partial Q_{br2}^m}=\omega_0^m-\omega^m+\omega_e^m\times\left\{1-F\left[\frac{Q_{br2}^m}{\theta_{bs}^m(a-bp)}\right]\right\}$$

因为 $\frac{\partial^2 E\Pi_{br}^m}{\partial Q_{br}^{m2}}=-(\lambda p+g-\omega_e^m)\times f\left[\frac{Q_{br}^m}{\theta_{bs}^m(a-bp)}\right]\times\frac{1}{\theta_{bs}^m(a-bp)}$,$\frac{\partial^2 E\Pi_{br}^m}{\partial Q_{br}^m\partial Q_{br2}^m}=\frac{\partial^2 E\Pi_{br}^m}{\partial Q_{br2}^m\partial Q_{br}^m}=0$,且 $\frac{\partial E\Pi_{br}^m}{\partial Q_{br2}^m}=-\omega_e^m\times f\left[\frac{Q_{br2}^m}{\theta_{bs}^m(a-bp)}\right]\times\frac{1}{\theta_{bs}^m(a-bp)}$,由此可得零售商的期望利润 $E\Pi_{br}^m$ 关于 $Q_{br1}^m$ 和 $Q_{br2}^m$ 的二阶海森矩阵为

$$H=\begin{bmatrix}\frac{-(\lambda p+g-\omega_e^m)}{\theta_{bs}^m(a-bp)}\times f\left[\frac{Q_{br}^m}{\theta_{bs}^m(a-bp)}\right] & 0 \\ 0 & \frac{-\omega_e^m}{\theta_{bs}^m(a-bp)}\times f\left[\frac{Q_{br2}^m}{\theta_{bs}^m(a-bp)}\right]\end{bmatrix}$$

当 $\lambda p+g-\omega_e^m>0$ 时,其一阶主子式 $|D_1|\leq 0$,又由二阶主子式 $|D_2|=\frac{\omega_e^m(\lambda p+g-\omega_e^m)}{[\theta_{bs}^m(a-bp)]^2}\times f\left[\frac{Q_{br}^m}{\theta_{bs}^m(a-bp)}\right]\times f\left[\frac{Q_{br2}^m}{\theta_{bs}^m(a-bp)}\right]>0$,因此,该二阶海森矩阵为负定,零售商的期望利润函数为关于期权订货量和现货订货量的凹函数,存在唯一极大值。再令 $\frac{\partial E\Pi_{br}^m}{\partial Q_{br}^m}=0$,$\frac{\partial E\Pi_{br}^m}{\partial Q_{br2}^m}=0$,可得出订货总量和现货订货量:$Q_{br}^{m*}=\theta_{bs}^m(a-bp)F^{-1}\left(1-\frac{\omega_0^m}{\lambda p+g-\omega_e^m}\right)$,$Q_{br2}^{m*}=\theta_{bs}^m(a-bp)F^{-1}\left(1-\frac{\omega^m-\omega_0^m}{\omega_e^m}\right)$,并且最优期权订货量 $Q_{br1}^{m*}=\theta_{bs}^m(a-bp)\left[F^{-1}\left(1-\frac{\omega_0^m}{\lambda p+g-\omega_e^m}\right)-F^{-1}\left(1-\frac{\omega^m-\omega_0^m}{\omega_e^m}\right)\right]$。再将 $Q_{br1}^{m*}$ 和 $Q_{br2}^{m*}$ 代入零售商的期望利润函数[式(8.27)],可得"期权契约"与"收益共享契约"决策下零售商的最优期望利润为

$$E\Pi_{br}^{m*}=(\lambda p+g-\omega_e^m)\theta_{bs}^m(a-bp)\int_0^{F^{-1}\left(1-\frac{\omega_0^m}{\lambda p+g-\omega_e^m}\right)}xf(x)\mathrm{d}x+\omega_e^m\theta_{bs}^m(a-bp)\int_0^{F^{-1}\left(1-\frac{\omega^m-\omega_0^m}{\omega_e^m}\right)}xf(x)\mathrm{d}x-g\theta_{bs}^m(a-bp) \quad (8.28)$$

零售商确定了最优期权订货量 $Q_{br1}^{m*}$ 以及最优现货订货量 $Q_{br2}^{m*}$ 后,考虑运输途中的数量损耗,供应商的最优运送量为 $Q_{bs}^{m*}=\frac{Q_{br1}^{m*}+Q_{br2}^{m*}}{1-\beta}$。根据上文的假设条件,可以得到"期权契约"与"收益共享契约"决策下供应商的利润函数为

$$\Pi_{bs}^{m^*} = (1-\lambda)p \times \min[D(\theta_{bs}^m), Q_{br1}^{m^*} + Q_{br2}^{m^*}] + \omega_e^m \times \min\{[D(\theta_{bs}^m) - Q_{br2}^{m^*}]^+,$$
$$Q_{br1}^{m^*}\} + \left(\omega_0^m - \frac{c}{1-\beta}\right)Q_{br1}^{m^*} + \left(\omega^m - \frac{f}{1-\beta}\right)Q_{br2}^{m^*} - \frac{k\theta_{bs}^{m2}}{2}$$

对上式求期望，可得到此时供应商的期望利润函数为

$$E\Pi_{bs}^{m^*} = [(1-\lambda)p + \omega_e^m]\theta_{bs}^m(a-bp)\int_0^{F^{-1}\left(1-\frac{\omega_0^m}{\lambda p+g-\omega_e^m}\right)} xf(x)\mathrm{d}x - \omega_e^m\theta_{bs}^m(a-bp)\int_0^{F^{-1}\left(1-\frac{\omega^m-\omega_0^m}{\omega_e^m}\right)} xf(x)\mathrm{d}x + \left(\omega_0^m \times \frac{p+g}{\lambda p+g-\omega_e^m} - \frac{c}{1-\beta}\right)Q_{br}^{m^*} - \frac{k\theta_{bs}^{m2}}{2} \quad (8.29)$$

求式(8.29)对新鲜度 $\theta_{bs}^m$ 的一阶及二阶偏导，可得

$$\frac{\partial E\Pi_{bs}^{m^*}}{\partial \theta_{bs}^m} = [(1-\lambda)p+\omega_e^m](a-bp)\int_0^{F^{-1}\left(1-\frac{\omega_0^m}{\lambda p+g-\omega_e^m}\right)} xf(x)\mathrm{d}x - \omega_e^m(a-bp)\int_0^{F^{-1}\left(1-\frac{\omega^m-\omega_0^m}{\omega_e^m}\right)}$$
$$xf(x)\mathrm{d}x + \left(\omega_0^m \times \frac{p+g}{\lambda p+g-\omega_e^m} - \frac{c}{1-\beta}\right)(a-bp)F^{-1}\left(1-\frac{\omega_0^m}{\lambda p+g-\omega_e^m}\right) - k\theta_{bs}^m$$

且 $\frac{\partial^2 E\Pi_{bs}^{m^*}}{\partial \theta_{bs}^{m2}} = -k < 0$，因此，"期权契约"与"收益共享契约"决策下存在唯一最优新鲜度，使得供应商期望利润最大。令 $\frac{\partial E\Pi_{bs}^{m^*}}{\partial \theta_{bs}^m} = 0$，可得该最优新鲜度为

$$\theta_{bs}^{m^*} = \frac{1}{k}(a-bp)\left\{\begin{array}{l}[(1-\lambda)p+\omega_e^m]\int_0^{F^{-1}\left(1-\frac{\omega_0^m}{\lambda p+g-\omega_e^m}\right)} xf(x)\mathrm{d}x - \\ \omega_e^m\int_0^{F^{-1}\left(1-\frac{\omega^m-\omega_0^m}{\omega_e^m}\right)} xf(x)\mathrm{d}x + \\ \left(\omega_0^m \times \frac{p+g}{\lambda p+g-\omega_e^m} - \frac{c}{1-\beta}\right)F^{-1}\left(1-\frac{\omega_0^m}{\lambda p+g-\omega_e^m}\right)\end{array}\right\}$$
$$(8.30)$$

"期权契约＋收益共享契约"是对传统的期权数量契约进行改进的一种新型复合契约，该契约决策中的契约参数为期权订购价格、期权执行价格、期权订货量、现货订货量、供应商提供的生鲜农产品新鲜度以及收益共享契约参数，即 $(\omega_0, \omega_e, Q_{br1}^m, Q_{br2}^m, \theta, \lambda)$。具体而言，供应商和零售商在签订了该契约之后，供应商通过以期权订购价格 $\omega_0$ 出售期权，使得零售商获得了以期权执行价格 $\omega_e$ 购买远期期权订购的生鲜农产品的权利，从而降低了供应商的供货压力。此外，为了激励供应商采取合理的保鲜措施，这里则需要结合收益共享契约，即零售商仅保留比例为 $\lambda$ 的销售收益，其余部分则分配给供应商，从而达到激励供应商以集中决策下使得供应链

整体利润最大的新鲜度为标准进行保鲜的目的。"期权契约＋收益共享契约"决策旨在既保证生鲜农产品的数量供应要求，又满足其质量要求。其核心思想依然是通过契约的约束，使得该契约引导下的供应链整体利润能够达到集中决策时的利润，从而实现供应链协调。具体来说，期权契约决策所需要满足的约束条件如式(8.31)所示[103-104]：

$$\begin{cases} Q_{br}^{m^*} = Q_a^{an^*} \\ \theta_{bs}^{m^*} = \theta_a^{an^*} \\ E\Pi_{br}^{m^*} + E\Pi_{bs}^{m^*} = E\Pi_{ar}^{an^*} + E\Pi_{as}^{an^*} \end{cases} \tag{8.31}$$

式(8.31)中，第一个等式表示"期权契约＋收益共享契约"决策下的零售商总订货量与无契约集中决策下的订货量保持一致，即满足生鲜农产品订货的数量要求；第二个等式表示"期权契约＋收益共享契约"决策下供应商所确定的最优新鲜度与无契约集中决策下供应商与零售商共同确定的最优新鲜度相同，即满足生鲜农产品的质量要求，该约束也是激励供应商、使其愿意以集中决策下使得供应链整体利润最大的新鲜度为标准进行保鲜的一个有效的前提条件；第三个等式表示"期权契约＋收益共享契约"决策以及集中决策两种情况下，零售商与供应商的最优期望利润之和相等，即契约决策下供应链整体最优利润等于集中决策时供应链的整体最优利润。由于上述表达式均为 $\omega^m$、$\omega_0^m$、$\omega_e^m$ 和 $\lambda$ 的函数，因此将其代入该约束条件中，经整理化简可得

$$\begin{cases} \dfrac{\omega_0^m}{\lambda p + g - \omega_e^m} = \dfrac{c}{(1-\beta)(p+g)} \\ (\lambda p + g - \omega_e^m)\int_0^{F^{-1}\left[1-\frac{c}{(1-\beta)(p+g)}\right]} xf(x)\mathrm{d}x + \omega_e^m \int_0^{F^{-1}\left(1-\frac{\omega^m-\omega_0^m}{\omega_e^m}\right)} xf(x)\mathrm{d}x = g \\ \omega_e^m \int_0^{F^{-1}\left(1-\frac{\omega^m-\omega_0^m}{\omega_e^m}\right)} xf(x)\mathrm{d}x + \left(\omega^m - \dfrac{c}{1-\beta}\right)F^{-1}\left[1-\dfrac{c}{(1-\beta)(p+g)}\right] = \\ \left[(1-\lambda)p + \omega_e^m\right]\int_0^{F^{-1}\left[1-\frac{c}{(1-\beta)(p+g)}\right]} xf(x)\mathrm{d}x \end{cases}$$

(8.32)

由式(8.32)可以看出：该约束条件中各个表达式均为 $\omega$、$\omega_0$、$\omega_e$、$\lambda$ 的函数，即生鲜农产品现货市场批发价格每取一个值，均会有确定的期权订购价格、期权执行价格以及收益共享契约参数与之对应。因此可以根据现货市场中的生鲜农产品批发价格，进而求出期权契约参数以及收益共享契约参数的具体取值。

### 8.2.5 算例分析

与 8.1 节类似，本节仍考虑由一个生鲜猪肉供应商和零售商组成的二级供应

## 第8章 生鲜农产品供应链数量安全控制契约

链。由于本节进一步考虑了供应商所承担的保鲜成本,且保鲜成本又与生鲜猪肉的新鲜度密切相关,因此这里的新鲜度是一个决策变量,而8.1节中的新鲜度仅为描述生鲜猪肉特性的一个外生变量。具体而言,假设市场需求随机因子 ε 服从 [0, 2] 的均匀分布,即 ε∼U[0,2]。本章节模型中涉及的其他参数赋值分别为:$c=1$, $g=2, \beta=0.2, a=100, b=0.4, p=8$。

由命题9可知,在集中决策状态下,存在一个最优新鲜度水平,该新鲜度能够使得供应链的整体期望利润达到最大。对集中决策下供应链整体期望利润模型进行分析和求解,可得出集中决策下不同新鲜度水平对应的供应链整体利润,如图8.5所示:

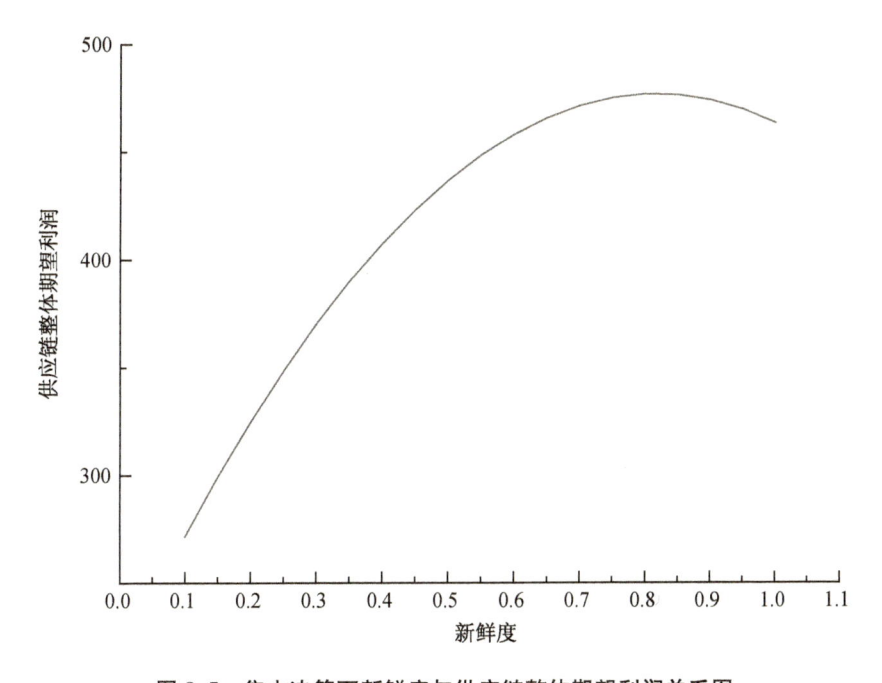

**图 8.5 集中决策下新鲜度与供应链整体期望利润关系图**

由图8.5可得到集中决策下新鲜度水平对于供应链整体利润的影响:当新鲜度水平低于最优新鲜度时,提高新鲜度水平,即增加保鲜成本的投入对于提升供应链整体利润有促进作用;而当新鲜度水平已经高于最优新鲜度时,继续提高新鲜度水平反而会导致供应链整体利润下降。根据本章的相关模型,通过求解可以得出:集中决策下使得供应链整体期望利润最大的新鲜度 $\theta_a^{cm*}$ 为0.817,此时供应链的整体最优期望利润 $E\Pi_a^{cm*}$ 为476.83。图8.6为分散决策下新鲜度与供应链整体期望利润对应关系,由图8.6可以看出,使得供应商自身利润最大化的新鲜度 $\theta_{as}^{dm*}$ 仅为0.463,此时供应链的整体最大利润为441.68。此后,随着新鲜度的提高,供应商的期望利润会降低。因此,分散决策下供应商所确定的最优新鲜度远小于集中

/ 食品供应链安全控制与协调契约 /

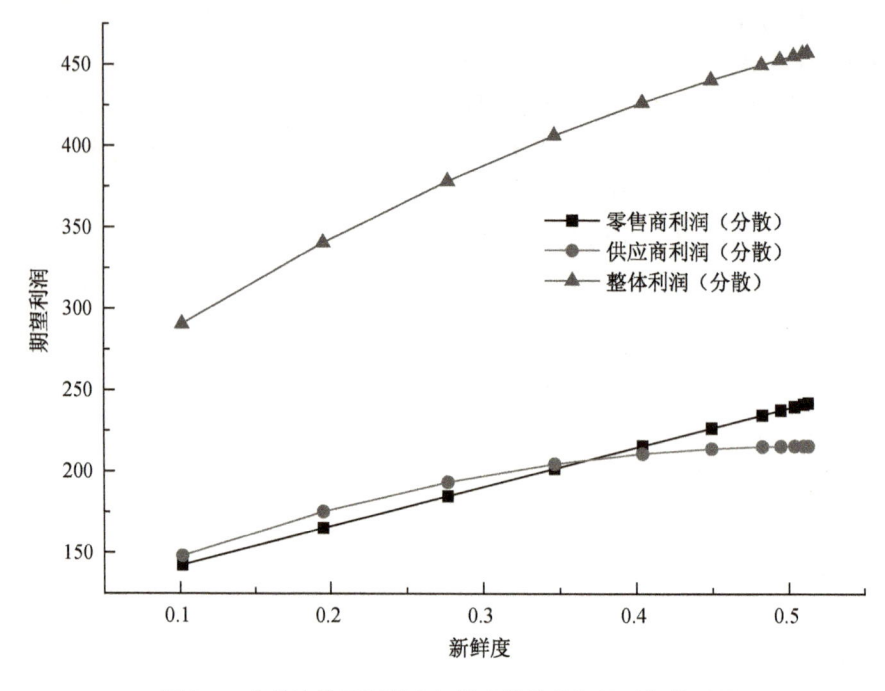

**图 8.6　分散决策下新鲜度与供应链整体期望利润关系图**

决策下的最优新鲜度,此时供应链的整体利润也存在一定的改进空间。由于本节中的"期权契约+收益共享契约"决策旨在满足生鲜农产品数量供应的前提下,进一步满足其质量要求,其核心思想依然是通过契约值的约束,使得供应链上各个成员均能在该契约引导的分散决策中达到集中决策的状态。因此,为了实现供应链协调,此时应该选择在集中决策状态下使得供应链整体利润达到最大时的最优新鲜度。

考虑供应链参与者自身的利润,可以得到集中决策、分散决策以及"期权契约+收益共享契约"决策下的供应链参与者各自的利润,如表 8.4、图 8.7 所示:

**表 8.4　集中决策与分散决策新鲜度与期望利润关系**

| $\omega$ | $\theta_{as}^{dm*}$ | $\theta_{a}^{cm*}$ | $E\Pi_{ar}^{dm*}$ | $E\Pi_{as}^{dm*}$ | $E\Pi_{ar}^{dm*}+E\Pi_{as}^{dm*}$ | $E\Pi_{ar}^{cm*}$ | $E\Pi_{as}^{cm*}$ | $E\Pi_{a}^{cm*}$ |
|---|---|---|---|---|---|---|---|---|
| 1.5 | 0.101 | 0.817 | 142.44 | 147.98 | 290.43 | 354.08 | 122.76 | 476.83 |
| 2.0 | 0.195 | 0.817 | 165.14 | 175.33 | 340.47 | 334.90 | 141.94 | 476.83 |
| 2.5 | 0.277 | 0.817 | 184.90 | 193.41 | 378.32 | 315.72 | 161.11 | 476.83 |
| 3.0 | 0.346 | 0.817 | 201.74 | 204.61 | 406.35 | 296.54 | 180.29 | 476.83 |
| 3.5 | 0.404 | 0.817 | 215.65 | 210.94 | 426.59 | 277.36 | 199.47 | 476.83 |
| 4.0 | 0.450 | 0.817 | 226.63 | 214.07 | 440.70 | 258.18 | 218.65 | 476.83 |

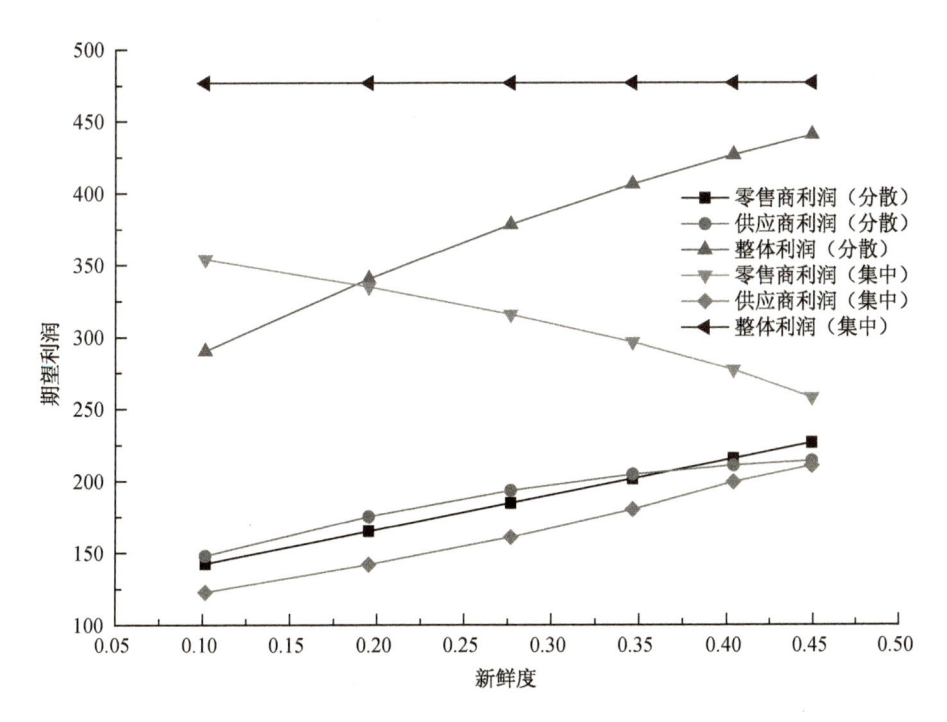

图8.7 集中决策与分散决策期望利润对比图

由表8.4可以看出，当批发价格提高时，分散决策下供应商所确定的最优新鲜度也在提高，而集中决策下的最优新鲜度与批发价格的变化无关，且始终大于分散决策时供应商确定的最优新鲜度（需要强调的是：当批发价格等于1.5时，此时供应商提供的生鲜猪肉新鲜度仅为0.1，这与现实生活中生鲜猪肉的新鲜度要求差别较大。这里仅仅是为了描述新鲜度与价格以及利润之间的关系所取的临界值，供应商会根据实际情况进行决策）。进一步结合图8.7可以更直观地看出：在供应商新鲜度的决策区间内，集中决策下供应链的整体利润始终大于分散决策下的供应链整体利润。对于零售商而言，集中决策时的利润大于分散决策时的利润；而对于供应商来说，其分散决策下的利润却大于集中决策下的利润。这是因为集中决策时，为了提高生鲜猪肉的新鲜度，使得供应链整体利润最大，供应商承担的保鲜成本会提高，其在集中决策状态下做出了一定的利润让步。因此，为了在满足供应链整体利润最大化的同时进一步保证供应链参与双方的利益，则需要建立相应的利润协调机制。

在"期权契约+收益共享契约"决策模型中，零售商分给供应商的利润共享比例是双方能否愿意合作的重要因素。在保证新鲜度水平能够使得供应链整体利润达到最大的前提下，收益共享契约参数的变动必然会导致供应商和零售商各自的收益均出现不同程度的变动。与此同时，根据式(8.32)中"期权契约+收益共享契约"的约束条件可知：收益共享契约参数 λ 与供应商和零售商之间的批发价格 $\omega$、期权订购价格 $\omega_0$ 以及期权执行价格 $\omega_e$ 具有一一对应的关系。具体而言，不同的收益共享契约参数对供应商和零售商价格、订货量以及期望利润的影响如表 8.5 所示：

表 8.5 契约参数对订货量以及期望利润的影响

| λ | $\omega$ | $\omega_0$ | $\omega_e$ | $Q_{br1}^{m*}$ | $Q_{br2}^{m*}$ | $Q_{br}^{m*}$ | $E\Pi_{br}^{m*}$ | $E\Pi_{bs}^{m*}$ | $E\Pi_{br}^{m*}+E\Pi_{bs}^{m*}$ |
|---|---|---|---|---|---|---|---|---|---|
| 0.50 | 1.5 | 0.192 | 2.464 | 26.57 | 111.79 | 138.36 | 277.65 | 199.18 | 476.83 |
| 0.55 | 2.0 | 0.256 | 2.352 | 43.60 | 94.76 | 138.36 | 269.75 | 207.08 | 476.83 |
| 0.60 | 2.5 | 0.320 | 2.240 | 61.53 | 76.82 | 138.36 | 261.84 | 214.99 | 476.83 |
| 0.65 | 3.0 | 0.384 | 2.128 | 80.44 | 57.92 | 138.36 | 253.94 | 222.90 | 476.83 |
| 0.70 | 3.5 | 0.448 | 2.016 | 100.40 | 37.96 | 138.36 | 246.03 | 230.80 | 476.83 |
| 0.75 | 4.0 | 0.512 | 1.904 | 121.51 | 16.85 | 138.36 | 238.12 | 238.71 | 476.83 |

由表 8.5 可知：随着生鲜猪肉现货批发价格的提高，其现货订货量会降低，而期权订购量则会提高，这与 8.1 节中的结论是类似的。进一步结合表 8.4 可得："期权契约＋收益共享契约"决策下供应链的整体利润 $E\Pi_{br}^{m*}+E\Pi_{bs}^{m*}$ 等于集中决策下供应链的整体利润 $E\Pi_{c}^{n*}$，此时达到了供应链的整体利润协调。

集中决策、分散决策以及契约决策下供应商和零售商的各自期望利润如图 8.8 所示：

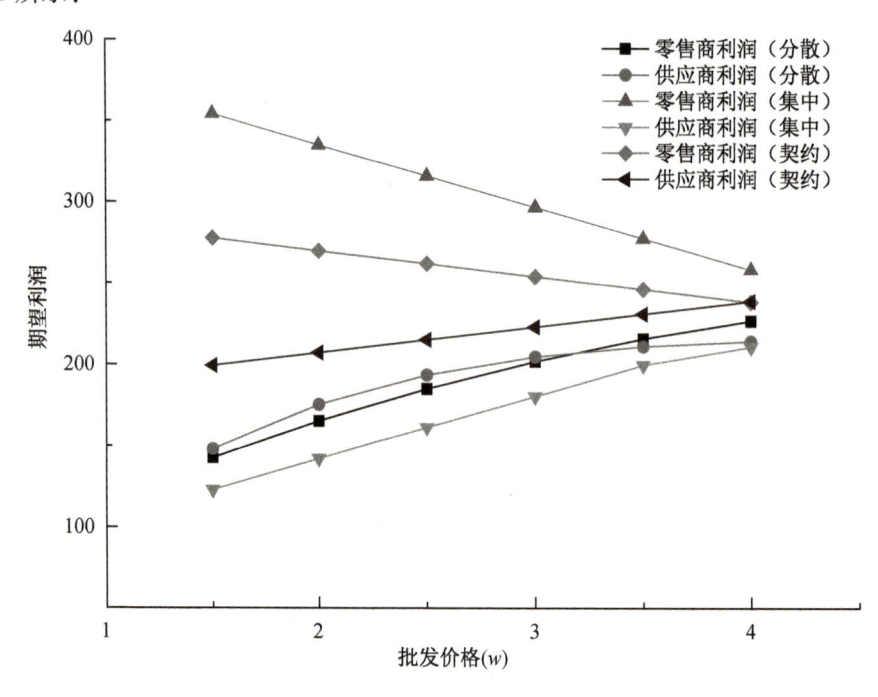

图 8.8 集中决策、分散决策以及契约决策下的各自期望利润对比图

由图 8.8 可以得出：对于零售商和供应商来说，"期权契约＋收益共享契约"协调下的利润均大于各自在分散决策下的利润，这说明在该契约协调下能够提高供应链参与方各自的利润。与此同时，零售商在"期权契约＋收益共享契约"决策下的利润小于集中决策下其最优利润，而供应商在契约决策下的利润大于集中决策时其最优利润。这是因为在"期权契约＋收益共享契约"状态下，零售商为了使供应商能够以最优新鲜度的要求进行保鲜，通过收益共享契约中的利润分配机制，将自身的一部分利润分给了供应商，使得供应商在该契约的约束下愿意提供最优新鲜度下的生鲜猪肉产品。因此，"期权契约＋收益共享契约"可以在满足供应链数量供需平衡的基础上，进一步为供应商提供的生鲜猪肉的质量提供保障。

此外，由表 8.5 还可以得出"期权契约＋收益共享契约"各契约参数，即收益共享契约参数 $\lambda$ 与批发价格 $\omega^m$、期权订购价格 $\omega_0^m$ 以及期权执行价格 $\omega_e^m$ 之间的关系，具体如下：

由图 8.9 可以看出：现货批发价格 $\omega^m$ 与期权订购价格 $\omega_0^m$ 均与收益共享契约参数 $\lambda$ 呈同向变动的关系，而期权执行价格 $\omega_e^m$ 与收益共享契约参数 $\lambda$ 以及现货批发价格 $\omega$ 呈反向变动关系，这在现实生活中是可以解释的。由于收益共享契约参数越大，零售商保留的收益越大，其分给供应商的收益越小，供应商则会相应地提高现货批发价格。此时，零售商可能会减少现货产品的购买，转而提高远期的期权订货量，从而导致短期的期权订购价格上升。又因为现货市场中的生鲜农产品批

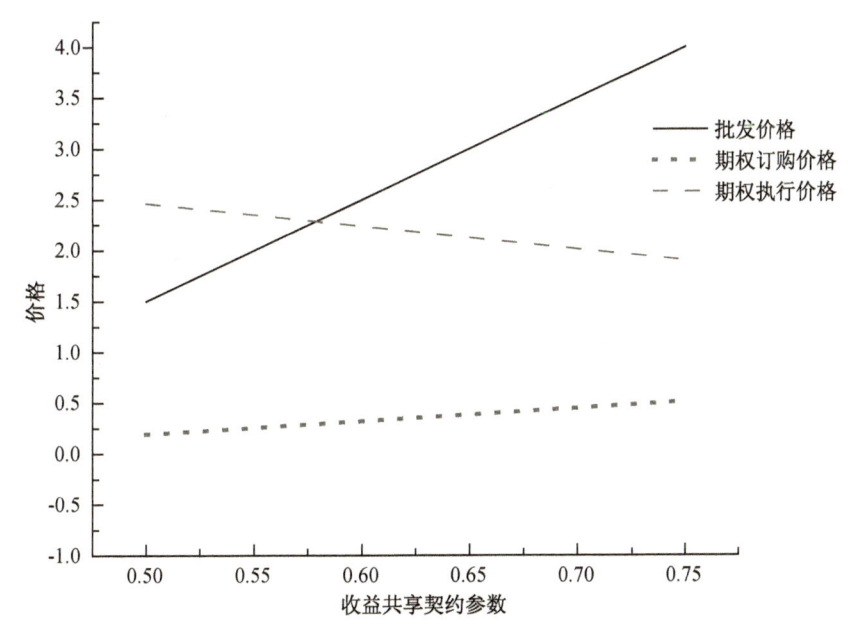

图 8.9　"期权契约＋收益共享契约"决策下收益共享契约参数与期权契约参数关系图

发价格提高,零售商会在期权执行价格较低的情况下执行远期期权,因此期权执行价格与现货批发价格呈反向变动的关系。

### 8.2.6 小结

本节考虑了供应商在生鲜农产品库存及运送过程中所承担的保鲜成本,在期权契约的基础上引入了收益共享契约,即"期权契约+收益共享契约"的决策方法,对生鲜农产品供应链协调展开了进一步研究。首先提出了供应商所承担的生鲜农产品的保鲜成本函数;然后通过分散决策以及集中决策的对比,提出需要引入收益共享契约,以进一步对传统的期权契约进行改进;接着以集中决策作为基准,在满足最优订货量以及最优新鲜度的前提下,进一步运用供应链协调理论,建立了契约参数所需要满足的约束条件,包括价格参数以及收益共享参数;最后通过数例仿真,得出了不同现货批发价格下的契约参数取值,包括期权订购价格、期权执行价格、期权订货量、现货订货量以及收益共享契约参数,并分析了收益共享契约参数与批发价格、期权订购价格以及期权执行价格之间的关系。"期权契约+收益共享契约"有助于激励供应商提高生鲜农产品的新鲜度,从而在保证生鲜农产品的数量供应要求的同时,进一步满足其质量要求。

# 第9章 总结与展望

食品安全是我国目前面临的一项战略性问题，不仅关系到人民的身体健康和生命安全，还关系到社会的和谐稳定以及我国的国际形象，也考验着我国政府的执政能力。同时，食品安全问题也已经成为当今世界食品生产、食品消费以及食品监管领域面临的重大挑战。因此，本书首先围绕食品安全管理这一主题，在借鉴国外发达国家和地区先进的食品安全监管经验的基础上，结合我国实际情况，以食品供应链作为研究主体，运用机制设计理论，分别从食品质量安全风险控制、食品质量安全信号传递机制以及食品质量安全政府监管机制三个方面展开了理论分析及实证研究，并得出了相应的结论，具体如下。

（1）食品质量安全风险控制方面。首先考虑食品供应链中的单边道德风险问题，食品生产加工商相比原材料供应商处于信息劣势的地位，供应商在提供原材料时可能会出现以次充好的现象，导致供应商存在单边道德风险。同时本书还进一步考虑了双边道德风险的情况，即供应商和加工商对于对方的信息均不了解，双方均有可能从自身利益角度出发，采取不利于对方的行动。经过分析可得：在双方分担损失合同的条件下无法使供应链整体利润达到最大，而供应商分摊名誉损失的成本契约可以有效地抑制供应商以及加工商的双边道德风险，使得供应链整体利润达到最优。因此，在双边道德风险的情况下，供应商分摊名誉损失的成本契约是最优契约。

（2）食品质量安全信号传递机制方面。考虑消费者消费过程中对食品的选择，由于食品生产者对食品质量信息的披露程度会直接影响消费者的甄别能力，为了避免食品供应市场中出现逆向选择的情况，建立食品质量信号传递博弈模型并对模型进行分析，得出分离均衡、混同均衡以及准分离均衡存在的条件。食品市场在分离均衡状态下的市场交易效率最高，而混同均衡则是最不利的一种市场形态。因为完美贝叶斯分离均衡在现实中无法实现，因此需要对食品供应商以及消费者在不同的市场环境下的判断和采取的策略进行分析，从而使食品消费市场达到准分离均衡的状态，该状态能够使消费者在不对称信息条件下买到质量更有保证的食品。

（3）食品质量安全政府监管机制方面。食品安全问题的解决不仅需要供应链各个参与主体之间相互约束，更离不开政府对于该问题的监管措施以及监管力度。

为了完善食品质量安全管理中的政府监管机制,更好地保障食品质量安全,本书借助博弈理论,通过建立食品监管部门与食品生产企业二者之间的博弈模型,并针对不同的情况,得出了相应的政府监管对策。具体的政府监管策略包括:加大对违规违法企业的惩罚力度、提高监管效率、降低政府监管成本以及增加监管声誉损失等。

在对食品安全管理研究的基础上,本书接着围绕生鲜食品质量安全控制与数量供需不平衡的问题展开研究并设计机制进行协调优化,并得出以下结论。

(1) 单渠道模式中,从生鲜食品质量特征出发,当考虑完全竞争市场下且消费者偏好不同时的零售商最优保鲜投入时:① 零售商具有在一定范围内提高保鲜投入的动力,此时零售商利润和产品质量随着保鲜投入的增加而增加,然而零售商利润和消费者效用不在同一保鲜投入水平达到各自的最大值,它们之间有一定的矛盾;② 消费者对生鲜食品新鲜度的偏好越大,零售商愿意采取的最优保鲜投入越高;③ 零售商最优订货周期随消费者对新鲜度的偏好及零售商保鲜投入的变化而变化,与销售周期内的平均利润不同,零售商在一个销售周期内总的利润随零售商对生鲜食品的保鲜投入的提高而增大,没有极大值。如果供应商在运输环节实施保鲜,零售商为使销售周期内的平均利润最大化,会要求供应商在运送环节对生鲜食品进行保鲜,并支付更高的采购价格,但零售商不会无限制地增加保鲜投入,而会选择一个最佳的生鲜食品初始新鲜度,使得效益最大化。当考虑非完全竞争市场下供应链整体的效益时,可通过设计零售商与供应商之间的"质量控制成本共担+收益共享"契约,使得供应链利润达到协调后的帕累托最优,且质量控制水平也得到提升。

(2) 双渠道模式中,在供应商具有优先决策权的情形下,供应商的最优利润不仅与自身保鲜水平正相关,还与零售商的保鲜水平负相关,并且零售商的最优利润在一定条件下与自身保鲜水平正相关。若消费者对于网络渠道的接受程度过低,供应商从事网络直销未必能够实现利润最大化,只有消费者的接受指数达到一定值时,供应商实施双渠道战略才最有利。生鲜食品供应商对自身的保鲜努力水平有直接决策权时,其保鲜努力水平并不会因为供应商和零售商的主导关系和成本分摊而受到影响;并且供应商在供应链中占据主导地位时,通过分担零售商的保鲜努力水平,不仅可以提高零售商的保鲜努力水平,而且也会提高其收益水平,当传统渠道较电商渠道的市场份额不断提高时,供应商的收益将持续下滑,零售商的收益则先增加后减少。

(3) 在生鲜食品双渠道供应链契约协调机制下,供应商将电商渠道的部分收益分享给零售商,其收益分享比例与传统渠道定价和批发价之间的价格折扣率呈正相关关系,与成本共担系数也呈正相关关系。在协调机制下,生鲜食品供应商的最优保鲜努力水平是电商渠道收益分享比例的减函数,是传统渠道价格折扣系数的增函数；而零售商的最优保鲜努力水平是传统渠道价格折扣系数和成本共担系数的减函数，是电商渠道收益分享比例的增函数。供应商最优利润随消费者对网络渠道接受程度的提高先减少后增加，当消费者对网络渠道接受程度较高时，供应商的最优利润变化更敏感。另外，供应商最优利润和自身保鲜温度水平呈正相关关系，和零售商保鲜温度设置水平呈负相关关系，因此在食品保鲜问题上供应商应当和零售商进行合作，进行协同保鲜。供应商网络渠道的收益分享比例会随着消费者对网络渠道接受程度的增加呈现先提高后降低的特点，而零售商则相反，供应商给零售商的批发价格折扣率也随着消费者对网络渠道接受程度的增加而降低；同时，零售商愿意分担供应商保鲜成本比例的上下限也会随着消费者对网络渠道接受程度的增加而降低。联合契约参数的设计受消费者对网络渠道接受程度的影响，在网络渠道接受程度较低时，应适当提高供应商在网络渠道的收益分享比例，随着接受程度的提高，供应商可适当降低网络渠道的收益共享比例以及批发价折扣，而零售商也会通过降低传统渠道收益分享比例以及保鲜成本分担比例来保证其自身收益。同时，通过对生鲜食品市场出清策略的研究，发现打折次数并非越多越好，并且折扣次数也不会改变双渠道特征参数对供应链利润的影响趋势。

（4）在生鲜农产品供应链数量协调中，通过对无期权契约决策中的分散决策以及集中决策进行对比研究，证明了期权契约研究的必要性。考虑供应商承担的保鲜成本，在期权契约的基础上引入收益共享契约，通过对比分散和集中决策，进一步引入收益共享契约，以激励供应商提高保鲜措施。通过数例仿真，分析了收益共享契约参数与价格之间的关系：批发价格与期权订购价格均和收益共享契约参数呈同向变动的关系，而期权执行价格则与收益共享契约参数呈反向变动关系。"期权契约＋收益共享契约"能够在保证生鲜农产品的数量供应要求的同时，进一步满足其质量要求。

食品安全问题的解决是一个长期的过程，理论探究与实践检验缺一不可，希望本书能为我国在解决食品安全问题时提供理论依据，进而对实践进行指导。本书的研究还存在如下局限和不足之处，有待今后进一步的深度研究来补充完善：

（1）本书中的模型构建仅考虑了二级供应链，未来可以将其拓展到多级供应链以及网状供应链等情形，使得其更具有一般性。

（2）本书考虑的为单品种生鲜食品的情形，而未考虑不同品种之间的替代性和互补性问题，今后的研究可扩展到多品种生鲜食品供应链的研究。

（3）本书采取的是数例仿真模拟的形式，而非实证研究，对于如何在生产实践中具体进行指导仍需要进一步探讨。

# 参考文献

[1] 张明华,温晋锋,刘增金. 行业自律、社会监管与纵向协作——基于社会共治视角的食品安全行为研究[J]. 产业经济研究,2017(1):89-99.

[2] 赵影. 浅谈我国食品安全现状及未来趋势[J]. 南方农机,2018(5).

[3] 伍景琼,韩春阳,贺瑞. 生鲜食品冷链配送相关理论研究综述[J]. 华东交通大学学报,2016(1):45-54.

[4] 唐润,彭洋洋. 考虑时间和温度因素的生鲜食品双渠道供应链协调[J]. 中国管理科学,2017(10).

[5] Ziggers G W, Trienekens J. Quality assurance in food and agribusiness supply chains: Developing successful partnerships[J]. International Journal of Production Economics, 1999,s 60-61(98):271-279.

[6] Rolf Meyer. Comparison of scenarios on futures of European food chains, Trends in Food Science & Technology[J]. 2007(18).

[7] Fraser R, Monteiro D S. A conceptual framework for evaluating the most cost-effective intervention along the supply chain to improve food safety.[J]. Food Policy, 2009, 34(5): 477-481.

[8] Keramydas C, Tsolakis N, Xanthopoulos A, et al. Selection and Evaluation of 3PL Providers: A Conceptual Decision-Making Framework[J]. Outsourcing Management for Supply Chain Operations & Logistics Service, 2013.

[9] Bosona T G, Gebresenbet G. Cluster building and logistics network integration of local food supply chain[J]. Biosystems Engineering, 2010, 108(4):293-302.

[10] Accorsi R. Integrated Models and Tools for Design and Management of Global Supply Chain[J]. 2013.

[11] Validi S, Bhattacharya A, Byrne P J. A solution method for a two-layer sustainable supply chain distribution model[J]. Computers & Operations Research, 2015, 54:204-217.

[12] 王迎春,王雷,姜彤. 基于精益供应链供应商产品质量可追溯管理研究[J]. 组合机床与自动化加工技术,2018(10):147-150.

[13] 吴威. 基于物联网的食品供应链可追溯系统研究[J]. 物流技术,2014(04):84-87.

[14] 浦徐进,蒋力,吴亚. 食品供应链成员实施可追溯系统的行为研究[J]. 工业工程,2013,16(6):84-88.

[15] 慕静. 食品安全监管模式创新与食品供应链安全风险控制的研究[J]. 食品工业科技,2012,33(10):49-51.

[16] 李红.中国食品供应链风险及关键控制点分析[J].江苏农业科学,2012,40(05):262-264.

[17] 刘永胜,陈娟.食品供应链安全风险的形成机理——基于行为经济学视角[J].中国流通经济,2014,28(03):60-65.

[18] 陈洪根.食品供应链模式发展及其安全风险分析[J].物流技术,2015,34(11):238-240.

[19] 封俊丽.中国食品供应链质量安全管理模式研究[J].世界农业,2015(09):227-234.

[20] Ghare P M, Schrader G P. A model for an exponentially decaying inventory[J]. Journal of Industrial Engineering, 1963,14(5):238-243.

[21] Yu-Ping Lee, Chung-Yuan Dye. An inventory model for deteriorating items under stock-dependent demand and controllable deteriorationrate[J]. Computers & Industrial Engineering,2012,63:474-482.

[22] Yiyan Qin, Jianjun Wang, Caimin Wei. Joint pricing and inventory control for fresh produce and foods with quality and physical quantity deteriorating simultaneously[J]. Int. J. Production Economics, 2014(152):42-48.

[23] Aiying Rong, Renzo Akkerman, Martin Grunow. An optimization approach for managing fresh food quality throughout the supply chain[J]. Int. J. Production Economics,2011,131:421-429.

[24] Xiaojun Wang, Dong Li. A dynamic product quality evaluation based pricing model for perishable food supply chains[J]. Omega,2012,40(6):906-917.

[25] Min Yu, Anna Nagurney. Competitive food supply chain networks with application to fresh produce[J]. European Journal of Operational Research,2013,224:273-282.

[26] Myo Min Aung, Yoon Seok Chang. Temperature management for the quality assurance of a perishable food supply chain[J]. Food Control,2014,40:198-207.

[27] E Dermesonluoglu, G Katsaros. Kinetic study of quality indices and shelf life modelling of frozen spinach under dynamic conditions of the cold chain[J]. Journal of Food Engineering, 2015,148:13-23.

[28] 王道平,于俊娣,李向阳.变质率呈Weibull分布的易变质物品的EOQ模型[J].工业工程,2011,14(1):72-76.

[29] 林略,杨书萍,但斌.收益共享契约下鲜活农产品三级供应链协调[J].系统工程学报,2010,25(4):484-490.

[30] Shib Sankar Sana. Price-sensitive demand for perishable items-an EOQ model[J]. Applied Mathematics and Computation, 2011, 217:6248-6259.

[31] Wu K. S.,Ouyang L. Y, Yang C. T. An optimal replenishment policy for non-instantaneous deteriorating items with stock dependent demand and partial backlogging[J]. Production Economics, 2006, 101:369-384.

[32] Ouyang L Y, Wu K S, Yang C T. A study on an inventory model for non-instantaneous deteriorating items with permissible delay in payments[J]. Computers & Industrial Engineering, 2006, 51(4):637-651.

[33] Chung K J. A complete proof on the solution procedure for non-instantaneous deteriorating

items with permissible delay in payment[J]. Computers & Industrial Engineering,2009,56:267-273.

[34] Geetha K V, Uthayakumar R. Economic design of an inventory policy for non-instantaneous deteriorating items under permissible delay in payments[J]. Computational and Applied Mathematics,2010,223:2492-2505.

[35] Abubakar Musa, Babangida Sani. Inventory ordering policies of delayed deteriorating items under permissible delay in payments[J]. Production Economics,2012,136(1):75-83.

[36] 阚杰,周永务.存货影响销售率的非立即变质物品的库存模型[J].系统工程学报,2009,24(2):198-204.

[37] Yang C Te, Ouyang L Y, Wu H H. Retailers optimal pricing and ordering policies for Non-instantaneous deteriorating items with price-dependent demand and partial backlogging[J]. Mathematical Problems in Engineering,2009:104-121.

[38] Reza Maihami, Isa Nakhai Kamalabadi. Joint pricing and inventory control for non-instantaneous deteriorating items with partial backlogging and time and price dependent demand[J]. Production Economics,2012,136:116-122.

[39] 肖勇波,陈剑,徐小林.到岸价格商务模式下涉及远距离运输的时鲜产品供应链协调[J].系统工程理论与实践,2008,28(2):272-273.

[40] 王磊,但斌.基于消费者选择行为的生鲜食品保鲜和定价策略研究[J].管理学报,2014,11(3):449-454.

[41] 刘昊.供应链环境下易变质商品的库存模型研究[J].物流工程与管理,2010,32(9):83-85.

[42] 罗兵,王卫明.指数时变需求的变质品两仓库 EOQ 模型[J].中国管理科学,2007,15:482-486.

[43] SKalpakam, S Shanthi. A perishable inventory system with modified (S-I, S) policy and arbitrary processing times[J]. Computers & Operations Research,2001,28:453-471.

[44] Eylem Tekin, Ulku Gurler, Emre Berk. Age-based VS stock level control policies for a perishable inventory system[J]. Operational Research,2001,134:309-329.

[45] 杜少甫,梁操,张靖江,等.考虑产品变质的混合补货与发货策略及优化仿真[J].中国管理科学,2007,15(2):64-69.

[46] Lan Hongjie, Li Ruxian, Liu Zhigao, et al. Study on the inventory control of deteriorating items under VMI model based on bi-level programming [J]. Expert Systems with Applications,2011,38(8):9287-9295.

[47] 禹爱民,刘丽文.随机需求和联合促销下双渠道供应链的竞争与协调[J].管理工程学报,2012,26(1):151-155.

[48] 但斌,徐广业.随机需求下双渠道供应链协调的收益共享契约[J].系统工程学报,2013,28(4):514-521.

[49] Maskin E., Tirole J. Unforeseen contingencies and incomplete contracts[J]. Review of economics studies,1999,66(1).

[50] Gibbard A. Manipulation of Voting Schemes: A General Result[J]. Econometrica, 1973, 41(4):587-601.

[51] Myerson R B. Incentive Compatibility and the Bargaining Problem[J]. Econometrica, 1979, 47(1):61-73.

[52] 陈志祥,马士华,陈荣秋.供应链环境下企业合作对策与委托代理机制初探[J].管理工程学报,2001,15(1).

[53] 李丽君,黄小原.委托代理理论方法在产品定价中的应用[J].中国软科学,2003(8).

[54] 马林.基于机制设计的供应链优化整合决策效应分析[J].商业研究,2003(12):17-20.

[55] 胡德俊,吕恒,杨春德.国有资产拍卖中的讨价还价博弈分析[J].价值工程,2007(08):132-134.

[56] 马本江,邱菀华.一次交易中的讨价还价策略及其博弈分析[J].管理工程学报,2005(04):126-128.

[57] 艾兴政,唐小我.基于讨价还价能力的竞争供应链渠道结构绩效研究[J].管理工程学报,2007,21(2):123-125.

[58] 侯琳琳,邱菀华.基于信号传递博弈的供应链需求信息共享机制[J].控制与决策,2007,22(12):1421-1424.

[59] 陈树桢,熊中楷,梁喜.补偿激励下双渠道供应链协调的合同设计[J].中国管理科学,2009,17(01):64-75.

[60] 周雄伟,马费成.需求不确定环境下的供应链信息共享激励模型[J].管理工程学报,2010,24(4):122-126.

[61] 李善良,朱道立.不对称信息下供应链线性激励契约委托代理分析[J].计算机集成制造系统,2005(12):1758-1762.

[62] 常良峰,陈剑,张继红.供应链中创新协调的绩效控制问题研究[J].管理工程学报,2009,23(04):69-73.

[63] 吴忠和,陈宏,赵千,等.需求和零售商购买成本同时扰动的供应链应急协调[J].中国管理科学,2012,20(06):110-117.

[64] 叶飞,薛运普.供应链伙伴间信息共享对运营绩效的间接作用机理研究——以关系资本为中间变量[J].中国管理科学,2011,19(06):112-125.

[65] 叶飞,薛运普.关系承诺对信息共享与运营绩效的影响研究[J].管理科学,2012,25(05):41-51.

[66] Cai X, Chen J, Xiao Y, et al. Optimization and Coordination of Fresh Product Supply Chains with Freshness - Keeping Effort[J]. Production & Operations Management, 2010, 19(3):261-278.

[67] Jiuh-Biing Sheu. Marketing-driven channel coordination with revenue-sharing contracts under price promotion to end-customers[J]. European Journal of Operational Research, 2011,214:246-255.

[68] Seifert R W, Zequeira R I, Liao S. A three-echelon supply chain with price-only contracts and sub-supply chain coordination[J]. International Journal of Production Economics,

2012,138(2):345-353.

[69] 张新鑫,侯文华,申成霖.顾客策略行为下基于CVaR和回购契约的供应链决策模型[J].中国管理科学,2015,23(2):80-91.

[70] 肖群,马士华.CVaR准则下考虑信息预测成本的供应链协调机制[J].系统工程理论与实践,2014,34(12):3044-3049.

[71] 庞庆华.RS-QD联合契约对三级供应链的协调[J].工业工程,2010,13(02):23-48.

[72] 马慧,杨德礼,王建军.随机需求下基于商业信用的回购与收入共享联合契约协调研究[J].运筹与管理,2011,20(05):79-85.

[73] 季磊磊,田大钢.收益共享-回购联合契约下应对突发事件的供应链协调策略[J].科技与管理,2014,16(04):33-37.

[74] 李钢,魏峰.供应链协调中的消费者策略行为与价格保障研究[J].管理学报,2013,10(2):225-232.

[75] 苏菊宁,陈菊红,刘晨光.不确定响应时间下价格时变供应链的协调[J].系统工程理论与实践,2011,31(3):461-469.

[76] Ya-Hui Lin, Jen-Ming Chen, Tieh-Chun Chiang. Channel coordination for a newsvendor problem with return and quantity discount[J]. Journal of Information and Optimization Sciences,2010,31(4):857-873.

[77] Cai G. Channel selection and coordination in dual-channel supply chains[J]. Journal of Retailing, 2010,86(1):22-36.

[78] Yongma Moon, Tao Yao, Terry L Friesz. Dynamic Pricing and Inventory Policies: A Strategic Analysis of Dual Channel Supply Chain Design[J]. Service Science,2010,2(3):196-215.

[79] Jing Chen, Hui Zhang, Ying Sun. Implementing coordination contracts in a manufacturer Stackelberg dual-channel supply chain[J]. Omega,2012,40:571-583.

[80] Cao E, Ma Y, Wan C, et al. Contracting with asymmetric cost information in a dual-channel supplychain[J]. Operations Research Letters, 2013, 41(4):410-414.

[81] Luo M, Li G, Wan C L J, et al. Supply chain coordination with dual procurement sources via real-option contract☆[J]. Computers & Industrial Engineering, 2015, 80(UnitedKingdom):274-283.

[82] 甘小冰,钱丽玲,马利军,等.电子商务环境下两级生鲜供应链的协调与优化[J].系统管理学报,2013,22(05):655-664.

[83] 张雅琪,陈菊红,郭福利,等.混合渠道下2-2可替代品供应链中交叉选择及均衡分析[J].中国管理科学,2013,21(1):98-104.

[84] 肖诗顺.基于期权合约的我国超市生鲜食品供应链管理探讨[J].生态经济,2007(11):120-123.

[85] 但斌,杨宇春.基于嵌入式期权的生鲜食品交易模式创新[J].软科学,2011,25(5):108-110.

[86] 王婧,陈旭.考虑期权合同的生鲜食品批发商的最优订货[J].系统工程理论与实践,2010,

30(12):2137-2144.

[87] 王婧,陈旭. 考虑流通损耗的生鲜食品零售商期权订货策略[J]. 系统工程理论与实践, 2012,32(7):1408-1414.

[88] 王冲,陈旭. 考虑期权合同的生鲜食品供应链定价和协调[J]. 预测,2013,32(3):76-80.

[89] 王婧,陈旭. 考虑流通损耗和期权合同的生鲜食品供应链管理策略研究[J]. 预测,2011,30(5):42-47.

[90] 孙国华,许垒. 随机供求下二级农产品供应链期权合同协调研究[J]. 管理工程学报, 2014,28(2):201-210.

[91] 曹武军,石洋洋. 基于期权及保险的农产品供应链的协调优化研究[J]. 工业工程与管理, 2016,21(1):8-16.

[92] 陈军,但斌,张旭梅. 多级价格折扣下基于损耗控制的生鲜食品EOQ模型[J]. 系统工程理论与实践,2009,07:43-54.

[93] 王庆国,蔡淑琴,汤云飞. 基于质量信息不对称度的消费者效用及企业利润研究[J]. 中国管理科学,2006,14(2):88-93.

[94] 王磊. 保鲜影响消费者效用的生鲜食品订货、定价及供应链协调[D]. 重庆:重庆大学,2013.

[95] 文晓巍. 变质商品供应链库存策略研究[D]. 南京:东南大学,2006.

[96] 姬小利. 伴随销售商促销努力的供应链契约设计[J]. 中国管理科学,2006,14(4):46-49.

[97] Xiaojun Wang, Dong Li. A dynamic product quality evaluation based pricing model for perishable food supply chains[J]. Omega, 2012, 40(6):906-917.

[98] Ming Lei, Huihui Liu, Honghui Deng, et al. Demand information sharing and channel choice in a dual-channel supply chain withmultiple retailers[J]. International Journal of Production Research, 2014,52(22):6792-6818.

[99] 颜波,叶兵,张永旺. 物联网环境下生鲜食品三级供应链协调[J]. 系统工程,2014,01:48-52.

[100] 汪鸿昌,肖静华,谢康,等. 食品安全治理——基于信息技术与制度安排相结合的研究[J]. 中国工业经济,2013,1(03):98-110.

[101] 陈垚. 食品供应链安全监管策略研究[J]. 农村经济,2014(10):91-104.

[102] 朱立龙,于涛,夏同水. 创新驱动下三级供应链分销渠道产品质量控制策略研究[J]. 系统工程理论与实践,2014,34(08):1986-1997.

[103] 周建亨,徐琪. 一种两阶段供应链非对称信息甄别模型[J]. 系统管理学报,2013,22(03):335-340.

[104] 张建军,赵晋,张艳霞. 基于连续时间动态博弈的供应链声誉及其微分对策研究[J]. 管理工程学报,2012,26(01):143-149.

[105] 夏兆敏,孙世民. 基于微分博弈的二级猪肉供应链质量行为协调机制研究[J]. 运筹与管理,2014,23(02):198-205.

[106] 洪江涛,黄沛. 两级供应链上质量控制的动态协调机制研究[J]. 管理工程学报,2011,25(02):62-65.

[107] Guangye Xu, Bin Dan, Xumei Zhang, et al. Coordinating a dual-channel supply chain with risk-averse under a two-way revenue sharing contract[J]. Production Economics, 2014, 147:171-179.

[108] 林清泉. 金融工程学[M]. 北京:中国人民大学出版社, 2010.

[109] Cachon G P. Supply Chain Coordination with Contracts[J]. Operations Research & Management Science, 2003, 11(11):227-339.

[110] Giannoccaro I, Pontrandolfo P. Supply chain coordination by revenue sharing contracts[J]. International Journal of Production Economics, 2004, 89(2):131-139.

[111] 杨德礼,郭琼,何勇,等. 供应链契约研究进展[J]. 管理学报,2006,3(1):117-125.

[112] 张欣,马士华. 信息共享与协同合作对两级供应链的收益影响[J]. 管理学报,2007,4(1):32-39.

[113] 庞庆华,张月,胡玉露,等. 突发事件下需求依赖价格的三级供应链收益共享契约[J]. 系统管理学报,2015(6):887-896.

[114] LI H, LI C. Research of revenue sharing contract in many-to-one and retailer-dominant supply chain with fuzzy demand[C]// Information Management, Innovation Management and Industrial Engineering (ICIII), 2013 6th International Conference on. IEEE, 2013: 500-505.

[115] 桑圣举,张强. 模糊需求下n级供应链的收益共享契约机制研究[J]. 中国管理科学,2013(3):127-136.

[116] 浦徐进,金德龙. 生鲜农产品供应链的运作效率比较:单一"农超对接"vs.双渠道[J]. 中国管理科学,2017,25(01):98-105.

[117] Ahumada O, Villalobos J R, Mason A N. Tactical planning of the production and distribution of fresh agricultural products under uncertainty[J]. Agricultural Systems, 2012, 112(13):17-26.

[118] Glen JJ. Mathematical Models in Farm Planning: A Survey[J]. Operations Research, 1987, 35(5):641-666.

[119] Boehlje M, Schrader L F, Royer J S, et al. The industrialization of agriculture: questions of coordination[M]. 1998.

[120] Mirrlees J. The theory of moral hazard and unobservable behavior[J]. Review of economics studies, 1999, 66(1).